4차 산업혁명과 일자리 정책의 미래

440
아산재단 연구총서

4차 산업혁명 시대와 일자리

4차 산업혁명과 일자리 정책의 미래

권 혁
김희성
성대규

집문당

권 혁(權 爀) 부산대 법학전문대학원 교수
김희성(金熙聲) 강원대 법학전문대학원 교수
성대규(成大圭) 고려대 법학전문대학원 강사

아산재단 연구총서 440

4차 산업혁명 시대와 일자리

4차 산업혁명과 일자리 정책의 미래

2018년 12월 30일 1판 1쇄

저 자 | 권혁, 김희성, 성대규
발행인 | 임동규
발행처 | **집문당**
등 록 | 1971. 3. 23. 제300-2012-69호
주 소 | 03134 서울시 종로구 돈화문로 82 집문당빌딩 5층
영업부 | (02)743-3192~3 팩스(02)742-4657
sale@jipmoon.co.kr
편집부 | (02)743-3096~7 팩스(02)743-0227
edit@jipmoon.co.kr
홈페이지 | www.jipmoon.co.kr

ISBN 978-89-303-1809-9 94300
978-89-303-1500-5(세트)

가격 15,500원

이 도서의 국립중앙도서관 출판시도서목록(CIP)은 e-CIP홈페이지(http://www.nl.go.kr/ecip)와 국가자료공동목록시스템(http://www.nl.go.kr/kolisnet)에서 이용하실 수 있습니다.
(CIP제어번호: CIP2018041024)

머리말

'실체가 없다.', '세상이 바뀐다.'

4차 산업혁명에 대한 논란이 뜨겁다. 법학자인 필자로서는 인공지능 기술의 진보에 대해 자세히 알 도리가 없다. 사람을 대체할 로봇이 곧 등장할 것이라는 데 대해서도 깊이 실감하지는 못하고 있다. 하지만 일자리의 변화만큼은 곧 현실로 다가올 것이 틀림없다. 적어도 일자리에 관한 한 4차 산업혁명은 이미 현재 진행형이라고 보아도 무방하다. 정규직 근로자만큼이나 비정규직이 심각한 사회 문제이고, 나아가 자영적 노무제공형태가 급속히 확대되고 있다는 사실이 그 증거다. 플랫폼 노동을 둘러싼 법적 분쟁도 남의 나라 이야기가 아니다. 엄연한 우리의 현실이다. 유감스럽게도 현재의 노동법제도 체계는 너무나도 구시대적이다. 1차 산업혁명 이래로 시간이 멈춘 듯하다. 지금부터라도 노동법의 '진화'를 모색해야 한다. 사회적 약자에 대한 보호 필요성과 사유재산권 보장 사이에서 절묘한 조화점을 찾아야 한다. 그 방식 또한 과거와는 달라야 한다. 본 연구는 아산사회복지재단의 세심한 지원을 통해 이루어졌다. 지원에 비해 성과가 미약하여 사뭇 부끄럽다. 이 자리를 빌려 다시 한 번 아산사회복지재단과 그 관계자분들께 진심으로 감사드린다.

저자 일동

차례

표/그림 차례

제1부

4차 산업혁명 시대
노동관련 법제도의 진화 필요성

| 제1장 | 일하는 방식의 변화와 노동법의 역할

I. 노동시장환경의 변화와 노동법의 대응

사물인터넷, 인공지능(AI), 무인자동차 등으로 대표되는 4차 산업혁명을 둘러싸고 국가마다 대책 마련에 분주하다.[1] 산업혁명이라는 명칭에 걸맞게 산업토대의 변화를 초래할 것으로 예상된다.[2]

스마트폰과 애플리케이션 등의 기술혁신은 지금까지와는 다른 '노동'의 모습을 출현하게 만들었다. 이러한 모습은 최근 몇 년 동안 급속하게 진행하고 있는 '공유 경제(Sharing Economy)[3]'라고 불리는 현상이라 할 수 있다. 공유 경제는 주택과 자동차 등의 유형 자산과 기술과 시간 등의 무형 자산을 인터넷에 매칭 플랫폼을 통해 다른 사람이 사용할 수 있도록

---

1) 제4차 산업혁명 논쟁이 단지 기계에 의한 일자리의 대체 문제로 집중되는 것은 바람직하지 못하다. 실제로 독일에서 노동시장에 관한 논쟁은 그 질에 있지 양에 있지 않다. 나아가 그 양의 줄고 늘어남에 대한 논의는 다양한 견해가 상존하고 있음도 사실이다. 디지털화에 따른 일자리의 감소는 없을 것이라는 주장도 만만치 않다(http://www. insm. de/insm/Presse/Pressemeldungen/Pressemeldung-Studie-zu-Arbeit-4.0.html).

2) 독일에서는 다양한 산업분야에서 향후 펼쳐질 변화들의 염두에 두고, 각각의 시나리오별, 그리고 각각의 산업단위별 대응체계 마련에 몰두하고 있다(Wirtschaft 4.0 und die Folge fuer Arbeitsmarkt und Oekonomie: IAB-Forschungsbericht, 03/2016 참고).

3) 공유 경제는 개인 등이 보유한 활용 가능한 주택과 자동차 등의 유형 자산과 능력과 시간 등의 무형 자산을 인터넷상의 매칭 플랫폼을 통해 다른 개인 등도 이용가능하게 하는 경제활성화 활동이다. 공유대상은 주로 주거 등의 「공간」, 의류 등의 「물건」, 자동차 등의 「이동」, 크라우딩 펀드과 같은 「돈」, 가사 대행이나 크라우드소싱 등의 「기술」의 5가지이다.

하는 활동이다. 특히 미국을 중심으로 세계 각국에서 스마트폰 앱에서 개인의 수요와 공급을 매칭하는 서비스가 다양한 분야에서 빠르게 성장하고 있다. 이것은 물건의 공유에 그치는 것이 아니라 개인에 의한 서비스의 수요와 공급을 온디멘드에 매칭하는 서비스이다. 이러한 공유 이코노미의 전형이 자동차의 '라이드 셰어(합승)' 서비스이며, 그 편리성으로 미국과 아시아에서 일반적인 교통수단이 되고 있다. 세계적으로 민박 서비스 Airbnb 및 배차 서비스 우버(Uber) 같은 공유 경제에 주목하고 있다.

예를 들어, 미국 대형 Upwork의 사용자(유저) 수는 1,200만 명에 달하고, 일본에서도 크라우드소싱 서비스에 대한 총 등록 수는 330만 건을 넘었다고 한다.[4] 유연한 근무 형태에 대한 수요 증가와 ICT의 진전에 따라 이 같은 서비스는 앞으로도 확대되어 나갈 것이다.

공유 경제에서 발주자와 크라우드워커(작업자)의 계약을 매개하는 중간 사업자를 「플랫폼」이라고 한다. 플랫폼을 통해 개인도급으로 일을 하는 크라우드워커(작업자)는 발주자의 지휘명령을 받고 노무를 제공하는 것은 아니기 때문에 근로자가 아닌 소규모 사업자로 자리매김된다. 플랫폼은 사업자 간의 상거래를 매개하고 있으므로, 고용관계의 성립의 알선 등 근로계약에 관여하는 것은 아니다. 크라우드워커가 근로자가 아니라는 관점에서 플랫폼을 통한 취업은 노동법의 틀 밖에 있는 일하는 방식이며 당연히 직업안정법이나 근로자파견법 등의 노동시장법제의 틀에서도 벗어난다.

---

4) 經濟産業省 제1회 「雇用關係によらない働き方式に關する研究會」クラウドワソーシング協會 제출 자료.

그럼에도 불구하고 노동법제도 체계의 원칙은 변할 수 없다. 사회적 요보호자에 대한 보호체계로서 노동법의 역할은 견고해져야 한다는 것이다. 제1차 산업혁명으로 '근로자'라는 이름의 사회적 요보호자가 생겨났고, 그들에 대한 보호를 위해 노동법체계가 구축되었듯이 제4차 산업혁명을 통해 나타나게 될 사회적 요보호자의 양태를 살펴, 그들에 대한 최적의 사회안전망 구축 체계로서 노동법이 제 역할을 할 수 있도록 해야 한다.

II. 일하는 방식의 변화와 노동법의 진화

1. 독일 노동4.0의 의의

새삼스럽게 4차 산업혁명을 두고 노동시장의 변화와 노동법제도 개편에 관심을 기울이는 이유는 무엇일까. 간단하다. 산업 콘텐츠의 변화였던 기존의 산업혁명과 달리 4차 산업혁명은 일자리의 구조적 변화를 초래할 것이라고 예상되기 때문이다. 즉, 기존의 산업체계의 혁신적 변화는 기술의 발전에 상응하는 것이었다. 인간은 여전히 전통적인 '근로', 즉 종속적 노동의 주체로서 역할을 수행하여 왔다. 유독 제4차 산업혁명으로 인한 노동시장의 변화에 주목하는 이유는, 일자리를 둘러싼 노동법적 프레임의 변화가 예상되기 때문이다. 일하는 방식의 변화가 그 중심이 될 것이다.

경제와 노동의 세계는 디지털화된 세계로 변모하고, 독일, 미국, 일본은 오랜 기간 동안 디지털화 프로세스를 착실히 진행하고 있다. 이것을 제4차 산업혁명, 또는 인더스트리 4.0이라고 한다.

4차 산업혁명에 대비한 독일의 대응체계로서 '노동4.0'은 독일 연방노동사회부가 주도한 것이다. 그들이 제목에서 언급하고 있듯이 2015년 4월부터 사회적 대화체계를 작동하여 미래 노동사회에 대해 토론한 것으로 집약한 내용이다. 우선 녹서(Grünbuch)의 출간을 통해 미래 노동에 관한 질문들을 사회적 대화체계에 던지고 있다. 백서(WeiBßbuch)는 첫 번째로 제시된 사회적 대화체계로부터의 답변인 셈이다.[5)]

미래 노동시장에 대한 독일의 답변은 단순히 전망에 그치지 않는다. 오히려 제조업 등을 중심으로 한 미래 노동시장에서 더 건강하고 행복한 일자리를 지켜나가기 위한 대응전략을 모색하기 위한 것이다. 이를 위해 종래 너무도 당연하게 여겨야 했던 것들, 예컨대 20대에 대학을 한번 다니면 더 이상 대학교육을 받을 일이 없다는 등의 생각들이 바뀌어야 한다고 진단한다.

2. 노동법제도의 진화 필요성

일하는 방식의 변화에도 불구하고, 노동관련 법제도가 과거의 전통적인 노사관계체계를 고집할 경우, 현실과 법제도 간의 괴리는 점점 더 심화될 수밖에 없다. 자칫하면 노동법체계가 제 역할영역을 상실하고, 정작 새롭게 나타난 사회적 요보호영역에 대해서는 눈을 감는 일이 생겨나는

---

5) 독일은 2015년에는 노동4.0(Arbeiten 4.0) 녹서(Green paper)를, 2016년에는 노동 4.0 백서(white paper)를 발표했다.

치명적 문제가 나타날 수 있다. 새로운 패러다임적 변화를 반영하는 노사관계법제도 모형을 제시해야 할 당위성이 바로 여기에 있다.

3. 노동4.0의 지향점: '좋은 노동(Gute Arbeit) 만들기'

제4차 산업혁명이 우리 산업 전반에 걸쳐 '일하는 방식'의 변화를 초래하게 될 것임은 분명해 보인다. 세계 각국의 노동법적 대응 체계 구축 노력은 사실 산업의 디지털화에 최적화된 노동법체계를 만드는 목적도 내포하고 있지만, 그 이전에 '좋은 노동'을 위하여 노동법제도가 어떠한 선도적 역할을 해야만 할 것인가에 대한 고민에 집중되어 있다.

독일 노동4.0의 목표는 분명하다. 바로 '좋은 노동(Gute Arbeit)'이다.[6] 산업의 디지털화로 요약되는 변화에 대응하여, 오히려 이를 기회로 삼고 인간의 노동이 존중받도록 하기 위한 것이다. 디지털 산업환경에서 노동의 유연성과 직업교육 그리고 합리적 임금 체계 구축 외에도 안전 등에 관하여 노사가 합리적 합의를 도출해 내야만 하는 상황에 놓이게 될 것으로 보고, 노동4.0을 통해 그러한 사회적 대화와 협상을 시작하는 계기를 제공한 것이라고 할 수 있다.

그렇다. 변화된 산업 환경에 알맞게 노동법을 바꾸어 갈 것이 아니라, '인간의 노동'이 행복하면서도 지속가능하게 실행될 수 있도록 해야 한다. 이러한 점에서 중점을 두어야 하는 것은, 사회적 요보호자로서 ① 근

---

6) BMAS, Weissbuch Arbeiten 4.0, S.5.

로자의 개념범위와 ② 근로방식에 관한 노동법적 규제의 유연성, 그리고 ③ 산업 안전과 ④ 참여라고 볼 수 있다. 이러한 관점에서 종래 근로계약을 둘러싼 전통적인 규제적 규범체계와 오랜 동안 갈등의 중심에 서 왔던 '착취와 쟁취'의 노사관계 프레임과 그 규율체계에도 큰 변화가 불가피할 것으로 보인다.

제2부

일하는 방식의 변화와 노동법적 유연성

| 제1장 | 기준법 체계의 경직성과 규율방법론적 한계

I. 기준법 체계의 한계: "기준에서 계약으로"

1. 근로자 상의 변화

4차 산업혁명은 '초연결성(Hyper-Connected)'과 '초지능화(Hyper-Intelligent)'로 요약될 수 있다.[1] 전통적으로 '일자리'는 ① 다수의 근로자들이 ② 동일한 공간에서 ③ 사용자에 의해 지시된 업무를 수행하는 것으로 개념화되어 왔다. 그러나 4차 산업혁명의 특징인 '초연결성'과 '초지능화'는 이러한 일자리의 속성을 본질적으로 변화시킬 수 있다. 바로 '유연화'로 요약된다. 근로자들 상호 간이나 근로자와 사용자 간의 관계는 별도의 공간적 동일성과는 상관없이 매우 밀접하게 연결될 수 있기 때문이다.

'일하는' 방식의 변화는 곧 '일을 시키는' 방식의 변화를 의미하는 것이기도 할 것이다. 4차 산업혁명을 통한 일하는 방식의 변화는 노사 양측의 업무와 역할에 큰 변화를 수반할 수 밖에 없다.

이와 관련하여 종전의 전통적 근로자 상에서 벗어나, 두 가지 카테고리의 근로자 상을 예정해 둘 필요가 있다. 이는 독일 노동4.0에서 전제로 하고 있는 것이기도 하다.

---

1) 박지순, 4차 산업혁명과 근로기준제도 변화 및 과제에 대한 시론, 1면.

첫 번째는 〈창의적 지식업무 종사 근로자〉다. 근로의 내용을 중심으로 한 변화다.

두 번째는 〈근로방식에 관한 주도권을 가진 근로자〉다. 근로의 제공방식을 중심으로 한 근로자 상의 변화에 주목해야 한다.

2. 근로형태의 다변화에 따른 노무공급계약화 경향과 그 규율 필요성

1) 기준법 체계의 경직성

노동법체계는 국가의 권력을 기반으로 하여 노사관계에 적극적으로 개입하고, 강제하는 방식으로 오랫동안 구축되어 왔다. 개별 근로계약을 둘러싼 기본 법체계는 현행 근로기준법이다. 근로기준법은 초기 산업 단계에서 단순직공 중심의 근로자보호에 최적화된 체계를 갖추고 있다. 획일적인 강제규율 체계로서의 이른바, 노동 '기준법' 체계는 다양한 산업환경의 변화를 합리적으로 수용하는 데 어려움이 있었다. 산업환경의 변화와 근로자 상의 변화에도 불구하고, 전통적인 노동법체계를 고수하게 됨으로써, 현실과 규범 사이의 괴리가 점점 더 심화될 수밖에 없다.

실제로 기업환경의 변화로 인해 노동계약 기본법에 해당하는 근로기준법이 사실상 기본규범으로서 작동하기에는 타당하지 않은 점들이 있고, 나아가 그 개별 규정 문언의 모호성과 다의성 문제도 심각하게 대두되고 있다. 예컨대 노동법적 쟁점에 대하여 문언적 해석 방식에 따른 해법이 제시되더라도 충분한 설득력을 얻지 못하는 문제가 발생함에 따라 사회적, 경제적 갈등 비용이 증가하고 있다. 경직되고 획일적인 노동 기준법 체계를 유지하면서 변화된 산업환경과 노동시장에의 적용을 가능하게 하기 위해서는 불가피하게 '법관법'의 광범위한 활용이 불가피하다. 다시 말하면, 노동의 사법화 경향이 강화될 수 밖에 없다.

이렇듯 모순 또는 흠결 있는 수많은 법규정들의 문제점은 부분적으로나마 판례에 의하여 보충되어야 했지만, 이것이 과연 본질적인 해결책인가에 대한 의문은 오랫동안 제기되어 왔다. 규범의 내용이 불명확하고 때로는 예측 불가능하다는 것은 글로벌 경제 하에서 매우 결정적 약점이기 때문이다. 명확하고 예측가능한 규범은 투자를 용이하게 하고, 일자리를 늘리는 데도 도움이 된다. 미래 산업환경에서의 노동법은, 과거와 같은 강행적 노동기준법 체계에서 벗어나, 산업단위의 관행과 자율을 존중하는 노무공급계약법 체계로 재편될 가능성이 크다.

2) 플랫폼 노동 등 노무 제공 자체에 대한 사회적 보호규율체계 구축 필요성: "단순직공에 대한 보호체계에서 벗어나기"

노동법의 제반 규율은 반드시 전형적인 임금근로자 중심 체계에서 벗어나야 한다. 예컨대 플랫폼 노동은 디지털 플랫폼을 기반으로 노동 및 서비스의 수요와 공급이 연계되는 방식으로 생산과 소비가 조직되는 것을 말한다. 일을 제공하는 사람과 일을 수행하는 사람 사이에서의 특정성이 존재하지 않는다. 이러한 점에서 전통적이고 전형적인 산업사회의 고용 관계와는 차이가 있다.[2] 소위 이러한 노무의 '소비적 시장'구조 하에서 지속적인 노동법적 의무 부담자로서 사용자와 그 권리 주체로서의 근로자 개념은 성립하기 어렵다. 예를 들어 임금은 근로의 대가로 근로자의 생계유지 수단이다. 이러한 임금에는 지속적인 근로계약관계의 당사자성이 개념에 내포되어 있다. 그러나 일회적 노무 공급계약관계에서 노무의 대가로서 지급되는 금품에는 지속성과 전속성 개념이 결여되어 있다. 이로 인해 근로기준법 제23조 상의 임금지급원칙조차도 무의미하게 된다. 근로기준법이 근로관계에 관한 기본법 체계로서의 지위를 유지한다는 것은 처음부터 기대하기 어렵다고 판단된다.

결과적으로 미래 노동법체계는 인간의 노동력을 매개로 한 권리의무 계약체계를 규제의 대상으로 하여 사회적 약자 보호의 이념을 실현하여야 한다. 특히 인간의 노동력을 타인의 요구에 의해 활용할 수 있는 노무공급관계에 대한 원칙 규율이 거듭날 필요가 있다.

II. 한국형 근로계약법 체계 모형 구축 방안

1. 독일 근로계약법안 구축 논쟁

1) 혼란한 체계, 산재한 규정

세계에서 가장 발전된 근로자 보호체계라고 할 수 있는 독일의 노동법체계 역시 산업환경의 변화와 노동법 관련 체계의 누적적 발전으로 일정한 한계에 직면하게 되었다. 이는 노동법적 보호의 강도와는 별개의 문

---

2) 박찬임, 플랫폼 노동의 확산과 새로운 사회적 보호의 모색, 산업재해포럼발제문, 2017 참고.

제였다. 오히려 실효성에 관한 문제로 보는 것이 타당하다.

예컨대 독일 노동법은 상시 10명 이상의 근로자를 사용하는 사업장 내 근속기간이 6개월 이상인 근로자들에게 부당해고에 대한 광범위한 보호를 하고 있다. 더불어 근로자가 질병에 걸린 경우 6주 동안 계속하여 임금을 지급받을 수 있다. 종교 또는 신념, 장애, 연령 또는 성적 취향으로 인한 차별적 처우에 대하여도 광범위한 보호가 이루어지게 된다.

그럼에도 불구하고 기존 독일노동법 체계의 한계가 오랫동안 지적되어 왔다. 가장 먼저 언급될 수 있는 것은 바로 산재된 개별 규정들에 관한 것이었다. 즉, 근로계약을 규율하는 규정들이 혼란스럽고 체계적이지 못하게 흩어져 있었던 것이다. 그 결과 실제로 독일 개별노동법은 아주 복잡하게 되어 있음은 물론이고, 불명확하고 부분적으로 모순적인 규정이 존재하는 문제가 있었다.

2) 노동의 사법화 경향 도출

모순 또는 흠결된 수많은 법규정들의 문제점은 부분적으로 나마 판례에 의하여 보충되어야 했지만, 본질적인 해결책으로 보기는 어려웠다.

이에 따라 이미 100여 년 전부터 노동관계 개별법들의 통합이 논란거리였다. 1896년에 독일제국의회(German Reichstag)는 가능한 한 빨리 통일노동법전이 편찬되어야 한다는 결의안을 내기도 하였다.

법체계의 모호성과 규정의 불명확성과 흠결은 노동법 영역에서 입법권을 입법부에서 법원으로 넘기게 되는 결과를 가져온다. 이는 독일의 노동법규가 외국인의 투자를 기피하게 하는 부정적인 요인으로 평가되기도 하였다. 왜냐하면 규범의 내용이 불명확하고 때로는 예측 불가능하다는 것은 글로벌 경제 하에서 매우 결정적 약점이기 때문이다. 명확하고 예측가능한 규범은 투자를 용이하게 하고, 일자리를 늘리는 데도 도움이 된다.

2. 한국형 근로계약법 모형 구축의 방향성

1) '산업환경의 변화와 근로기준법 간의 괴리' 해소 필요성

현행 근로기준법은 초기 산업 단계에서 단순직공 중심의 근로자보호에 최적화된 체계를 갖추고 있다. 근로의 시간과 일의 성과가 비례하는 근로개념을 바탕으로, 근로시간과 임금 등 주요 근로조건에 관한 체계가 구축되어야 한다. 그러나 오늘날 근로계약관계의 복잡성과 사회적 요보호자로서 근로자의 상(像)을 충분히 반영하지 못하는 문제가 있다. 과거 근로자 개념은 근로와 임금의 제공 및 지급 구조 외에 종속성을 바탕으로 한 사회적 요보호자로 해석 및 구체화될 수 있었다. 그러나 오늘날 근로기준법을 통해 규제 및 보호되어야 할 대상의 폭이 넓어졌고, 이를 포섭하기 위한 기본적인 지표(종속성/근로 등등)의 제시가 필요하다. 예를 들어, '학습근로자'[3]나, '도급근로자[4]' 등의 개념은 전형적인 근로자 개념

3) 음성화되어 있거나 법적 흠결 상태에 놓인 인턴근로자 개념 외에 일학습병행을 위한 차원에서 양성화되는 개념으로서, 합리적인 노동법적 수용이 요구된다고 봄.

4) 특성상 근로시간 도그마가 그대로 관철될 수는 없으나, 종속성 원리에 비추어 노동법적 보호 필요성이 있는 근로자 개념을 오늘날 다원화된 근로제공 주체에 적용하여 노

카테고리에서 새롭게 개념을 구성할 필요가 있다. 이러한 현실을 간과한 입법 체계 하에서는 불가피하게 노동법 규정과 노동법 현실에 심각한 괴리현상이 나타날 수밖에 없다. 역동적으로 변화하는 산업현실을 적극적으로 포섭하는 차원에서의 근로계약법 체계 재편이 요구된다.

2) '근로기준법 등 근로계약법의 문언적 모호성과 다의성' 해소 필요성

기업환경의 변화로 인해 노동계약 기본법에 해당하는 근로기준법이 사실상 기본규범으로서 작동하기에는 타당하지 않은 점들이 있고, 나아가 그 개별 규정 문언의 모호성과 다의성 문제도 심각하게 대두되고 있다. 예컨대 노동법적 쟁점에 대하여 문언적 해석 방식에 따른 해법이 제시되더라도 충분한 설득력을 얻지 못하는 문제가 발생함에 따라 사회적, 경제적 갈등 비용이 증가하고 있다. 예를 들어 임금 체계의 단순화 요구에도 불구하고, 근로기준법 상의 제반 임금규정은 아직 임금의 속성만을 규정하고 있을 뿐이어서, 임금 체계의 복잡성에 따른 소모적 분쟁을 예방하는 기재는 없다. 통상임금 논의 차원을 넘어서서, 가산임금 지급체계에 대한 합리적이고 독자적인 구축이 필요한 실정이다(가산지급대상, 가산할증률, 가산임금 관련 노사 합의 등등). 나아가 임금지급의 원칙 등 현행 임금 관련 규정이 산업현장의 변화를 수용하지 못하는 면도 있다. 근로시간도 마찬가지이다. 지시권을 바탕으로 한 종속성이 지배하는 시간인데,

---

동기본법의 실효성을 도모할 필요가 있음.

오늘날 재택근로나 성과 중심의 직무급 체계 구축과 서로 호환되지 않는 문제가 있다. 특히 화이트칼라 근로자 등 근로의 구체적 실행 방식이 과거 직공 중심의 근로방식과 다른 근로자 계층이 많이 생겨나고 있는 바, 이들에 적합한 근로시간제도 체계를 구축하는 것이 필요하다. 이러한 근로시간제도에 대한 합리적 변화는 연쇄적으로 임금 등 다른 제도 변화를 유발하게 된다. 근로시간 유연제도의 활용을 고도화하는 방안도 기술적으로 고려할 필요가 있으며, 휴일근로의 의미, 나아가 근로시간 단축 논의가 가산임금 중심이 아닌, 실질적인 근로시간 상한 규제방식을 취할 필요가 있는 바, 이 역시 근로형태를 감안한 것이어야 한다. 다음에서 다시 자세히 설명하기로 한다.

| 제2장 | 근로시간의 유연성과 노동관련 법제도 개선 방향

I. '근로 장소 및 시간의 자율적 제어주체'로서 근로자 상(像) 구축

1. 일하는 방식의 '규격화' 탈피

4차 산업혁명은 스마트워크를 전형으로 하게 된다. 디지털화에 따라 장소나 근로시간에 구애받지 않는 노무제공형태가 늘어날 것이다.[1] 근로자 사이에, 또는 근로자와 사용자 사이에의 '초연결성'이 4차 산업혁명의 핵심이기 때문이다. 실제로 노동현장에서는 이미 근로시간 및 근무장소의 경계가 완화되고, 근로시간과 휴식의 경계가 모호해졌다. 근로장소에 관한 한 재택근로, 텔레워크, 멀티태스킹 등 매우 다양한 형태의 노무제공 방식이 나타나고 있다.[2] 근로장소와 근로시간에 관한 유연성에 주목하게 되는 이유다.[3]

---

1) KassKomm/Seewald SGB IV §7 Rn. 108–111, beck-online.

2) 이에 대해 자세히는 Collardin, Aktuelle Rechtsfragen der Telearbeit, 1995 참고.

3) 종전에도 원격 근로(Telearbeit)나 외근근로자(Aussendienst)에 관한 논의가 있어 왔다. 공간적 구속이나 시간적 구속은 가장 전형적인 종속적 노동의 징표라고 할 수 있다는 점에서 이례적인 것으로 보았고(BAG 15.3.1978 AP BGB §611 Abhängigkeit Nr.26), 또 그 업무의 속성상 불가피한 경우에 예외적으로 인정되는 것으로 보았다. 이에 대해 자세히는 ErfK/Koch BetrVG §5 Rn.11, beck-online 참고.

2. 근로장소와 근로시간의 개별화와 다원화

근로장소의 개별화가 급속도로 늘어나게 될 것이다. 재택근무가 가능해짐으로써 굳이 출퇴근 과정을 거치는 것이 부담스러운 근로자들에게 좋은 선택이 될 수 있을 것이다. 결과적으로 근로시간과 근로장소의 유연성은 미래 노동시장의 주요한 변화로 지목될 공산이 크다. 근로시간의 유연화는 특히 근로자의 개별적 역량과 성과 중심의 근로계약관계 변화와 깊은 관련성을 가진다. 사용자가 근로자의 업무 수행 프로세스에 개입하고 지배하는 것도 중요하지만, 그 업무의 속성 상 과업에 대한 평가로 갈음하는 것이 간편할 수도 있다. 나아가 업무의 수행 공간이 반드시 직장이라는 하나의 공간적 연결성을 전제로 할 필요가 없어질 것이다.

3. 다원성의 전제요건으로서 노사 간 신뢰

원격 근로에 따른 일자리의 변화는 근로시간모형의 장단점은 노동생활의 여러 방면에서 여전히 논쟁 중이다. 2006년 연구 결과에 따르면 근로자의 76%는 사무실에서의 근로보다 원격 근로의 경우에 더 성과가 높아질 수 있다고 보았다. 그런데 사용자의 61%만이 근로자의 생산성에 대한 신뢰를 보였다.

원격 근로가 출퇴근 시간 절약이나 일가정 양립 등 장점에도 불구하고, 다양한 위험과 부담도 발생될 수 있다. 요컨대 근로와 가정양육이 상호 혼재되어, 근로능률도 저하되고 가정양육도 어려워지는 문제가 발생할 수 있다. 사용자는 그에 반해 결과지향적 근로를 지향하게 된다. 결국 근로자와의 강력한 신뢰를 바탕으로 한 업무 수행성과와 목표에 대한 합의가 가장 중요한 요소로 평가받게 된다.

II. 현행 법체계의 주요 내용과 문제점

1. 현행 근로기준법 상 근로시간에 관한 규율 내용

1) 특별한 부담을 전제로 한 근로시간의 규격화

현행 근로기준법 제50조 이하에서 근로시간에 관한 규제를 명문화해 놓고 있다. 1일 8시간, 1주 40시간은 법정 근로시간이다. 현행 근로기준법 상의 근로시간에 관한 규율체계에는 탄력적 또는 재량적 근로시간제 등 일부 유연성을 담보하기 위한 법제도적 장치가 마련되어 있으나, 본질적인 체계는 매우 경직적이다. 예컨대 야간근로의 개념을 정의해 놓고, 야간근로에 대하여는 가산수당을 지급하도록 하고 있다. 가산수당의 산정 방식도 법을 통해 강행규정의 대상으로 삼고 있다. 연장근로의 경우도 마찬가지다.

기본적으로 근로시간을 선택하는 주도권은 사용자에게 맡겨져 왔다. 이것은 출퇴근 시간의 일률적 규율을 매개로 하는 것이다. 이러한 사용자의 요구에 따르는 관계에서 근로자는 야간근로나 연장근로에 대하여 추가적인 부담을 느낄 수밖에 없고, 사용자는 이에 대한 추가적인 가산임금을 지급하도록 하는 것이 노동법상의 공정성이라고 입법자는 생각해 왔다.

만약 근로시간의 선택권과 근로시간 배정의 주도권을 근로자에게 맡긴다면 상황은 달라진다. 이러한 경우 근로시간의 경직성은 노사 모두에게 부담이 될 수 있다. 예를 들어 낮에 가사나 육아 등을 위한 시간을 보내고, 밤에 회사에 나와서 일을 하는 경우, 야간근로로 보고, 추가적 부담을 지우는 노동법적 요구에 대응해야 한다면 사용자로서는 매우 부담스럽고, 이러한 사용자의 부담을 근로자는 신경 쓰지 않을 수 없게 된다.

2) 근로시간 임금도그마

근로시간은 매우 엄격하게 산정되어야 한다. 근로시간은 임금의 산정기준이 되기 때문이다. 근로시간의 엄격한 산정은 산업혁명 초기 대공장 단순직공의 산물이다. 일을 수행하는 것과 그렇지 않은 경우가 매우 명확하게 구별될 수 있었다. 그리고 일을 수행함에 따라 얻어지는 성과도 균질적이었다. 단순업무를 수행하면 근로시간에 비례한 성과를 가져오게 되므로, 근로시간에 비례하여 임금이 지급되는 식이다. 그러나 오늘날 사무직 중심의 근로자에게 근로시간의 산정 그 자체는 노사 모두에게 부담이 되는 경우가 있다. 근로자가 스스로 어느 정도 시간 배정을 할 수 있는 여지조차 없어지기 때문이다. 사용자 역시 근로시간과 휴게시간을 일일이 구별하여야 하는 번거로움도 감수해야 한다. 이러한 현실 때문에 포괄임금제도가 매우 광범위하게 사용되고 있는 것이다.

2. 일하는 방식의 변화에 따른 기존 근로시간 규율의 문제점과 한계

노동법에 있어 근로시간 규제는 하나의 도그마다. 그만큼 근로시간에 관한 한 현행 노동법체계는 매우 경직적이다. 근로기준법이 업종이나 업무에 관계없이 획일적인 근로시간 규제로 작동하고 있다. 현행 근로시간 도그마는 미래지향적이 아니라 과거지향적이라고 평가할 수 있다. 그 이유는 단순하다. 근로시간에 비례한 성과체계는 작동하지 않는다. 특히 미래의 창의적 근로자 상을 지향하는 마당에 근로시간 도그마를 고수하는 것은 한계가 있다.

과거 산업화단계의 제조업 종사자에 맞춘 규제는 산업 4.0시대에서는 맞지 않는 규제이다.

4차 산업혁명의 시대에 얼마나 많은 근로시간 동안 일을 했는가 하는 계량적 지표는 더 이상 무의미하게 된다. 얼마나 많은 성과를 가져왔는지, 얼마나 획기적인 성과를 창출했는지와 같이 성과의 양과 질에 따른 일자리 평가가 중요하게 될 것이다. 4차 산업혁명은 기존 근로시간 법제도 체계의 경직성과 조화될 수 없다. 합리적인 근로시간 유연화에 법제도 개혁의 초점이 맞춰질 것이다.

그렇다면 현재와 같은 근로시간 비례형 임금산정방식은 유효할 수 없다. 나아가 근로시간의 유연화 필요성은 야간근로나 연장근로에 대한 가산임금 체계와도 어울리지 않는다. 근로자가 스스로 최적의 근로시간과 근로 양을 결정하는 구조라면, 획일적이고 경직된 가산임금 체계는 설득력을 가질 수 없기 때문이다. 일일이 근로시간을 산정하여 임금을 지급하는 번거로움은 노사 모두에게 불필요한 규제로 다가올 뿐이다. 오히려 자신의 성과를 통해 임금을 지급받게 되면 형평성이라는 관점에서 근로자를 만족시킬 수 있고, 생산성이라는 관점에서 사용자를 만족시킬 수 있게 될 것이다.

근로시간이야말로 노동시장의 유연성이라는 관점에서 가장 큰 변화를 겪게 될 규율 영역으로 평가된다. 이것은 단지 사용자의 경영 필요성이나 경기 변동성에 따른 필요성만을 의미하는 것은 아니다. 근로자 개인의 요구에도 부합하는 측면이 있기 때문이다. 근로시간이라는 관점에서 가장 효율적이면서도 근로자의 요구를 반영하는 근로시간모형을 노사가 구축하여야 할 필요가 있다.[4)]

그동안 근로시간에 관한 논의는 근로시간 단축 등 양적 감소의 측면에서만 조망해 왔다. 그러나 이러한 논의 방향은 업그레이드될 필요가 있다. 단지 근로시간의 단축만이 아니라 근로시간에 관한 주도권을 사용자에게만 둘 것이 아니라, 근로자와 사용자가 협의하는 구조를 지향하여야 하기 때문이다.

III. 독일의 근로시간 단축 및 유연화 관련 법제도

1. 독일 근로시간 단축 청구권제도

1) 제도 체계 및 개념

독일 단기법 제8조에서는 상시 15명 이상을 고용하고 있는 사업장[5)]에서 일하고 있는 근로자가 최소한 6개월 이상 근로관계를 계속하고 있는

4) Schaub/Vogelsang, ArbRHandb, 16.Aufl., 2015, §160 Rn.19ff.

5) 직업교육 중인 근로자는 근로자 수 산정에서 제외된다.

경우에 근로시간 단축을 요구할 수 있도록 하고 있다(독일 단기법 제8조 제1항 및 제7항). 이때 근로자의 근로시간 단축 요구는 근로자가 사용자와의 상담시간을 가지면서, 특정한 시간대에 근로가 어렵거나, 그 시간대 근로가 특별히 선호되는 상황을 밝히는 것으로도 충분하다.[6] 다만 이러한 근로시간 단축이 실행되는 경우, 해당 근로자의 임금이 그에 비례하여 감소될 수 있는 것은 물론이다.[7]

근로시간 단축을 근로자가 요구하면, 사용자는 경영상의 합리적 이유가 없는 한 근로자의 근로시간 단축 요구에 응하여야 한다. 그리고 근로하고자 하는 시간대의 요구에 대하여도 이를 수락하여야 한다. 근로자의 근로시간 단축 요구권에 응하지 아니할 수 있는 경영상의 합리적 이유란, 근로시간의 단축이 사업장 내 조직이나 작업과정, 안전 등을 본질적으로 침해하여 이를 해소하는 데 많은 비용이 들게 되는 위험이 있는 경우에 인정된다. 단체협약으로 근로시간 단축의 거부사유를 정할 수 있다.[8]

---

6) BAG 23. 11. 2004, 9AZR644/03.

7) BAG v. 17. 5. 2000-AP BAT §34 Nr.8. 우선 근로자는 단축하고자 하는 근로시간의 범위(양), 예컨대 '4시간 단축' 등을 근로시간 단축을 요구하는 시점으로부터 3개월 이전에 명확히 하여 사용자에게 요구하여야 한다. 이 경우 근로자는 본인이 희망하는 근로시간의 분배('오전' 또는 '오후')에 대하여도 명확히 하여야 한다(독일 단기법 제8조 제2항). 사용자는 근로시간 단축을 요구하는 근로자와 충분히 협의하여야 할 의무가 있으며, 나아가 근로시간의 배분에 관한 노사 간 합의도 필요하다(독일 단기법 제8조 제3항).

8) 단체협약으로 근로시간 단축의 거부사유를 정할 수 있다. 단체협약의 적용범위 내에 있는 단체협약의 적용을 받지 않는 사용자와 근로자는 근로자계약으로 거부사유를 정한 단체협약을 별도로 적용하기로 합의할 수 있다(독일 단기법 제8조 제4항). 사용자는 근로시간의 단축과 그 배분에 대한 결정을 적어도 근로자가 근로시간 단축을 희망한 날로부터 1개월 이전에 서면으로 이를 근로자에게 통지하여야 한다. 사용자와 근로자가 근로시간의 단축에 관한 제3항 제1문에 따른 합의를 도출하지 못하였고, 또한 사용자가 근로자가 희망한 근로단축 개시일 1개월 전에 서면으로 근로시간 단축을 거부

2) 가족돌봄을 위한 단시간 근로

특별한 사유 즉, 가정 내 친지관계에 있는 자의 돌봄이 필요한 경우, 별도의 법을 두어 근로시간을 단축할 수 있다. 단축된 근로시간은 최소한 1주 15시간이어야 한다(Gesetz über die Familienpflegezeit: FPfZG 제2조 제1항). 이러한 근로시간 단축이 있더라도 사용자는 최대 24개월 동안 임금을 추가로 지원받게 된다.[9]

3) 고령 근로자에 대한 단시간 근로

독일의 경우 55세 이상인 근로자에 대해, 만약 그 근로자가 근로시간을 2분의 1이상 단축하는 경우, 사용자는 근로시간 단축으로 줄어든 임금액의 최소한 20%에 해당하는 금액을 근로자에게 추가로 지급하도록 하고 있다.

하지 아니한 경우에 근로시간은 근로자가 희망한 범위로 단축된다(독일 단기법 제8조 제5항). 사용자가 근로시간 단축에 동의하였거나 정당한 이유로 이를 거절하는 경우에, 근로자는 적어도 그 후 2년이 도과된 이후에만 다시금 새롭게 근로시간의 단축을 요구할 수 있다(독일 단기법 제8조 제6항).

9) 임금추가지원금은 가족돌봄을 위한 단시간 근로로 단축된 근로시간에 대해 시간당 평균임금의 절반에 해당하는 금품을 월 급여에 추가하여 지급하게 된다(FPfZG 제3조 제1항 1. b) 호). 이러한 사항에 대해 사용자가 다음 각 호의 사항이 포함된 제2조 제1항에 따른 가족돌봄을 위한 사용자와 취업자 사이에 서면합의를 하여야 한다. 이때 서면에는 이전의 근로시간 및 가족돌봄을 위해 축소하게 되는 근로시간, 돌봄을 받는 자의 성명, 출생일, 주소 및 가족관계, 가족돌봄 근로시간 단축 기간이 종료되면, 종전의 1주 근로시간으로 복귀한다는 내용이 기재되어야 한다. 나아가 사용자는 가족돌봄 단시간 근로기간 및 가족돌봄 단시간 근로 이후 근로시간 정산기간 동안 고용관계를 해지하여서는 안 된다. 특별한 경우에 한하여 예외적으로 사용자는 해당 근로자를 해지할 수 있을 뿐이다. 이때에도 해지 허용 여부는 산업안전보호를 관할하는 연방주의 최상급 관청 또는 이에 의해 정해진 기관에 의해 행해지도록 한다.

2. 독일 근로시간계좌제

1) 개관

독일은 근로시간 유연화 방안으로 이른바 근로시간계좌제(Arbeitszeit-konto)를 도입하여 운영하고 있다. 근로시간계좌제란 실근로시간과 소정근로시간의 차이를 계좌(Konto)에 적립하고, 차후에 정산을 통해 여러 용도로 이용하는 방식을 말한다.[10] 즉 실근로시간이 소정근로시간을 초과하는 경우에 그 초과근로시간은 근로시간계좌에 적립되고, 그 반대의 경우에는 근로시간계좌에서 차감된다.[11]

독일이 근로시간계좌제를 법률적으로 포괄하여 명시하고 있지는 않다. 다만 예컨대 최저임금법 등에 근로시간계좌제를 일정한 법적 수단으로 도입하여 운영하고 있다.[12] 독일 최저임금법(Mindestlohngesetz)에 따라서 최저임금청구권은 재판상 외에 포기될 수 없다(동 법 제3조). 따라서 근로자가 소정근로시간을 초과하여 근로를 제공한 경우에 그 초과근로시간은 사전에 서면으로 합의한 '근로시간계좌'에 적립되고, 12개월 안에 최저임금이 지급됨으로써 조율이 가능하게 된다(동 법 제2조). 말하자면 근로시간계좌제는 최저임금의 실질적인 실현에 기여하는 것으로 이

---

10) Schüren, Münchener Handbuch zum Arbeitsrecht, Band 1: Individualarbeitsrecht I, 4. Auflage 2018, §44 Rn.15.

11) 말하자면 근로시간계좌제는 우리의 선택적 근로시간제, 탄력적 근로시간제 및 보상휴가제 등의 복합적 형태라고 할 수 있다. 이상민, "독일 기업의 근로시간계좌제 사례 연구", 『경상논총』(제29권 제2호), 2011.6., 82면.

12) Richter, Tim, Flexibilisierung der Arbeitszeit durch Arbeitszeitkonten — Möglichkeiten und Grenzen, in: Arbeitsrecht Aktuell 2018, S.241.

해된다.[13)]

근로시간계좌제를 채택하는 경우 근로계약 당사자들은 그 범위에서는 상대적으로 자유롭다. 예컨대 단체협약을 통해서 근로시간계좌제가 채택되면 ① 근로자가 근로시간을 스스로 결정할 수 있도록 '합의'가 가능하고, ② 동시에 사용자가 경영상의 유연성을 제고(提高)할 수 있게 된다.[14)]

2) 근로시간계좌의 근로시간법상 의의

근로시간계좌제는 단체협약, 취업규칙 또는 근로계약을 통해서 명시적으로 채택되어야 한다. 그 외의 방법으로 '초과 또는 미달성' 근로시간을 정산하는 것은 허용되지 않는다. 근로시간계좌제에 대한 합의가 없는 경우에는 적어도 소정근로시간(statische Arbeitszeit)이 정해져야 하고, 근로자는 그에 따라서 일정한 주당 근로시간만을 이행할 의무를 부담하게 된다. 만약 사용자가 근로자에게 소정의 주당 근로시간을 배분하지 않음으로써 근로자가 그 시간을 이행할 수 없었다면, 사용자는 그 주당 근로시간에 따른 임금을 지급해야 한다.[15)]

근로자가 근로계약에서 정한 주당 근로시간보다 초과근로를 하는 경우에, 초과근로시간에 대해서는 임금이 지급되거나 휴가가 보장되어야

---

13) Müller–Glöge, Münchener Kommentar zum Bürgerlichen Gesetzbuch, Band 4, 7. Auflage 2016, BGB §611 Rn.1056.

14) Richter, Tim, Flexibilisierung der Arbeitszeit durch Arbeitszeitkonten — Möglichkeiten und Grenzen, in: Arbeitsrecht Aktuell 2018, S.241.

15) Richter, Tim, Flexibilisierung der Arbeitszeit durch Arbeitszeitkonten — Möglichkeiten und Grenzen, in: Arbeitsrecht Aktuell 2018, S.241.

한다. 이때 그 정산기준은 일반적으로 6개월이 될 것이다.16)

특히 근로시간계좌제에 대한 합의가 없는 경우에는 원칙적으로 초과근로시간이 '근로계약' 또는 '단체협약'상의 제척기간(Ausschlussfrist)에 걸린다는 점에 주의해야 한다. 따라서 근로자는 초과근로시간에 대한 임금 또는 휴가를 제척기간 안에 요구해야 하며, 기간이 도과됨으로써 그 초과근로시간은 소멸된다.17)

근로시간계좌제에 근거하여, ① 근로자의 실근로시간이 어느 정도인지, ② (독일법상) 임금계속지급청구권의 발생으로 인해 근로자가 계속해서 근로를 제공하지 않고도 임금청구를 할 수 있는지, ③ 근로자가 여전히 합의된 임금에 대한 근로제공의무를 부담하는지가 결정될 수 있다.18) 나아가 근로자가 일정한 정산기간, 예컨대 1년 동안 제공해야 하는 근로의 양(Menge)이 서면으로 정해질 수 있고, 근로시간의 양에 비례하여 임금 또한 결정된다.19)

---

16) 독일의 근로시간법(Arbeitszeitgesetz)에 따르면 주간근로자의 경우 ① 근로자의 일(日) 근로시간은 원칙적으로 8시간이며, ② (정산기간) 6개월 또는 24주를 평균하여 일(日)당 평균근로시간이 8시간 이내인 때에는 일(日)당 10시간까지 연장근로가 가능하다(동 법 제3조).

17) Richter, Tim, Flexibilisierung der Arbeitszeit durch Arbeitszeitkonten — Möglichkeiten und Grenzen, in: Arbeitsrecht Aktuell 2018, S.241.

18) BAG, Urteil vom 29. 6. 2016-5 AZR 617/15(LAG Hamburg 10. 9. 2015-7 Sa 24/15), in: Arbeitsrecht Aktuell 2016, S.453 m. Anm. Haußmann.

19) 이때 근로자가 임금보다 많은 노무를 제공하면, 그 초과시간이 적립계좌에 가산되고, 임금보다 적은 노무를 제공하면, 그 부족시간이 적립계좌에서 차감됨은 앞서 언급한 바와 같다.

3) 근로시간계좌제의 유형

(1) 단기근로시간계좌와 장기근로시간계좌

근로시간계좌의 유형에는 단기근로시간계좌(Kurzzeitkonto=Flexikonto)와 장기근로시간계좌(Langzeitkonto)가 있으며, 실무에서는 대체로 단기근로시간계좌가 이용된다. 단기계좌에서는 정산기간이 월(月) 또는 년(年) 단위로 설정되고, 각 기간 내에서 이른바 근로시간채권(Zeitguthaben)과 근로시간부채(Zeitschulden)가 정산된다. 반면 장기근로시간계좌는 월(月) 또는 연(年) 단위 기간을 넘어서는 장기(長期)의 적립계좌로서, 소정근로시간을 초과하는 근로시간이 가산되어 적립된다.[20]

특히 장기근로시간계좌의 장점은 '적립된 시간이 충분하고 가능한 경우에' 이전과 동일한 임금을 보장받으면서 장기간 업무에서 이탈할 수 있다는 점이다. 예컨대 장기근로시간계좌에 축적된 시간은 육아, 양육, 재교육, 안식년 및 '유급조기퇴직' 등을 위해서 이용될 수 있다.[21] 예컨대 독일 사회법전 제4편 제7b조 내지 제7f조가 장기근로시간계좌 법령으로서 고려될 수 있다.[22]

---

20) Richter, Tim, Flexibilisierung der Arbeitszeit durch Arbeitszeitkonten — Möglichkeiten und Grenzen, in: Arbeitsrecht Aktuell 2018, S.242.

21) 다만 장기근로시간계좌가 이용되기 위해서는 장시간의 초과근로가 요구되며, 나아가 그 축적된 시간이 막상 활용되어야 하는 시점에 사용자의 사정에 따라서 근로자에 의해 사용될 수 없게 될 위험성이 존재함을 부인할 수 없다. Richter, Tim, Flexibilisierung der Arbeitszeit durch Arbeitszeitkonten — Möglichkeiten und Grenzen, in: Arbeitsrecht Aktuell 2018, S.242.

22) Schüren, Münchener Handbuch zum Arbeitsrecht, Band 1: Individualarbeitsrecht I, 4. Auflage 2018, §44 Rn.16. 말하자면 장기간 축적된 초과근로시간은 독일 사회법전 제4편 제7b조 내지 제7f조가 규정하는 가치채권(Wertguthaben)을 의미한다. 따라서

(2) 시간계좌와 금전계좌

전통적으로 근로시간계좌는 시간계좌로 설정되고 있으며, 다만 임금 청구권의 형태로 환산하는 것도 가능하다. 특히 임금청구권의 형태로 환산하는 경우가 독일 사회법전 제4편 제7d조 제1항이 예정하는 장기근로시간계좌를 의미하게 된다.[23)]

4) 근로시간계좌제 관련 문제

(1) 근로시간계좌제와 최저임금

독일 최저임금법 제2조 제2항 제1호에 따르면 사용자는 근로자에게 법정 최저임금을 합의된 시점에 반드시 지급해야 한다. 이러한 내용은, 근로시간계좌에 축적된 초과근로시간이 12개월 내에 각 월별 사정에 기초하여 금전 또는 휴가의 형태로 청산되는 것과 구별된다. 근로시간계좌제에 따르면 근로시간계좌에 축적된 시간이 특정 해에 완전하게 소진되어야 하는 것도 아니고, 어느 달(月)에 제공된 초과시간이 다음 해의 각 월(月)별로 정산될 수도 있다. 물론 이는 독일 최저임금법 제2조 제2항 제1호를 고려할 때, 적어도 월 급여가 초과근로에 대한 최저임금을 포함하지 않을 때를 말한다. 만약 근로자가 제공한 초과시간에 대한 최저임금이 각 정산기간 내에 지급이 되었고, 시간당 평균임금이 최저임금수준을 상회

동 규정들에 근거하여 축적된 초과근로시간이 관리될 수 있고, 특히 근로자는 사용자의 파산에 대비할 수 있다(동 법전 제7e조).

23) 보다 자세한 것은 Rolf, Erfurter Kommentar zum Arbeitsrecht, 18. Auflage 2018, SGB IV §7d Rn.1ff. 참고.

한다면, 동 규정은 당연히 무의미하다. 요컨대 지급된 월별 임금이 초과 근로시간 부분을 포함하지 않을 때 독일 최저임금법 제2조 제2항 제1호가 의미를 가진다.[24)]

또한 최저임금법 제2조 제2항 제3호에 따라서 근로시간계좌에 적립되는 근로시간은 월(月)마다 소정근로시간의 50%를 초과할 수 없다. 예컨대 소정근로시간이 100시간인 경우 사용자는 최고 50시간까지 월별로 근로시간계좌에 적립시킬 수 있다. 50시간을 초과하는 근로시간은 곧바로 정산이 되어야 한다. 동 규정의 목적과 취지는 사용자가 소정근로시간을 최소한으로 합의하고 그 시간을 초과하는 근로시간을 모두 근로시간계좌에 적립함으로써 실질적인 임금지급의무를 회피할 위험을 방지하는 데 있다.[25)]

(2) 근로시간계좌제와 자율근로시간제

사용자와 근로자가 이른바 자율근로시간제(Vertrauensarbeitszeit)에 합의하면, 사용자는 근로자의 출퇴근시간을 정할 수 없고, 단지 근로자의 근로제공이 제때에 이루어질 것이라는 점을 신뢰하게 된다. 이때 자율근로시간제가 합의되었더라도 여전히 초과근로시간에 대한 근로자의 권리는 인정된다. 즉 자율근로시간제와 병행해서 근로시간계좌제를 채택할 수 있으며, 당연히 초과근로시간에 대한 임금청구권이 배제되는 것도 아

---

24) Richter, Tim, Flexibilisierung der Arbeitszeit durch Arbeitszeitkonten — Möglichkeiten und Grenzen, in: Arbeitsrecht Aktuell 2018, S.242.

25) Richter, Tim, Flexibilisierung der Arbeitszeit durch Arbeitszeitkonten — Möglichkeiten und Grenzen, in: Arbeitsrecht Aktuell 2018, S.242.

니다.[26] 예컨대 사용자와 근로자가 소정근로시간 및 근로시간계좌제에 합의한 후 다시 소정근로시간 대신에 자율근로시간제를 정했다고 하더라도, 근로시간계좌제에는 아무런 영향이 없다. 사용자가 근로시간계좌제를 중단하고자 하는 경우에는 그것에 대한 명시적인 합의가 요구된다.[27]

(3) 근로시간계좌제와 근로자파견

사용자의 관점에서 본다면, 근로시간계좌제를 도입함으로써 노동인력의 단기적인 부족현상이 해결될 수 있다. 예컨대 파견인력이 필요한 자리에 현 근로자를 배치하고, 그 근로자의 초과근로를 통해서 필요한 근로를 채워 넣을 수 있다. 이러한 구조가 원칙적으로 허용될 수 있음은 당연하다. 다만 근로자파견과 관련하여 문제가 될 수 있다. 왜냐하면 파견근로자의 미취업 기간 동안에 근로시간계좌가 축소됨으로써 파견사업주가 부담해야 하는 고용위험(Beschäftigungsrisiko)이 파견근로자에게 전가될 수 있기 때문이다. 이는 독일 근로자파견법 제11조 제4항 제2문에 따라서 무효이다.[28] 예컨대 파견사업주가 파견근로자의 미취업 기간 동안에 근로시간계좌를 축소할 수 있도록 계약하는 경우가 이에 해당한다.

---

26) BAG, Urteil vom 23. 9. 2015-5 AZR 767/13(LAG Hamm 2. 7. 2013-14 Sa 1706/12), in: Arbeitsrecht Aktuell 2016, S.89m. Anm. Schuster.

27) Richter, Tim, Flexibilisierung der Arbeitszeit durch Arbeitszeitkonten — Möglichkeiten und Grenzen, in: Arbeitsrecht Aktuell 2018, S.243.

28) BAG, Urteil vom 16. 4. 2014-5 AZR 483/12(LAG Baden-Württemberg, 6. 3. 2012-22 Sa 58/11), in: Arbeitsrecht Aktuell 2014, S.357m. Anm. Söhl. 독일 근로자파견법 제11조 제4항 제2문은 "파견사업주의 (이른바) 수령지체 시에 파견근로자의 임금지급청구권은 계약을 통해서 포기되거나 제한될 수 없다"고 규정함으로써, 고용(Beschäftigung)에 대한 위험(Risiko)을 파견사업주가 부담하도록 정하고 있다.

(4) 근로시간계좌와 경영상 이유에 의한 해고

독일 해고보호법 제1조 제2항에 따르면, 경영상 이유에 의한 해고는 긴박한 경영상의 필요성이 존재하고, 이로 인해 '계속고용(Weiterbeschäftigung)을 기대할 수 없을 때' 정당화된다. 근로시간계좌가 적극적인 채권을 의미한다면, 경영상의 필요성은 아마도 동 조항이 의미하는 '긴박성'을 가질 수 없을 것이다. 해고 전에 근로자는 근로시간계좌에 적립되어 있는 근로시간을 적극적이고 우선적으로 사용하려 할 것이고, 그런 이후에야 비로소 사용자에 의한 해고가 고려될 수 있기 때문이다.[29] 그 동안 경영상의 긴박성은 사라질 수 있다.

(5) 근로시간계좌의 감축

실무적으로 종종 '자유시간이 보장됨으로써 근로시간계좌가 축소되는 것이 아닌지' 문제된다. 예컨대 근로자는 월 단위 혹은 연 단위의 근로시간채권(Zeitguthaben)을 가능한 한 뒤로 미루고, 이를 휴가로 사용함으로써 근로시간계좌을 활용하려고 하기 때문이다. 반대로 사용자는 일정기간 동안 근로자의 노무가 경영상 불필요한 때에는, 근로시간계좌를 자유시간으로 활용함으로써 근로시간에 대한 부담을 덜고자 할 것이다. 이 경우 정산기간(Zeitraum)에 대한 결정권을 누가 가지는지 문제된다.[30]

---

29) APS/Kiel, Kündigungsrecht — Großkommentar zum gesamten Recht der Beendigung von Arbeitsverhältnissen —, 5. Auflage 2017 §1Rn.540.

30) Richter, Tim, Flexibilisierung der Arbeitszeit durch Arbeitszeitkonten — Möglichkeiten und Grenzen, in: Arbeitsrecht Aktuell 2018, S.243.

만약 결정권에 대한 계약상 합의가 존재하지 않는다면, 독일 영업법 제106조 제1문에 따라서 사용자가 근로시간을 확정할 권한을 가질 것이다.[31] 따라서 해석상 '근로시간계좌제가 존재하는 경우' ① 한편으로 사용자는 소정근로시간을 초과하는 근로시간을 지시할 수 있고, 그 초과근로시간은 근로시간계좌에 가산되는 반면, ② 다른 한편으로 사용자는 소정근로시간보다 적은 근로시간을 지시할 수 있고, 그 차이나는 근로시간은 근로시간계좌에서 차감될 수 있다고 한다. 이 경우에 근로자에 의한 동의여부는 문제가 되지 않는다고 하며, 따라서 계약상 다른 정함이 없는 한, 사용자가 일방적으로 초과근로시간계좌의 축소 여부를 조정할 수 있다고 한다. 물론 사용자가 소정근로시간보다 적은 근로시간을 지시하는 경우에, 근로자는 그 시간에 대한 노무급부의무를 면하게 된다.[32]

5) 시사점

오늘날 노동시장은 근로시간의 유연화를 요구하고 있다. 근로시간의 유연화가 무엇보다 일 · 가정의 양립에 기여하고, 직업과 가정을 동시에 만족시켜 줄 것임은 틀림없어 보인다. 다만 어떠한 법제도를 통해서 우리 노동현실에 맞는 근로시간 유연화를 이루어 낼 것인지에 대한 고민이 남아 있다. 이러한 관점에서 독일이 마련하고 있는 "근로시간계좌제"는 매

---

31) 독일 영업법(Gewerbeordnung=GewO) 제106조 제1문은 "근로계약, 취업규칙, 단체협약 또는 법률에 의해서 정해지지 않았다면, 사용자가 노무급부의 내용, 장소 및 시간을 합리적 고려에 따라서 구체적으로 정할 수 있다"고 규정한다.

32) Müller-Glöge, Münchener Kommentar zum Bürgerlichen Gesetzbuch, Band 4, 7. Auflage 2016, BGB §611 Rn.1057b.

우 유용한 제도로 보인다. 이를 반영하듯, 독일에서 근로시간계좌제에 관한 단체협약이 점점 늘어가고 있다.

요약하자면 근로시간계좌제는 그 운영이 매우 유연하고 탄력적이다. 예컨대 근로시간계좌는 '단기근로시간계좌와 장기근로시간계좌' 및 '시간계좌와 금전계좌'로 설정될 수 있다. 특히 후자에 있어서는 두 유형이 합쳐진 것도 가능하다. 단체협약에 반하지 않는 한, 당사자들은 근로시간계좌제에 대해 합의할 수 있다. 나아가 자율시간근무제(Vertrauensarbeit)의 합의는 근로시간계좌제의 도입에 영향을 미치지 않으며, 당연히 초과근로에 대한 보상도 이루어진다. 무엇보다 근로시간계좌제를 통해서 월 단위로 확정되어 있는 근로시간이 일 단위로 유연하게 운영됨으로써, 근로자뿐만 아니라 사용자에 대해서도 경직되어 있는 근로시간의 유연성이 안정적으로 확보될 수 있다. 아마도 근로시간계좌제는 근로시간에 있어서만큼은 노사가 상생할 수 있는 모델로서 적합한 것으로 여겨진다.

IV. 일본의 근로시간 단축 및 유연화 관련 법제도

1. 논의의 과정 및 개요

일본 경제는 노동세계의 디지털화에 의해 일정한 경제성장의 과실을 얻고 있다. 특히, 일본의 전기산업은 디지털기술의 진보에 따라, FA시스템과 로봇수출에 있어 국내시장뿐만 아니라 아시아와 유럽 시장에서의 경쟁에서 이익을 얻고 있다.

기술혁신에 따라 과거에도 직장생활에서 기술기기와 컴퓨터가 인간의 노동을 대신하여 왔다. 「The Future of Employment, 2013 고용의 미래」를 집필하고 세계적으로 센세이션을 일으킨 Frey and Osbonne은 일본의 취업인구의 약 49%가 자동화에 의해 위협받고 있다는 것을 시사했다. 일본의 취업인구가 전체인구의 반이라고 한다면, 4분의 1이 직장을 잃게 된다. 또한 디지털화는 종업원에게 있어서도 자유로의 새로운 기회이기도 하다. 지적이며 창조적으로 자유롭게 일하는 방법, 일・생활 균형이야말로 중요하기 때문에, 노동법 특히 근로시간법이 저해되지 않는다면, 근로시간법의 개혁은 중요한 의의가 있으며, 고도의 프로페셔널한 제도와 재택근무(텔레워크)의 중요성이 주장되고 있다.[33)]

일본 경제산업성의 「산업구조의 새로운 측면」(2017년)에 의하면, AI와 로봇에 의해 대체됨으로 인해 감축되는 노동이 있다고 지적하였다. 인더스트리 4.0은 인력부족산업에 있어서 노동력 수급 문제를 해소하려면 새로운 산업에 관한 교육훈련 내지 직업 전환, 새로운 성장산업 분야의 기업으로 근로자들의 신속한 이동이 확보되어야 한다고 하는데, 이에 대해 보고서에서는 종래 중간수준 숙련(middle skill)의 화이트칼라의 일이 크게 감소됨과 동시에 단순작업 근로자도 줄어들 것으로 보고 있다.

직장에서 IoT와 AI의 도입이 어느 정도까지 진행되었는지 명확하지 않지만 IoT와 AI는 인간의 노동을 일정 정도는 대체할 것이다. 제4차 산업혁명에 의한 고용감소의 측면에서 볼 때, 정규고용근로자의 경우 인사

---

33) 大内伸哉『AI時代の働き方と法』(弘文堂、2017年)163, 167頁.

이동・배치전환(경우에 따라서는 주거확보)이 중심적인 문제가 된다. 근로계약관계 종료의 전제로서 재취업지원이 중심적인 문제가 되어야만 하는 것은 아니다. 오히려 이전의 산업구조 전환 때의 고용정책에 대한 검증이 필요한 것이 아닌가 한다.[34] ME(Micro・Electronics)화의 경우에는 직장재편, 인원의 적정배치, 배치전환, 직업훈련, 요원・작업량관리, 잔업규제・휴일확보가 직장의 테마였다.

이러한 조치는 제4차 산업혁명에 있어서도 마찬가지로 문제될 것이다. 제4차 산업혁명에서 합리화를 필요로 하는 기술의 대상, 현대에 있어서 고용사회의 특징에 입각한 국가적 정책, 조합 정책의 창조성이 앞으로 문제될 것이다. 다만, 종래의 ME화에 의한 고용문제와 대비하면 제4차 산업혁명에서의 고용문제의 대상이 정규고용근로자뿐만 아니라 비정규고용근로자까지 본격적으로 미치고 있는 점이 다르다. 정규고용근로자와 나란히 비정규고용근로자로의 재취업지원체제, 직업훈련체제가 문제될 것이다. 비정규고용근로자의 업무는 한정되어 있기 때문에 OJT를 통한 직업능력의 향상과 발전의 효과는 거의 제한적이다. 그 때문에 기업내부에서의 직업훈련뿐만 아니라 기업외의 직업훈련이 불가결하게 된다. 기업외의 직업훈련은 이전부터 중요시되어 왔지만, 직업훈련급부금제도 등의 일부 제도를 빼고는 본격적인 제도화와는 대부분 거리가 멀다. 직업훈련을 대상으로 하는 기술도 현대의 고용사회에 따른 것일 필요가 있다. 특히 제4차 산업혁명에서의 로봇, AI, IoT의 기술발전을 위한 직업훈련이

---

34) 예를 들면, 예전에 탄광 이직자에 대해서 이직근로자 등의 고용안정 등에 관한 임시조치법이 제정되었다. 고용촉진사업단에는 고용촉진주택도 제공되었다.

가능한지 여부에 대한 검토도 필요하다. 또한 직업훈련의 대상은 고용을 상실하는 근로자를 염두에 둔 직업능력 개발도 고려하지 않으면 안 된다.

일본에서는 AI시대 법의 존재방향으로 기업의 쇠퇴부분에서 성장부분으로의 노동이동을 위해 해고규제의 개혁, 해고에 있어서 새로운 금전해결제도가 논해지고 있다. 이에 대해 AI를 사업장에 도입하는 것이 어느 정도로 고용에 영향을 미칠 것인지 우선 확인해볼 필요가 있다는 반론이 있다. AI가 정사원이 하고 있었던 직무를 대체하는 기능을 하는 직장도 있다(보험업 등). 이 경우 장기고용을 축으로 노사관계가 형성되어온 일본의 직장에 있어서는 배치전환을 통해 종래처럼 동일의 기업 내에서 고용확보가 가능하다. 이 부분에 있어서 해고규제 완화와 금전해결제도의 필요성을 새삼스레 논하는 것은 적정하지 않다는 반론이 있다.

후생노동성의「일하는 방식의 미래 2035 한 사람 한 사람이 빛나기 위해」(平成 28年(2016년) 8月)에서,『자립한 개인이 자율적으로 다양한 스타일로「일하는」것이 요구된다』,『인간은, 하나의 기업에「취직」한다는 의식은 희박해진다』,『겸업과 부업, 혹은 복업은 당연한 것이 된다』라고 하여, 20년 후의 2035년을 내다보고, 기술혁신에 의한 경제・사회 변혁의 근거 위에 다양한 인재가 한 사람 한 사람의 개성을 살려 일할 수 있는 미래의 일하는 방식을 제안하고 있다.

문제는 어떤 기본적인 관점에 따라 이러한 근무 형태에 대응한 노동법을 구상할 것인가 하는 점인데, 이에 대한 고려가 본격화되지 않았고, 노동법은 사회구조의 변화 속에서 새로운 대응을 선택해야 하는 시기를 맞고 있다고 한다.

특히 일의 특성상 개인이 기업과 대등하게 일을 해 나가는 것이 합리적인 형태라고 생각하지만, 회사는 이러한 흐름에 대응해 나갈 수 없는 것이 현실인데, 개인이 자신의 능력・적성과 의사에 따른 형태의 근무를 하는 것이 가능하기 위해서는 인재정책, 노동시장과 고용제도의 변혁이 불가결하다고 한다.

2. 일본의『일하는 방식 개혁 실행계획』의 결정[35)]

이러한 논의를 배경으로 아베내각에서는 일억총활약사회를 향한 최대 도전은 '일하는 방식의 개혁'으로서 일하는 방식 개혁 실현을 향한 구조를 진전시켜 2017년 3월에는 '일하는 방식 개혁 실행계획'을 결정하였다.

1) '일하는 사람의 관점에서' 일하는 방식 개혁의 의의

실행계획의 기본적인 관점은 앞서 서술한 경제사회의 현상을 기반으로 일억총활약이 필요하고 일본경제 재생을 위한 최대 도전과제가 일하는 방식의 개혁이라는 점이다. 일하는 사람의 관점에 서서 노동제도의 근본적인 개혁을 행하고 기업문화와 풍토를 포함한 변화에 의해 일하는 측 한 사람 한 사람이 보다 좋은 장래의 희망을 가지게 하는 것이 목적이다.

일하는 방식 개혁 그 자체가 노동생산성을 개선하는 가장 좋은 수단이

35) 이에 관해서는 武田康祐, "働き方改革の實現に向けて", 『季刊 勞動法』 258호, 2017, 2면 이하; 水町勇一郎, "2018年の勞動法制の行方", 제2762회 노동법연구회, 평성 30년 1월 25일 참고.

라는 관점에서 일본의 노동제도와 일하는 방식의 과제를 주로 세 개의 관점에서 정리하였다.

하나는 정규, 비정규의 불합리한 차이가 존재하는데 이것이 완고하여 의욕을 잃고 있는 것은 아닌가라는 문제의식이다. 이 불합리한 차이를 메운다면 스스로의 능력에 대한 평가에 납득할 수 있고 일하는 동기가 증가하여 노동생산성을 향상시킨다.

두 번째는 장시간근로이다. 건강 확보만이 아니라 일과 가정생활의 양립을 곤란하게 하고 저출산의 원인, 남성의 육아참가를 저해하는 원인으로 되고 있다. 이것이 시정되면 여성과 고령자가 일하기 쉽게 되어 노동참가율이 향상된다. 경영자는 어떻게 근로를 제공받을까에 관심이 높아 노동생산성 향상에 연결된다. 시간 제한이 없는 것이 업무 시간 허비와 비효율로 연결되어 의사결정 프로세스가 길어지고 이것이 혁신을 저해하는 원인 중 하나가 되는 것이 아닌가라는 문제의식이다. 단지 근로시간을 감소시킨다는 것만이 아니라 사업과 업무의 재고를 통하여 생산성을 향상시키고 이노베이션을 쉽게 하는 것도 겨냥하고 있다.

세 번째는 일본의 단선형 캐리어패스이다. 라이프스테이지에 부합하는 일의 근무방식을 선택하기 어려운 것이 변해야 한다. 전직이 불리하지 않은 유연한 노동시장, 기업관행을 확립하면 개인의 커리어설계도 가능하게 되어 부가가치가 높은 산업으로의 전직, 재취직을 통해 국가 전체의 생산성도 높아지게 된다.

일하는 방식의 개혁은 단순히 사회정책적인 의미만이 아니라 경제정책적인 의미에서 생산성을 향상시키기 위한 구조가 필요하다고 생각된다. 총리도 세 번 언급한 것처럼 생산성 향상에 따른 성과를 일하는 사람에 분배하여 성과와 분배의 선순환을 형성하고자 한다. 그로부터 중산층이 두터워져 보다 많은 측이 풍부한 가정을 유지할 수 있게 된다. 이것을 목표로 하여 일하는 방식의 개혁을 행하는 것이다.

통상 노동정책은 후생노동성의 노동정책심의회에서 논의되었으나 시간외근로의 상한규제와 같은 어려운 화두는 결론을 얻기 상당히 어렵다. 이번 실현회의는 총리 스스로가 의장이 되어 노사단체의 장과 전문가를 포함하여 합의·형성하였다.

2) 동일노동 동일임금의 실현 등 비정규고용의 대우개선

정규근로자와 비정규근로자 간 불합리한 대우의 차이를 해소하는 틀을 통하여 어느 고용형태를 선택해도 납득할 수 있는 처우를 받고 일하는 다양한 방식을 자유롭게 선택하도록 하여 최대한 능력을 발휘할 수 있게 하는 것이 목표이다.

3) 장시간근로의 시정

실행계획에는 「일과 자녀양육과 개호를 무리 없이 양립시키기 위해서는 장시간근로를 시정해야 한다. 일하는 측의 건강 확보를 도모하는 것을 대전제로 이에 덧붙여 man-hour당 생산성을 향상시키면서 워크 라이프 밸런스를 개선하여 여성과 고령자가 일하기 쉬운 사회로 변하고자 한다」라고 하고 있다. 2018년 일본은 과로사 방지를 위한 근로시간 관련 법을 개정하였다. 이번 법개정은 현행 한도기준고시를 법률로 격상시키고 벌칙에 의한 강제력을 가지게 함으로써 종래 상한 없이 시간외근로가 가능하게 되어 있던 것을 임시적인 특별한 사정이 있는 경우로서 노사가 합의한 경우에도 상회할 수 없는 상한을 설정하는 것이다. 간략히 살펴본다면, 주40시간을 넘어서 근로할 수 있는 시간외근로의 한도를 원칙적으로 월 45시간, 그리고 연 360시간으로 하고, 그 위반에 대해서는 특례를 제외하고는 벌칙을 부과하도록 하고 있다. 또한 근로시간 등의 설정 개선에 관한 특별조치법을 개정하여 사업주는 전일의 종업시각과 익일의 시업시각 사이에 일정 시간의 휴식을 확보하도록 노력하여야 한다는 취지의 노력의무를 부과하고 제도의 보급 촉진을 위하여 정부는 노사관계자를 포함한 민간 전문가 검토회의를 소집하도록 하고 있다. 나아가 창의성이 높은 일에 자율적으로 일하는 개인이 의욕과 능력을 최대한 발휘하여 자기실현을 하는 것을 지원하는 노동법제가 필요하다. 구체적으로는 장시간노동억제정책과 함께 고도 프로페셔널제도의 창설과 기획업무형재량노동제의 개정 등의 다양하고 유연한 일하는 방식의 실현에 관한 법개정이다.

4) 유연하게 일하는 방식이 쉬운 환경정비

텔레워크는 시간과 공간의 제약을 받지 않고 일할 수 있고, 부업 · 겸업은 오픈 이노베이션과 창업의 수단, 제2의 인생의 준비로서 유효하다. 장시간근로를 초래하지 않음과 함께 가이드라인 등의 제정 등으로 유연한 일하는 방식의 보급을 가속화하고자 한다.

고용형 텔레워크에 대하여는 검토회에서 검토가이드라인을 2017년도 중에 쇄신한다. 현행 가이드라인은 자택에서의 근무만을 상정하고 있는데 satellite office와 모바일근무 등을 추가하고자 한다. 이동시간의 취급 사업장외간주적용방법 등을 명확히 하여 무리 없이 텔레워크를 활용할 수 있도록 한다. 또한 장시간근로의 방지책을 대응례를 제시하는 방식으로 명시하여 예정한다.

비고용형 텔레워크는 낮은 보수 등 다양한 트러블이 생기고 있으므로 고용 유사의 일하는 방식에 대한 학자회의를 설치하여 법적 보호의 필요성을 중장기적으로 검토한다. 또한 현재의 가이드라인은 크라우드소싱과 같은 중개사업자를 상정하고 있지 않다. 이러한 중개업자가 지켜야 할 사항에 대해서도 가이드라인을 도입하고자 한다. 비고용형도 2017년도 중에 가이드라인을 제정하여 보급을 가속하고자 한다(내각의 이러한 방향성을 기초로 하여 후생노동성은「재태워크의 적정한 실시를 위한 가이드라인」을「자영형 가이드라인」[36]으로 개정하였다[37]).

부업・겸업에 대해 판례와 학설에서는 본업에 대한 노무제공과 업무운영, 회사의 신용・평가에 지장이 생기는 경우 제한할 수 있지만, 그 이외는 인정되어야 한다고 한다. 이러한 판례와 학설을 소개하고 앞서 말한 부분은 제한할 수 있지만, 그 이외는 제한할 수 없는 것으로 하는 가이드라인을 제시함과 함께 표준취업규칙도 개정한다.

---

36) 厚生労動省, "自營型テレワークの適正な實施のためのガイドライン", バンフレット 평성 30년 3월.

37) 이에 관해서는 大山盛義, "「フリーランス」に關わる最近の論議狀況", 『労動法律旬報』 No.913, 2018.6.10., 6면 이하 참고.

부업・겸업에 대하여도 어떻게 근로시간을 관리하고 장시간근로를 방지할 수 있는가라는 과제가 있다. 근로자가 스스로 확인할 수 있는 툴의 개발과 어떻게 기업측이 근로시간의 관리와 건강 확보를 도모해야 하는가에 대해 2017년도 중에 검토를 하여 가이드라인을 책정하고자 한다.

3. 일하는 방식 개혁을 추진하기 위한 관계 법률의 정비에 관한 법률(働き方改革を推進するための関係法律の整備に関する法律)[38]의 개요

근로자가 각각의 사정에 따른 다양한 일하는 방식을 선택할 수 있는 사회를 실현하는 일하는 방식 개혁을 종합적으로 추진하기 위해 장시간 노동의 시정, 다양하고 유연한 일하는 방식의 실현, 고용형태에 관계없는 공정한 대우의 확보를 위한 조치를 강구한다. 이 법률은 ① 장시간 노동 근절, ② 비정규직 차별 시정 및 ③ 근로대가의 기준을 '근로시간'에서 '성과'로 전환한 '고도 프로페셔널'제도의 도입 등 노동규율의 패러다임 변화를 시도하고 있다.[39]

이 중 근로시간에 관한 제도의 변혁을 중심으로 검토하면 다음과 같다.

---

38) 2018년 6월 29일 의회에서 의결되어 성립하였다.「노동기준법」등 관련 8개 법률을 일괄하여 개정하는 형식이다.

39) 조승래, "70년만의 노동대개혁, 일본의「일하는 방식 개혁법률」",『이슈와 논점』제1490호, 2018.7.31., 1면.

1) 근로시간에 관한 시간외노동의 상한규제 도입

일본의 법정근로시간은 1일 8시간, 1주 40시간으로 규정되어 있지만, 「노동기준법」 제36조에 따른 노사협정을 체결한 경우에는 초과근무가 사실상 무제한으로 허용되고 있었다. 이와 같은 문제점을 개선하기 위하여 이 법률은 종래 고시 형태로 규정되고 있던 시간외근무상한을 법률에 직접 "월 45시간, 연 360시간"으로 규정하였다.[40)]

즉 시간외노동의 상한에 대해 월 45시간, 연 360시간을 원칙으로 임시

표 1 적용유예 · 제외 사업 · 업무

자동차운전업무	개정법 시행 5년 후에 시간외노동의 상한규제를 적용. 상한규제는 연 960시간으로 하고 장래 일반원칙의 적용에 대해 계속 검토하는 취지를 부칙으로 규정.
건설업무	개정법 시행 5년 후에 일반원칙을 적용(다만, 재해시에 복구 · 부흥사업에 대해서는 1개월 100시간 미만 · 복수 월평균 80시간 이내의 요건은 적용하지 않는다. 이 점에 대해서도 장래 일반원칙의 적용에 대해 계속 검토하는 취지를 부칙으로 규정).
의사	개정법 시행 5년 후에 시간외노동의 상한규제를 적용. 구체적인 상한시한 등은 성령에서 정하는 것으로 하고 의료계의 참가에 의한 검토의 장에서 규제의 구체적인 방법, 근로시간의 단축 등에 대해 검토하고 결론을 얻는다.
鹿児島현 및 沖縄현에서의 사탕제조업	개정법 시행 5년간에서는 1개월 100시간 미만 · 복수 월 평균 80시간 이내의 요건은 적용하지 않는다(개정법 시행 5년 후에 일반원칙을 적용).
신기술 · 신제품 등의 연구개발업무	의사의 면접지도(※), 대체휴가의 부여 등의 건강확보조치를 설계한 위의 시간외노동 상한규제는 적용하지 않는다. ※ 시간외노동이 일정시간을 초과한 경우에는 사업주는 그 자에 대해 반드시 의사에 의한 면접지도를 받아야 하는 것으로 되어 있다(노동안정위생법의 개정).

※ 행정관청은 당분간 중소기업에 대해 신노동기준법 제36조 제9항의 조언 및 지도를 행함에는 중소기업에서의 근로시간 동향, 인재확보상황, 거래실태 등을 고려해 배려하는 것으로 한다(경과조치).

40) 조승래, "70년만의 노동대개혁, 일본의 「일하는 방식 개혁법률」", 『이슈와 논점』 제1490호, 2018.7.31., 2면.

적인 특별한 사정이 있는 경우에도 연 720시간 한 달 100시간 미만(휴일 노동을 포함), 복수의 달 평균 80시간(휴일노동을 포함)을 한도로 설정하였다.

2) 다양하고 유연한 일하는 방식의 실현

(1) 플렉스타임제(탄력적 근로시간제)의 개정

플렉스타임제의「청산기간」의 상한을 1개월에서 3개월로 연장한다.

(2) 특정고도전문업무 · 성과형노동제 (고도 프로페셔널제도)의 창설

개혁법률은 어디에서 몇 시간을 근무하는 것에 따르는 것이 아니라, '성과'에 따라 급여를 지급받는 탈시간급의「고도(高度) 프로페셔널(professional)제도」를 도입하고 있다. 고도의 전문지식이 필요하여 노동시간과 일의 성과와의 관련성이 통상적으로 높지 않은 고소득 전문직을 대상으로 실시되는 이 제도는 개혁법률안 심사과정에서 가장 논란이 많은 사항이었다.[41]

이 제도의 내용은 직무 범위가 명확하고 일정한 연수입(적어도 1,000만엔 이상)을 가진 근로자가 고도의 전문적인 지식을 필요로 하는 등의 업무에 종사하는 경우에 연간 104일의 휴일을 확실하게 취득시킬 것 등의 건강확보조치를 강구할 것, 근로자 본인의 동의와 위원회의 결의 등을 요건으로 하여 근로시간, 휴일, 심야의 할증임금 등의 규정을 적용제외한다.

---

41) 조승래, 앞의 글, 3면.

평성 27년 법안에서의 수정점: 건강호가보조치로서 연간 104일의 휴일확보조치를 의무화한다. 덧붙여 ① 인터벌 조치 ② 1월 또는 3월의 재사(在社)시간 등의 상한조치 ③ 2주간 연속의 휴일확보조치 ④ 임시건강진단 중 하나의 조치의 실시를 의무화(선택적 조치)

또한 제도 대상자에 대해 재사시간 등이 일정시간을 초과하는 경우에는 사업주는 그 자에게 반드시 의사에 의한 면접지도를 받아야 하는 것으로 한다(※노동안정위생법의 개정).

3) 근무 간 인터벌제도의 보급촉진

사업주는 전날의 종업시각과 시업시각 사이에 일정시간의 휴식을 확보하기 위해 노력해야 한다.

기업단위에서 근로시간 등의 설정개선에 관한 노사의 대응을 촉진하기 위해 기업전체를 토애 일정한 근로시간 등 설정개선기업위원회의 결의로써 연차유급휴가의 계획적 부여에 관한 노사협정에 대신할 수 있는 것으로 한다.

4. 일하는 방식의 개혁과 근로시간법제 변혁 가능성

일본의 일하는 방식 개혁 실행계획에서는 2015년 근로기준법 개정법률안 마련 과정에서 포함되지 않았던 근로시간수를 절대적으로 규제하기 위한 방안을 담고 있다. 이는 첫째로 시간외근로의 상한을 규정하는 것이고, 다른 하나는 1근무일 간의 인터벌을 규정하는 것이다. 특히 '근로시간 등의 설정 개선에 관한 특별조치법'을 개정하여 동 법상의 "근로시간 등의 설정"에 관한 정의에 "심야업무의 횟수, 종업부터 시업까지의 시간"을 추가하고, "사업주의 책무"에 "근로자의 건강 및 복지를 확보하기 위하여 필요한 종업부터 시업까지의 시간을 설정을 강구하도록 노력하여야 한다"는 규정을 추가하는 내용이 있다.

이로부터 얻을 수 있는 시사점은 1일 근로시간 상한 폐지와 근무일 간 인터벌 보장이다. 현행 우리나라 근로기준법상 근로시간은 엄격한 규제에서 벗어나지 못하고 있다. 노동의 디지털화는 근로시간의 획일적, 경직적 운영과 친하지 않다. 무엇보다 1일 8시간이라는 규제가 쟁점이 되고 있다. 이미 유럽연합 입법지침(Art. 6 RL 2003/88/EG)은 1주 48시간이라는 최대 상한 근로시간의 범위만 규제하고 있을 뿐 1일 근로시간에 대한 상한을 규제하고 있지 않는 대신 1일(24시간) 내 최소 연속 11시간의 휴식시간을 보장하는 규제방식을 도입했다. 따라서 1일 근로시간 상한제 폐기 대신 1일 최소연속 휴식시간제 도입이 향후 우리나라 근로시간법제의 검토과제라고 할 수 있다.[42)]

독일 인더스트리 4.0과 관련 연방사회노동성 백서에 따르면 종업원의 시간주권에 대한 기대가 보다 중요한 의미를 가질 것이라고 한다. 디지털화에 따른 시간과 장소에 관련된 노동의 유동화 경향으로 근로자의 자기결정에 대한 기회가 제공된다고 한다. 재택근무가 자유롭고 지적이며 창조적인 근로 방법의 전형으로서 중요하다고 언급하고 있다.

---

42) 상세한 것은 박지순, 4차 산업혁명과 노동법의 과제, 노사공포럼 발표문, 2018.5.14.

독일에서는 디지털화 발전에 따라 근로자 자신이 근로시간을 규정하는 규칙을 실현하기 위해 '근로시간선택법(Wahlarbeitszeitgesetz)'이라고 불리는 혁신적 제안이 있다. '근로시간선택법(Wahlarbeitszeitgesetz)' 초안은 여성재판관들에 의해 제창된 것으로 독일의 연방노동사회성에서도 그 초안검토가 진행되고 있다.

계약상 근로시간에 대한 종업원 개인의 변경청구권을 인정하려고 하는 것이다. 디지털화와 기술적인 진전을 계기로 종래 사용자가 가지고 있는 근로시간제도 도입방식에 대해 종업원의 근로시간에 대한 옵션 · 선택을 가능하도록 하는 것이다.

일본의 근로시간법제에서도 사업장에 있어 선택적 근로시간제 도입규정이 있는데, 근로자의 근로시간 조정 · 변경청구권을 추진하는 법정책을 생각해 보는 것도 좋다는 제안이 있으며, 향후 우리나라 또한 검토할 과제이다.

V. 입법정책적 개선 방안:
미래 근로시간 규제의 대안으로서 '근로시간 선택권'

1. 근로시간의 양적 규제 일변도의 탈피 필요성

1) 근로시간 선택권 확대

개별 노동자가 근로시간을 스스로 자율적으로 결정하고자 하는 욕구가 증가하고 있음에 주목하여야 한다. 노동 시간의 자율성은 기업들의 인재상이나 역량평가 기준 그리고 기업운영의 문화와 떼려야 뗄 수 없는 관계에 있을 것이다. 이와 관련하여 독일 노동4.0 백서는 '노동시간 선택법(Wahlarbeitszeitgesetz)'을 대안으로 제시하고 있다. 이를 통해 근로자로 하여금 노동시간과 장소를 선택함에 있어서 보다 넓은 선택권을 제공할 필요가 있다고 보았다.[43]

근로시간에 관한 양적 선택권을 확대함으로써, 유연한 근로조직 체계를 구축하는 것이 필요하다. 더불어 근로시간에 비례한 임금모형에서 벗어나서, 성과중심의 임금 체계를 보편화하는 노력이 병행되어야한다. 자영업자나 자영적 노무제공자의 무리한 업무 시간을 규제하는 차원에서 점포 운영시간을 규제하는 방식의 노동법적 보호장치도 고려해 볼 만하다.

2) 근로시간 규제의 경직성 탈피

한편 일본의 일하는 방식 개혁 실행계획에서는 2015년 근로기준법 개정법률안 마련 과정에서 포함되지 않았던 근로시간수를 절대적으로 규제하기 위한 방안을 담고 있다. 이는 첫째로 시간외근로의 상한을 규정하는 것이고, 다른 하나는 1근무일 간의 인터벌을 규정하는 것이다. 특히 '근로시간 등의 설정 개선에 관한 특별조치법'을 개정하여 동 법상의 "근로시간 등의 설정"에 관한 정의에 "심야업무의 횟수, 종업부터 시업까지의 시간"을 추가하고, "사업주의 책무"에 "근로자의 건강 및 복지를 확보하기 위하여 필요한 종업부터 시업까지의 시간 설정을 강구하도록 노력

43) BMAS, Weissbuch Arbeiten 4.0, S.78.

하여야 한다"는 규정을 추가하는 내용이 있다.

이로부터 얻을 수 있는 시사점은 1일 근로시간 상한 폐지와 근무일 간 인터벌 보장이다. 현행 우리나라 근로기준법상 근로시간은 엄격한 규제에서 벗어나지 못하고 있다. 노동의 디지털화는 근로시간의 획일적, 경직적 운영과 친하지 않다. 무엇보다 1일 8시간이라는 규제가 쟁점이 되고 있다. 이미 유럽연합 입법지침(Art. 6 RL 2003/88/EG)은 1주 48시간이라는 최대 상한 근로시간의 범위만 규제하고 있을 뿐 1일 근로시간에 대한 상한을 규제하고 있지 않는 대신 1일(24시간) 내 최소 연속 11시간의 휴식시간을 보장하는 규제방식을 도입했다. 따라서 1일 근로시간 상한제 폐기 대신 1일 최소 연속 휴식시간제 도입이 향후 우리나라 근로시간법제의 검토과제라고 할 수 있다.[44]

일본의 노동시간법제에서도 사업장에 있어 선택적 근로시간제 도입 규정이 있는데, 근로자의 근로시간 조정・변경청구권을 추진하는 법정책을 생각해 보는 것도 좋다는 제안이 있으며, 향후 우리나라 또한 검토할 과제이다.

2. 근로자의 개인정보 보호제도 체계 구축 필요성

향후 근로자의 개인정보 접근과 활용에 대한 명확한 규율체계를 확립하는 것이 필요해 보인다. 특히 미래 산업사회는 빅데이터를 기반으로 한

---

44) 상세한 것은 박지순, 4차 산업혁명과 노동법의 과제, 노사공포럼 발표문, 2018.5.14.

것이어서, 근로자 개인정보의 보호는 그만큼 더 중요한 의미를 가질 수 있기 때문이다.

다른 한편 사업장 내에서 근로자 개개인의 개별적 동의에 바탕한 정보수집에 그칠 것이 아니라 집단적 근로자대표제도 체계 하에서 견제할 수 있는 제도적 장치가 필요하다. 최근 독일은 이와 관련하여 경영조직법 제87조 제1항 6호에 따른 공동결정권 사항으로 근로자의 개인정보 수집 및 관리를 다루어야 한다는 지적이 나오고 있다. 나아가 개인정보수집 등에 대한 근로자의 동의 등 이와 관련한 절차와 사유 등에 대한 명확성을 제고하여야 한다.

| 제3장 | 근로자의 직업능력 향상에 관한 노동관련 법제도의 개선

I. 현행 직업훈련관련법제도의 내용과 문제점

1. 직업교육훈련관련 법령 체계

1) 개관

우리 법제에서 직업훈련은 크게 「근로자직업능력 개발법(=직업능력개발법)」과 「직업교육훈련 촉진법(=직업교육훈련법)」에서 규율하고 있다.[1] 직업능력 개발법은 근로자의 생애에 걸친 직업능력 개발을 촉진・지원하고, 산업현장에서 필요로 하는 기술・기능 인력을 양성하며, 산학협력 등에 관한 사업을 수행함으로써, 근로자의 고용촉진・고용안정 및 사회・경제적 지위 향상과 기업의 생산성 향상을 도모하고 능력중심 사회의 구현 및 사회・경제의 발전에 이바지함을 목적으로 한다(동 법 제1조). 이에 비해 직업교육훈련법은 직업교육훈련을 촉진하는 데에 필요한 사항을 정하여 모든 국민에게 소질과 적성에 맞는 다양한 직업교육훈련의 기회를 제공하고 직업교육훈련의 효율성과 질을 높임으로써 국민생활 수준의 향상과 국가경제의 발전에 이바지함을 목적으로 한다(동 법

1) 이 외에 「고용보험법」, 「한국산업인력공단법」 등에서도 직업훈련을 통한 고용촉진 및 고용안정에 관하여 규정하고 있다.

제1조). 두 법률 가운데 후자인 「직업교육훈련법」이 중등교육을 통한 직업의 교육 및 훈련을 담당하며, 특히 직업계 고등학교의 현장실습에 관련하여 직접 규정하고 있다.

2) 직업교육훈련법

(1) 체계

초중등교육법 시행령은 고등학교를 일반고등학교, 특수목적고등학교, 특성화고등학교 및 자율고등학교로 구분한다(동 시행령 제76조의3). 여기에서 직업교육훈련법의 대상인 '직업계 고등학교'는 일반적으로 마이스터고(특수목적고등학교)[2)]와 특성화고등학교를 가리키며, 일반계 고등학교 가운데 직업반을 운영하는 학교도 여기에 포함된다.

먼저, 초중등교육법 시행령에 따라서 교육감은 특수분야의 전문적인 교육을 목적으로 하는 고등학교(특수목적고등학교)를 지정하여 고시할 수 있고, 다만 '산업계의 수요에 직접 연계된 맞춤형 교육과정을 운영하는 고등학교(산업수요 맞춤형 고등학교)' 중 국립고등학교는 교육부장관이 지정・고시하도록 규정하고 있다(동 시행령 제90조 제1항). 마이스터고는 동 조항에 따라서 설치・운영되는 '산업수요 맞춤형 고등학교'에 해당한다.

또한 동 시행령에 따라서 교육감은 소질과 적성 및 능력이 유사한 학

---

2) 마이스터고는 독일의 직업교육훈련 체계를 모델로 하여 만든 직업교육훈련학교이다. 종래의 직업교육훈련이 가진 문제점을 개선하고, 산업현장에 보다 적합한 노동인력을 배출하고자 2010년에 처음 도입되었다.

생을 대상으로 특정분야의 인재양성을 목적으로 하는 교육 또는 자연현장실습 등 체험위주의 교육을 전문적으로 실시하는 고등학교를 지정·고시할 수 있다(동 시행령 제91조). 이러한 고등학교를 특성화고등학교라고 한다. 중등교육기관을 대상으로 하는 직업교육훈련의 실시와 관련하여 직업교육훈련법은 다음의 주요한 내용들을 규정하고 있다.

(2) 훈련 계약

현장실습을 받을 직업교육훈련생과 현장실습산업체의 장은 사전에 현장실습계약을 체결해야 하고, 이때 미성년자 또는 재학 중인 직업교육훈련생의 경우에는 '표준협약서'에 따라 현장실습계약을 체결하여야 한다(동 법 제9조 제1항).[3] 이때 '표준협약서'란 고용노동부장관이 교육부장관, 산업통상자원부장관 및 중소벤처기업부장관과 협의하여 고시한 것으로, 미성년자 및 재학 중인 직업교육훈련생을 보호하기 위해 마련한 조치로 이해된다. 표준협약서에는 '현장실습 기간 및 장소(제2조)', '현장실습 방법(제3조)', '사업주의 의무(제4조)', '현장실습생의 권리와 의무(제5조; 제6조)', '현장실습 시간과 휴식(제7조)', '현장실습생 특별보호(제8조)', '현장실습 수당·식비·용품 등(제9조)', '복리후생(제10조)', '안전·보건상의 조치(제12조)', '재해보상(제13조)', '상벌(제14조)', '현장실습계약의 해지(제16조)' 등의 내용이 구체적으로 담겨있다.

---

3) 직업교육훈련생의 보호 또는 현장실습의 내실화를 위하여 필요한 경우에는 직업교육훈련기관의 장이 현장실습계약의 체결에 참여할 수 있다(동 조 제2항). 현장실습계약의 내용에 관해서는 동 조 제3항 및 이어지는 '표준협약서' 참고.

(3) 현장실습 시간

미성년자 또는 재학 중인 직업교육훈련생의 현장실습 시간은 1일 7시간, 1주일 35시간을 초과하지 못한다. 다만, 당사자의 합의에 따라 1일 1시간, 1주일에 5시간을 한도로 연장할 수 있다(동 법 제9조의2 제1항). 특히 현장실습산업체의 장은 미성년자 또는 재학 중인 직업교육훈련생에 대하여 오후 10시부터 오전 6시까지의 시간 및 휴일에 현장실습을 시켜서는 안 된다(동 조 제2항).

(4) 실습현장의 보호

직업교육훈련기관의 장은 현장실습산업체의 장과 협의하여 '직업교육훈련교원'으로 하여금 현장실습 중인 직업교육훈련생에 대하여 필요한 현장 지도를 하도록 해야 한다(동 법 제9조의3). 특히 현장실습산업체의 장은 현장실습 조건을 개선하고 적절한 실습환경을 조성함으로써 직업교육훈련생의 생명과 신체를 보호하고, 국가 및 지방자치단체의 현장실습 시책에 적극 협조할 책무를 부담한다(동 법 제9조의4 제1항). 그 구체적인 내용으로서 ① 현장실습에 필요한 시설·설비의 확보, ② 산업재해의 예방 및 보상, ③ 직업교육훈련교원의 현장지도에 관한 협조, ④ 현장실습산업체의 안전·보건에 관한 정보 제공 및 ⑤ 그 밖에 안전하고 효율적인 현장실습에 필요한 사항을 성실히 이행해야 한다(동 조 제2항).

2. 직업훈련생의 안전과 보건 위험

직업교육훈련법은 직업교육훈련기관의 장과 현장실습산업체의 장으로 하여금 현장실습 조건을 개선하고 실습환경을 적절하게 조성함으로써 현장실습의 위험으로부터 직업교육훈련생의 생명과 신체를 보호하도록 규정하고 있다(동 법 제9조의2 제1항). 나아가 현장실습산업체의 장은 산업재해의 예방과 보상에 대한 책무를 부담한다(동 법 제9조의4). 그러나 실습현장의 근로환경은 여전히 열악하고, 직업교육훈련생은 충분한 보호를 받지 못하고 있다.

직업교육훈련법 및 산업체·교육기관·직업교육훈련생이 체결하는 현장실습계약서와 표준협약서가 직접 내용으로 담고 있음에도 불구하고, 실습현장에서는 실제로 직업교육훈련생의 안전과 보건에 관한 규정이 제대로 준수되지 않고 있다.[4)]

II. 독일 직업훈련 관련 제도 체계 및 장점

1. 개관

독일은 지난 수년 동안 지속된 경제위기와 금융위기를 비교적 잘 견뎌내고 있는 것으로 평가된다. 그 이유는 알려진 것처럼 독일이 일관성 있게 직업훈련과 계속교육을 실천해오고 있기 때문이다. 특히 이른바 이원적 직업훈련제도(Duale Berufsausbildung)는 독일 교육체계의 가장 성공

---

4) 직업교육훈련법은 "현장실습계약을 체결하지 아니하거나 현장실습계약을 체결할 때 표준협약서를 사용하지 아니한 현장실습산업체의 장에게는 500만 원 이하의 과태료를 부과할 수 있다"라고 규정하고 있다(동 법 제27조 제1항).

적이며 큰 장점이라 하겠다.5)

우선 연방국가인 독일은 각 주마다 다른 형태의 교육제도를 운영하고 있다.6) 그러나 일반적으로 유치원과 4년의 초등교육을 마친 후, 중등교육 I단계(5학년~10학년)에서 ① 일반계 고등학교를 선택한 학생들은 김나지움(Gymnasium)으로, ② 직업계 고등학교를 선택한 학생들은 실업학교(Realschule)와 기본학교(Hauptschule)에 진학한다. 직업계 고등학교를 선택한 학생들은 중등교육 II단계(11학년~13학년)에서 다시 김나지움으로 옮겨서 대학진학을 준비하거나, 이원적 직업훈련을 받게 된다.7)

2. 독일 직업훈련의 기본체계: 이원적 직업훈련제도

독일의 직업훈련제도를 이원적 직업훈련이라고 칭하는 이유는 직업훈련이 직업학교와 기업(현장)에서 동시에 이루어지기 때문이다.8) 직업훈

5) Dybowski, Gisela, "독일 직업훈련의 효율과 특성", 『국제노동브리프』(2014. 5월호), 한국노동연구원, 4면.

6) 이하에서는 연방정부가 설계하고 있는 교육제도에 기초한다.

7) 독일의 교육제도 및 체계에 관하여 자세한 것은 김도협, "독일의 교육체계와 직업교육 지원법제에 관한 연구", 『교육법학연구』(제27권 제2호), 대한교육법학회, 2015, 3면 이하.

8) 다른 한편, 독일의 직업훈련제도의 특징으로서 이른바 「도제식 훈련방식」을 꼽을 수 있다. 유럽연합(EU)이 제시하는 도제훈련을 위한 필수요소로는 '훈련장소', '훈련계약', '훈련내용', '훈련갱신' 및 '사업주단체의 역할', '사업장 내 관리와 통제', '훈련예산의 부담주체', '훈련담당자', '훈련종료에 따른 시험 · 평가', '훈련기회의 평등성', '통합시스템 구축' 등이 있다. 다만 도제훈련방식을 도입하더라도 각 요소의 내용은 다를 수 있다. 현재 도제훈련제도를 도입하여 운영하는 국가로는 독일과 스위스(기업주도) 및 프랑스와 영국(정부주도) 등이 있다. 도제훈련제도에 관한 보다 자세한 것은 최수정/배수현/정성지, "독어권 국가의 도제훈련제도 비교연구", 『직업교육연구』(제35권 제6호),

련생은 직업학교에서 주로 이론적인 지식습득을 하고, 기업(현장)에서 실습 위주의 교육을 통해 실무에 직접 참여하게 된다. 무엇보다 기업(현장)은 이원적 직업훈련제도가 안정적으로 정착되고 유지・운영될 수 있도록 결정적인 역할을 하고 있다. 일반적으로 실습교육은 기업(현장)에서 60% 이상 수행되고 있으며, 기업은 그러한 과정을 통해서 실무에 적합한 인재를 훈련시킬 수 있다. 기업(현장)에서 이루어진 실무 경험은 곧 높은 고용 가능성으로 이어진다.[9)]

3. 직업훈련제도

1) 직업훈련 교육기관[10)]

(1) 실업학교(Realschule)

실업학교의 기간은 5학년~10학년이며, 실업학교의 졸업증서를 취득함으로써 모든 직종의 중간 수준에 해당하는 훈련을 받을 수 있다고 인정된다. 실업학교의 졸업증서를 취득한 후 중등교육 II단계(11학년~13학년)인 '특수(전문)고등학교(Fachgymnasium=직업훈련학교)' 또는 '전문학교(Fachoberschule)'에 진학할 수 있다. ① 특수(전문)고등학교에서는 직업

2016, 113~141면. 다만 이하에서는 도제훈련방식에 대한 별도의 언급 없이 독일의 「이원적 직업훈련제도」를 중심으로 살펴본다.

9) Schinner, Hans-Dieter, "독일의 직업교육훈련과 고용", 『국제노동브리프』(2007. 4월호), 한국노동연구원, 12면 이하.

10) Schinner, Hans-Dieter, "독일의 직업교육훈련과 고용", 『국제노동브리프』(2007. 4월호), 한국노동연구원, 4~15면.

교육을 담당하며, 3년의 과정을 마치고 졸업증서(Abitur)를 취득하면 모든 고등교육기관에 진학할 수 있다. ② 전문학교에서는 최소 1년의 전일제 수강 또는 최대 3년의 시간제 수강이 가능하다. 전문학교의 졸업증서를 취득하면, 전문단과대학[11]에 진학할 수 있다.

(2) 전일제 직업전문학교(Berufsfachschule)

전일제 직업전문학교는 중등 I단계(일반적으로 '기본학교')를 마친 후 자발적인 지원으로 입학하게 된다. 이곳에서는 실용적인 직업교육을 받지 않았던 자들을 대상으로 직업준비교육 또는 직접적인 직무교육이 이루어지며, 2년 과정 후 기말시험을 통과하면 실업학교의 졸업증서에 상응하는 졸업증서를 받는다. 이들에게는 상업기술학교에 진학하거나 해당 직종에 종사할 수 있는 자격이 주어진다.

(3) 직업향상학교(Berufsaufbauschule)

직업향상학교 이미 직업교육을 받고 있는 자 또는 취업한 자를 대상으로 한다. 직업향상학교는 적어도 6개월 이상의 직업학교 교육을 이수한 경우에 한하여 추가적인 직업교육이 이루어진다. 일반적으로 특정한 전문분야에 대한 직업교육을 실시한다. 과정은 전일제(12개월~18개월)와 시간제(3년~3년 6개월)로 나뉘어 진행된다. 전체 과정을 마친 경우에 주어지는 졸업증서는 실업학교의 졸업증서에 상응하며, 실무경험을 전제로 상업기술학교에 진학할 수 있는 자격이 주어진다.

---

11) 이어지는 (7) 참고.

(4) 상업기술학교(Fachschule)

상업기술학교에는 직업교육을 이수하고 실무 경험이 있는 자가 자발적으로 진학하게 되며, 이곳에서는 상급의 직업훈련이 가능하다. 전일제의 기간은 6개월~3년이며, 시간제는 6년~8년 6개월의 과정을 거치게 된다.

(5) 직업훈련기간(Berufsgrundbildungsjahr)

일반적으로 기본학교(Hauptschule)를 졸업한 자는 (본격적인) 직업훈련과정에 들어가기 전 (기초) 직업훈련기간에 전일제 또는 시간제 수업을 통해서 직업적인 기초지식 및 특정 직무와 관련된 기초직무지식을 배우게 된다.

(6) 보건학교(Schulen des Gesundheitswesens)

보건학교는 비인문 분야인 간호사(소아과 간호사), 조산원, 안마사, 물리치료사 등을 위한 교육과정을 제공한다. 대부분의 보건학교들은 연계된 종합병원 안에 설치되어 이론 및 실습 교육을 받게 된다.

(7) 전문단과대학(Fachhochschule) 등

전문단과대학은 전문학교의 졸업증서를 전제로 입학이 가능하며, 고도의 전문성을 요구하는 각 분야에 종사하는 자들에게 그에 적절한 실무교육 및 훈련을 제공한다.

2) 직업훈련제의 운영

(1) 재정적 지원

독일 연방교육지원법(Bundesausbildungsförderungsgesetz: BAföG)에 따르면, 직업훈련을 위한 지원금(Darlehen)에 대한 관리, 회수 및 독촉업무는 연방정부가 담당하며, 실제 회수 작업은 담당 연방은행을 통해서 연방정부의 위임으로 각 주(州)정부가 시행해야 한다.[12] 각 주(州)정부는 교육지원을 위한 주무청을 설치하고 운영하며, 이때 다수의 주(州)정부들이 공동으로 설치하는 것도 가능하다.[13] 동 법에 따라서 주무청은 지원대상자와 지원금에 대한 구체적인 상담, 지원금 신청을 위한 요건 설정 및 통지업무 등 지원대상자를 위한 지원업무를 수행하게 된다.[14] 동 법은 지원대상자인 직업훈련생을 상당히 구체적으로 적시하고 있다.

연방교육지원법에 따라 교육지원을 받을 수 있는 직업훈련생은, 직업훈련학교, 전문학교, 전일제 전문학교, 직업향상학교, 상업기술학교, (기초) 직업훈련을 받는 10학년 이상, 야간실업학교(Abendrealschule), 야간기본학교(Abendhauptschule), 야간김나지움(Abendgymnasium) 등의 교육기관에서 직업훈련을 받는 자이다.[15]

특히 '인적 요건'으로서, 직업훈련생은 동 법이 지원하는 목적이 달성될

12) 독일 연방교육지원법 제39조 제1항 및 제2항; 제18조 제1항; 제17조 제2항 제1문. 독일 연방교육지원법은 1971.8.26.에 공포되어, 각 주별로 법률 및 규칙으로 마련되었으며, 오늘날에 이르고 있다.

13) 독일 연방교육지원법 제40조 제1항; 제40a조.

14) 독일 연방교육지원법 제41조.

15) 독일 연방교육지원법 제2조 제1항 내지 제3항.

수 있는 능력을 갖추어야 하고, 그 능력은 직업훈련생이 해당 교육기관에서 요구하는 성적이나 시험 등에서 발전적인 모습을 보이는 경우에 인정될 수 있다.[16] 나아가 직업훈련생의 개인적・가정적 사유(예컨대 10세 이하의 자녀교육 또는 재정적 이유)로 인해 동 법에 의한 교육과정을 마치지 못한 경우를 제외하고는, 직업훈련생이 ① (만) 30세에 달하였거나 ② 대학기본법 제19조에 따른 석사과정 혹은 제18조에 의한 졸업 후 석사과정에 있으면서 35세 이상인 경우에는 연방교육지원법에 의한 지원을 받을 수 없다.[17]

직업훈련생은 기본적으로 생계비와 교육비를 지원받게 된다.[18] ① 직업교육을 수료하지 아니한 전일제 직업전문학교와 상업기술학교의 직업훈련생에게는 월 231유로를 지원하고, 다만 이들이 부모와 생계를 같이 하지 않는 경우에는 월 504유로를 지원한다. ② 직업교육을 수료한 야간기본학교, 직업향상학교, 야간실업학교 및 전문학교의 직업훈련생에게는 월 418유로를 지원하고, 다만 이들도 부모와 생계를 같이 하지 않으면 월 587유로를 지원한다. ③ 직업교육을 수료한 상업기술학교, 야간김나지움의 직원훈련생에게는 월 372유로를 지원하고, 다만 이들이 부모와 생계를 같이 하지 않으면 월 52유로를 추가 지원한다. ④ 상급 상업기술학교, 아카데미 및 단과대학에 다니는 직업훈련생에게는 월 399유로를 지원하며, 다만 이들이 부모와 생계를 같이 하지 않으면 월 250유로를 추가 지

16) 독일 연방교육지원법 제9조 제1항과 제2항.

17) 독일 연방교육지원법 제10조 제3항.

18) 독일 연방교육지원법 제11조. 즉 평가적인 관점에서 능력의 인정여부가 결정된다.

원한다.[19]

지원금은 무이자 대출의 형식으로 이루어지며, 교육기간 종료 또는 지원기간의 종료 후 20년 안에 최소 월 105유로씩 상환해야 한다. 다만 월 수입이 1145유로를 넘지 않으면 상환의무를 면하게 된다.[20]

(2) 질적 지원

독일 직업교육법(Berufsbildungsgesetz: BBiG)에 따라서 각 주(州)정부는 연방주 직업교육위원회가 설치된다. 연방주 직업교육위원회는 동수(同數)의 사용자, 근로자 및 연방주의 최상급 행정관청을 대표하는 자로 구성되며, 이때 연방주의 최상급 행정관청을 대표하는 자의 절반은 학교제도 전문가이어야 한다. 연방주 직업교육위원회 위원의 임기는 최장 4년이며, 연방주정부에 의해 임명되는 반면, 사용자를 대표하는 자는 해당 연방주에 있는 협회, 사용자단체 및 기업가 단체의 연합체의 추천에 의해서, 근로자를 대표하는 자는 해당 연방주에 있는 노동조합 및 사회・직업 정책적 목적을 가진 근로자의 독립적인 단체의 추천에 의해 임명된다. 연방주 직업교육위원회의 위원은 명예직으로 그 직을 수행한다.[21]

연방주의 직업교육위원회는 ① 해당 주에서 발생하는 직업교육에 관한 문제를 연방주정부와 협의하고, 그 업무범위 내에서 직업교육의 계속적인 질적 향상을 위해 노력해야 한다. 특히 ② 직업교육이 통일적으로

---

19) 독일 연방교육지원법 제12조; 제13조.

20) 독일 연방교육지원법 제18조; 제18a조.

21) 독일 직업교육법 제82조 제1항과 제2항.

이루어지도록 학교에 의한 직업교육과 동 법에 따른 직업교육 간의 협력을 도모하고, 학교제도를 새로이 규율하거나 향상시키며, 지역의 직업훈련상황 및 고용상황을 강화하기 위해 노력해야 한다. ③ 나아가 직업교육위원회는 직업훈련제공의 내용・조직상의 조율 및 개선을 위한 권고를 할 수 있다.[22]

(3) 기업투자

독일의 모든 기업이 이원적 직업훈련을 위한 실습현장으로 활용되는 것은 아니다. 오히려 이원적 직업훈련제도를 통해 직업훈련의 기회를 제공하는 기업은 450,100여 개로서, 전체 독일기업의 약 23.5%만이 이에 해당한다.[23] 이러한 현실은 ① 이원적 직업훈련제가 독일 기업들에게 있어서는 실무에 적합한 인재를 조기에 양성할 수 있는 기회로 여겨지고, ② 그러한 이유에서 훈련을 위한 전문인력과 적절한 훈련시행이 가능한 기업들에게만 이원적 직업훈련을 실행할 수 있는 기회가 주어지기 때문인 것으로 이해된다.

같은 이유에서 기업은 기꺼이 직업훈련을 위한 재정을 담당한다. 이로써 기업의 재정적 상황에 따라 직업훈련장소의 제공여부, 수용 가능한 직업훈련생의 수, 제공 가능한 훈련장소의 수, 훈련실행을 위한 규정과 특히 예산확보 등에 관해서 자체적으로 마련하고 결정하게 된다. 직업훈련을

22) 독일 직업교육법 제83조 제1항과 제2항.

23) Dybowski, Gisela, "독일 직업훈련의 효율과 특성", 『국제노동브리프』(2014. 5월호), 한국노동연구원, 7면.

실시하는 독일 전체 기업이 직업훈련을 위해 지출하는 연간 비용은 대략 238억 유로이며, 투자대비 창출이익을 감안하면 순비용은 연간 약 56억 유로라고 한다. 개별 기업이 직업훈련생 1인에게 투자하는 연간 비용은 대략 15,288유로라고 하며, 투자대비 창출이익을 감안하면 순비용이 연간 약 3,596유로라고 한다.[24)]

4. 직업교육법(Berufsbildungsgesetz: BBiG)[25)]

1) 목적과 의의

독일 직업교육법상 직업교육이란 직업훈련준비, 직업훈련, 직업능력 향상교육 및 직업전환교육을 말한다.[26)] 각각의 내용을 구체적으로 살펴보면, ① '직업훈련준비'는 직업능력의 습득을 위한 기초를 전달함으로써 직업훈련이 인정되는 직업에 대한 직업훈련을 접하게 하는 데 도움을 준다. ② '직업훈련'은 체계화된 직업훈련과정을 통해 변화하는 노동 상황 내에서 전문적인 직업 활동의 수행에 필요한 직업상의 숙련, 지식 및 능력(직업능력)을 전달하게 된다. 나아가 필요한 직업경험의 습득을 가능하게 한다. ③ '직업능력향상교육'은 직업능력을 유지하고 변화된 상황에 맞게 적응하도록 하거나 이를 확대하고, 승진을 가능하게 한다. ④ '직업

---

24) Dybowski, Gisela, "독일 직업훈련의 효율과 특성", 『국제노동브리프』(2014. 5월호), 한국노동연구원, 7면.

25) 독일의 직업교육법은 2005.3.23.에 제정되어 같은 해 4.1.부터 시행되었으며, 오늘날에 이르고 있다.

26) 독일 직업교육법 제1조 제1항 내지 제5항.

전환교육’은 다른 직업 활동을 수행할 수 있는 능력을 갖도록 한다. 요컨대 동 법은 직업교육의 기회를 공평하고 폭넓게 제공하여, 그러한 기초 위에서 전문적인 직업교육이 달성될 수 있도록 하며, 이를 통해 근로자가 직업에서 자신의 능력을 공정하게 평가받도록 하고, 종국에는 근로자가 직업적 · 사회적으로 보다 발전할 수 있도록 하는 데 그 목적이 있다.[27]

2) 주요한 법률내용

(1) 직업교육을 위한 기본요건

가) 당사자 적격성

직업교육법에 따르면, ‘직업훈련생을 채용하는 자(Ausbildende)’는 직업훈련에 적합한 인적 · 전문적 요건을 갖추어야 한다. 만약 직업훈련에 적합한 전문적 요건을 갖추지 못하였거나 또는 그 자 스스로 직업훈련을 실시하지 아니하는 자는 직업훈련장에서 직업훈련의 내용을 직접 책임지고 전달할 수 있는 인적 · 전문적 요건을 갖춘 직업훈련인력을 고용 · 배치해야 한다.[28]

첫째, ‘아동 및 청소년을 고용해서는 안 되는 자’와 ‘동 법 또는 동 법에 의해 제정된 규정을 반복적으로 위반하거나 심히 위반한 자’는 인적 요건을 결여한 것이 된다.[29] 둘째, 직업훈련내용의 전달을 위해 필요한 직업

27) 이상오, “독일의 직업교육-훈련제도 분석: 우리의 직업교육 개혁에의 시사점”, 『진로교육연구』(제4권), 1995.6., 88면 이하.

28) 독일 직업교육법 제28조 제1항 및 제2항.

29) 독일 직업교육법 제29조.

적 숙련, 지식 및 능력을 가지고 있는 자는 직업훈련에 적합한 전문성을 갖추고 있는 것이 된다.[30)]

나) 직업훈련장의 적절성

직업훈련장은 형태와 시설이 직업훈련에 적합하고, 직업훈련생의 수(數)가 직업훈련의 정원 또는 고용된 전문 인력의 수(數)와 맞아야 한다. 그리고 직업훈련장이 직업훈련생에게 필요한 직업상의 숙련, 지식 및 능력이 부족하다고 하더라도, 그 부족부분을 직업훈련장 이외의 직업훈련을 통해서 전달할 수 있는 경우에는 직업훈련장으로서 적합한 것으로 본다.[31)]

(2) 직업훈련계약의 체결

직업훈련생을 채용하는 자(Ausbildende)는 직업훈련생(Auszubildende)과 직업훈련계약(Berufsausbildungsvertrag)을 체결해야 한다. 이때 직업훈련의 본질과 목적에 따라 동 법에서 달리 정하지 않는 한, 직업훈련계약에 대해서는 근로계약에 대한 법률규정 및 법원칙이 동일하게 적용된다.[32)] 그리고 직업훈련계약을 체결한 경우에 직업훈련생을 채용한 자는,

---

30) 독일 직업교육법 제30조 제1항. 여기에서 '필요한 직업적 숙련, 지식 및 능력을 갖추고 있는 자'란 ① 직업교육에서 요구되는 전문성(전공) 수료시험에 합격한 자, ② 직업교육에 필요한 전문성(전공)에 대한 직업훈련장의 인정시험 또는 시험행정관청 및 국가에 의한 수료시험에 합격한 자 혹은 독일의 대학교(Hochschule) 수료시험을 합격한 자, ③ 자신의 직업에서 적합한 기간 동안 실질적으로 활동을 한 자 등을 의미한다. 동 조 제2항.

31) 독일 직업교육법 제27조 제1항 및 제2항.

32) 독일 직업교육법 제10조 제1항 및 제2항.

지체 없이 늦어도 직업훈련의 개시 전에 계약의 중요 내용을 '직업훈련생을 채용한 자, 직업훈련생 및 그 법정대리인의 서명이 기입된' 서면으로 작성해야 하며, 이때 전자방식에 의한 문서는 인정되지 않는다.[33]

(3) 직업훈련의 개시, 임금지급과 종료

가) 직업훈련관계의 개시와 임금지급

직업훈련관계는 시용기간에 의해 개시되며, 그 기간은 최소 1개월에서 최대 4개월로 해야 한다.[34] 무엇보다 직업훈련생을 채용한 자는 직업훈련생에게 적정한 임금을 지급해야 하며, 소정 일(日) 직업훈련시간을 초과하는 부분에 대해서는 수당을 지급하거나 이에 상응하는 휴식시간을 보장해야 한다. 나아가 임금은 이를 직업훈련기간의 경과에 맞춰 적어도 1년마다 인상하여 직업훈련생의 연령에 맞게 책정되어야 한다.[35]

임금은 월(月) 단위로 산정하되, 일(日) 단위로 임금을 산정하는 경우에는 1일을 월(月) 임금액의 30분의 1로 산정한다. 당해 월(月) 임금은 늦

33) 독일 직업교육법 제11조 제1항 및 제2항. 직업훈련계약서에는 적어도 직업훈련의 형태, 직업훈련의 물적・시간적 편성, 직업훈련의 목적, 특히 직업훈련에 의해 육성되어야 할 직업능력, 직업훈련의 개시 및 기간, 직업훈련장 이외에서의 직업훈련, 통상적인 일(日) 직업훈련시간, 시용기간, 임금의 지급 및 액수, 휴가기간, 직업훈련계약의 해지요건, 직업훈련관계에 적용될 수 있는 단체협약, 근로자대표 또는 공무원대표와의 서면합의에 대한 일반적인 형태의 언급이 기재되어야 한다(동 조항 제1호 내지 제9호). 이러한 규정을 통해서 직업훈련기간 중 직업훈련생을 채용한 자와 직업훈련생 간에 야기될 수 있는 문제를 사전에 방지하고 직업훈련이 보다 합리적이고 효율적으로 실시될 수 있도록 하고 있다. 김도협, "독일의 교육체계와 직업교육 지원법제에 관한 연구", 『교육법학연구』(제27권 제2호), 대한교육법학회, 2015, 1～23면, 11면.

34) 독일 직업교육법 제20조.

35) 독일 직업교육법 제17조.

어도 그 달의 마지막 근로일까지 지급되어야 한다.[36] 그리고 직업훈련생의 근로가 면제되는 기간 또는 직업훈련생이 과책 없이 자신의 의무를 이행하지 못한 기간에 대해서도 임금은 계속 지급되어야 한다.[37]

나) 직업훈련관계의 종료

일반적으로 직업훈련관계는 직업훈련기간이 만료됨으로써 종료되며, 다만 단계별 직업훈련의 경우에는 최종 단계의 종료에 의해 직업훈련관계가 종료된다. 나아가 ① 직업훈련생이 직업훈련기간의 만료 전에 졸업시험에 합격한 경우에 직업훈련관계는 시험위원회에 의한 결과공표에 의해 종료되나, ② 직업훈련생이 졸업시험에 합격하지 못한 경우에는 직업훈련생의 요구에 의해 직업훈련관계가 다음 재시험 시까지 연장된다.[38]

5. 평가

독일의 이원적 직업훈련제도에 대해서는 다음과 같은 평가가 가능하다:

① 독일의 이원적 직업훈련제도의 출발은 기본적인 교육 체계와 제도라고 할 수 있다. 즉, 직업훈련을 위한 교육이 초등교육과정에서 시작해, 중등교육 I 단계와 II 단계로 나뉘어 운영되고, 교육기관이 각 단계에 따라 실업학교, 특수고등학교, 전문학교, 전일제 전문학교, 직업향상학교,

---

36) 독일 직업교육법 제18조.

37) 독일 직업교육법 제19조.

38) 독일 직업교육법 제21조. 이 외에서 직업교육법은 직업훈련관계의 해소를 해지(Kündigung) 규정을 마련하고 있다: 동 법 제22조.

상업기술학교, 보건학교, 전문단과대학 등 다양한 형태로 존재한다. 각 단계별 연계 체계가 유기적으로 운영되고 있다는 점은 매우 고무적으로 보인다.

② 독일은 연방지원교육법에 따라서 직업훈련생에게 실습급여와 별개로 재정적 지원을 하게 되며, 이에는 생계비와 교육비가 포함된다. 재정지원금의 종류와 금액 및 상환방식이 법에서 명시적으로 정해져 있기 때문에, 직업훈련생들은 별도의 부담 없이 직업훈련에 임할 수 있게 된다(동 법 제11조; 제12조; 제13조; 제18조; 제18a조).

③ 독일은 직업교육법에 따라서 각 주(州)에는 전문가들로 구성된 연방주 직업교육위원회가 설치・운영된다. 연방주 직업교육위원회가 담당하는 업무의 내용은 동 법에 명시되어 있다(동 법 제82조 제1항, 제2항; 제83조 제1항, 제2항). 무엇보다 본 위원회를 통해서 직업교육의 질적 향상이 교육훈련의 현장을 중심으로 연방정부-주정부-학교 간 연계되어 이루어진다는 점은 매우 고무적으로 비춰진다.[39]

④ 독일은 직업교육법에서 직업교육을 위한 기본요건을 매우 구체적이고 상세하게 규정하고 있다(동 법 제27조 내지 30조). 특히 직업훈련계약의 체결, 직업훈련관계의 개시, 임금 등 조건 및 직업훈련관계의 종료

---

39) 물론 우리 직업교육훈련법도 직업교육훈련기관으로 하여금 효율적인 직업교육훈련의 운영계획의 수립과 시행, 산학협동의 추진 등을 위하여 산업체 및 직업교육훈련계를 대표하는 사람, 학부모, 직업교육훈련교원, 지역사회를 대표하는 사람 등으로 구성되는 운영위원회를 설치・운영할 수 있도록 규정을 마련하고 있다(동 법 제20조). 그러나 법문언이 나타내는 것처럼 ① 의무사항이 아니며, ② 대체로 비전문가들로 구성되고, ③ 상당히 추상적으로 규정하고 있다. 앞으로 개정이 이루어져야 할 것으로 보인다.

에 대하여 법률로 명시하여 제시해줌으로써, 직업훈련의 자의적 운영을 실질적으로 규제하고 있다(동 법 제10조; 제11조; 제17조 내지 제19조; 제20조; 제21조).

III. 소결 및 시사점

직업교육훈련의 시행을 위하여 각 국가들은 나름의 법제와 운영체계를 구축하여 실천하고 있다. 우리와 독일도 마찬가지다. 다만 직업교육훈련 관련 법제, 특히 '교육체계'와 연계된 유기적인 직업교육법체계가 여전히 우리에게 부족하다는 점은 인정하지 않을 수 없다. 그런 관점에서 장인을 배출하는 성공적인 체계로 간주되는 독일의 이원적 직업훈련제도는 우리에게 시사하는 바가 적지 않다.

첫째, 독일은 조기에 적성과 선택에 따라 직업교육과 대학교육 가운데 하나의 진로를 결정하게 되며, 직업교육으로 진출하는 경우에는 이원적 직업훈련제도를 통해 실질적이고 실무적인 능력을 갖춘 노무인력으로 성장하게 된다. 말하자면 독일의 제조업분야로 유입되는 노무인력은 이미 현장실무화 되어있는 것이다.

둘째, 독일이 이원적 직업훈련제도를 체계적·효율적·안정적으로 운영할 수 있는 원동력은 무엇보다 이에 대한 법률규정이 보다 구체적이고 상세하게 마련되어 있기 때문인 것으로 보인다. 예컨대 우리의 직업교육훈련법과는 다르게, 독일 연방교육지원법과 직업교육법이 이원적 직업훈련제도와 관련하여 직업훈련제도의 운영과 지원, 직업훈련관계 등에 대하여 매우 구체적이고 상세하게 규정함으로써, 이원적 직업훈련이 독일 내에서 유기적이고 통일적으로 이루어진다고 할 수 있다.

셋째, 독일 기업의 직업훈련에 관한 인식과 투자가 이원적 직업훈련제도를 더욱 공고화하고 발전시켜나가는 것으로 보인다. 즉 ① 독일 기업은 직업훈련이 전체 산업, 특히 제조업분야에서 갖는 의미를 매우 중요하게 평가하면서도, ② 전체 기업의 약 24% 정도만이 이원적 직업훈련제도에 참여할 기회를 가질 수 있으며, ③ 그 기회에 적극적인 투자를 통해 현장에 적합한 인력을 양성하게 되고, ④ 그렇게 배출된 현장 인력이 중소기업 등에 진출함으로써, 전체 산업구조가 견고하고 생산적인 선순환구조를 형성하는 것으로 평가된다.[40)]

결론적으로 오늘날 우리의 노동시장 현실에서 독일의 이원적 직업훈련제도를 그대로 수용하기에는 무리가 있어 보인다. 그럼에도 불구하고 직업훈련에 대한 인식 변화, 관련 법률의 보다 구체적이고 상세한 제・개정, 직업훈련관계에 대한 적극적인 관리와 운영이 이루어져야 할 것이라고 생각된다.

---

40) Dybowski, Gisela, "독일 직업훈련의 효율과 특성", 『국제노동브리프』(2014. 5월호), 한국노동연구원, 9면 이하.

제3부

플랫폼 노동 등 새로운 노무제공형태와 노동법적 대응체계 모색

| 제1장 | 노무제공자의 다양성과 사회안전망의 강화

I. 새로운 근로자 상으로서의 노무 제공자

1. 근로의 개념과 전통적 근로자 상

노동법상의 근로자 개념은 두 가지 체계 하에서 대별하여 살펴볼 수 있다.

우선 개별적 노사관계법 상의 근로자 개념이다. 근로기준법은 근로계약의 양 당사자 사이의 권리관계를 규율하기 위한 법 체계이다. 근로자 개념도 계약 상 급부 목적을 중심으로 정의내리고 있다. 다른 한편 집단적 노사관계법 차원에서의 근로자 개념도 있다. 단결권의 행사 주체로서의 적격성을 중심으로 근로자의 개념을 정의내려 놓고 있다. 요컨대 '직업의 종류를 불문하고 임금, 급료 기타 이에 준하는 수입에 의하여 생활하는 자'를 말한다고 규정해 놓고 있다(노동조합및노동관계조정법 제2조 제1호).

2. 근로내용의 변화: '창의적 지식업무 수행자'로서 근로자

1) 종속적 노동의 '몰개성성'

근로자 개념에서 공통된 것은, '종속적 노동'의 제공자라는 개념 요소다. 실제로 계약의 당사자이든, 그렇지 않든 상관없이 종속적 노동의 제공이 생계유지의 수단이라고 한다면 그를 근로자라고 할 수 있다. 이러한 속성 때문에 종래 근로계약의 당사자로서 지위를 확인하는 데 가장 유용한 수단이 바로 지시권에의 복종관계이다. 사용자의 지휘와 감독 하에서 종속적으로 노무를 제공하고 있는가 하는 점이 핵심적인 근로자성 지표인 셈이다.[1)]

계약의 타방 당사자인 사용자로부터 지휘와 감독을 받는다는 것은, 곧 종속적 노동의 주체라는 의미다. 근로자란, 단지 사용자의 지시에 따라 행동만을 하는 주체이다. 행위의 내용과 방식에 관한 평가는 오로지 사용자의 고유한 몫이 된다. 근로자는 자신의 종속적 노동이 가지는 사회적 또는 경제적 의미를 알아야 할 필요도 없으며, 가사 이를 안다하더라도 그에게는 전혀 무의미하다. 그저 시키는 대로만 하면 족하다. 이 때문에 종속적 노동의 주체로서 근로자는, '몰개성적'이고, '수동적'이다. 사용자

---

1) 전통적으로 법원도 근로자성 판단을 함에 있어 다음과 같은 판단지표들을 제시해 오고 있다. 즉, 업무 내용을 사용자가 정하고 취업규칙 또는 복무(인사)규정 등의 적용을 받으며 업무 수행 과정에서 사용자가 상당한 지휘·감독을 하는지, 사용자가 근무시간과 근무장소를 지정하고 근로자가 이에 구속을 받는지, 노무제공자가 스스로 비품·원자재나 작업도구 등을 소유하거나 제3자를 고용하여 업무를 대행하게 하는 등 독립하여 자신의 계산으로 사업을 영위할 수 있는지, 노무제공을 통한 이윤의 창출과 손실의 초래 등 위험을 스스로 안고 있는지와, 보수의 성격이 근로 자체의 대상적 성격인지, 기본급이나 고정급이 정하여졌는지 및 근로소득세의 원천징수 여부 등 보수에 관한 사항, 근로 제공 관계의 계속성과 사용자에 대한 전속성의 유무와 그 정도, 사회보장제도에 관한 법령에서 근로자로서 지위를 인정받는지 등의 경제적·사회적 여러 조건을 종합하여 판단하여야 한다는 식이다(대법원 2006.12.7. 선고, 2004다29736 판결). 다만, 기본급이나 고정급이 정하여졌는지, 근로소득세를 원천징수하였는지, 사회보장제도에 관하여 근로자로 인정받는지 등의 사정은 사용자가 경제적으로 우월한 지위를 이용하여 임의로 정할 여지가 크다는 점에서, 그러한 점들이 인정되지 않는다는 것만으로 근로자성을 쉽게 부정하여서는 안 된다(대법원 2007.1.25. 선고 2005두8436 판결).

의 일방적 지시에 복종하고, 그 지시에 따라 행동하는 것에 불과하고, 근로자의 개별적 사정이나 유연한 재량적 판단의 여지는 몰각될 수밖에 없다. 전통적 종속성 관점에서 보면 근로자는 비록 하나의 인격체이지만, 근로계약관계의 당사자로 나서는 순간 철저하게 사용자의 '길어진 팔'이 된다.

2) '창의적 노동(Kreative Wissenarbeit)'과 새로운 근로자 상

독일 노동4.0에서 드러내고 있는 첫 번째 근로자 상은 창의적 노동의 주체다. 독일 노동4.0은 소위 근로의 내용에 있어 근본적인 변화를 지적하고 있다. 실제로 이러한 변화는 ― 비록 특정 산업영역과 연구직 등 특정 직군에 집중된 것이기는 하지만 ― 그 동안에도 상당히 이루어져 왔다고도 볼 수 있다. 소위 사무직 근로자의 경우, 그 근로자의 구체적 업무 내용은 최종적으로 사용자에 의해 결정된다. 하지만 그 업무 내용을 구체적으로 실행해 가면서 근로자 본인이 스스로 결정해야 하는 경우도 많다. 그 업무 수행의 결과물이 당초부터 세밀하게 구체화될 수 없는 경우도 있기 때문이다. 사용자의 지시를 통해 목표가 정해지면 그 과정에서 소요되는 절차적 방식 등에 대해서는 근로자가 스스로 가장 효율성을 염두에 두고 결정하게 된다.

한 걸음 더 나아가 업무의 내용이 좀 더 전문가적이고 창의적인 경우라면, 그 양상은 더욱 달라지게 된다. 사용자는 큰 방향성을 정해 놓을 뿐이고, 구체적인 결과의 산출은 근로자 개개인의 몫이 된다. 소위 지시권

행사나 지휘, 감독이 갖는 의미는 현저히 축소될 수밖에 없다. 본래부터 창의성이라는 개념은 그 속성상은 자유와 맥을 같이 하는 것이며, 타인에 의한 종속과는 거리가 멀기 때문이다.

전형적인 예로 대학시간강사의 경우를 들 수 있다. 이들은 교육의 시간과 장소에 관한 규제를 받는다. 강의시간과 강의실 배정에 국한된 한도에서 그러하다. 교육과정의 운영상 필요로 할 때 대학으로부터 위촉 또는 임용되기 때문이다.[2] 하지만 근본적으로 대학시간강사는 대학교 측으로부터 강의내용이나 방법 등에 관하여 구체적인 지휘·감독을 받지는 않는다. 근로자성의 가장 본질적 징표가 바로 사용자의 지휘·감독성 요소인데, 정작 업무 수행의 구체적 내용이나 업무 수행방식에 관하여 사용자에 의한 지휘나 감독을 받지 않는 셈이다.[3] 이는 업무 내용의 특수성에 기인된 것이다.[4] 대학 강의의 수행이 학문연구의 연장으로서, 지적 활동의 일환이기 때문이다.[5] 대학강사만이 아니다. IT 영역에서의 근로자도 마찬가지이다. 고유한 아이디어가 중요한 산업영역에서 근로자의 개념은 과거 전통적 종속노동개념과 달라질 수밖에 없다.

---

2) 고등교육법 시행령 제7조.

3) Ascheid/Preis/Schmidt, Großkommentar zum Kündigungsrecht, 2. Aufl., 2002, §57b HRG Rn.13ff.

4) 이에 따른 반사적 결과로서 강의 시간 외 시간운용에 있어 자율성이 작동할 수밖에 없음은 후술하는 바와 같다.

5) 대법원 2007.1.25. 선고, 2005두8436 판결.

II. 정규직/비정규직 고용프레임과 노무제공의 다양성 간의 관계

1. 근로관계의 본질적 개념 요소

비정규직의 개념은 널리 사용되는 용어이지만, 법적으로 구축되어 있는 개념은 아니다. 다만 비정규직 근로형태는 정규직 근로형태가 갖는 다음의 속성이 흠결 된 고용형태를 사실적으로 칭하는 개념이라 할 것이다.

1) 고용의 지속성과 안정성

원래 계속적인 급부제공을 목적으로 하는 계약관계의 경우 필요한 경우 해지의 의사표시를 통해 그 관계를 종료시킬 수 있다. 이를 해지의 자유라고 한다. 하지만 직장은 통상 근로자에게 있어 인격권적 자아실현의 기회임과 동시에 근로자 자신은 물론 그 가족의 생계를 유지하는 원천이다.[6] 근로관계 종료를 다른 사적 계약관계의 종료와 항상 동일하게 취급할 수 없다. 따라서 근로계약관계에서는 다른 계속적 계약관계와는 달리, 계약의 일방 당사자인 사용자의 해지자유가 엄격히 제한된다.[7] 근로관계는 해고보호법리를 기반으로 한 고용안정성을 그 본질로 한다.

---

6) Kühling, AuR 1994, S.127; Wank, Festschr. P. Hanau, 1999, S.296.

7) Adomeit, Kündigung und Kündigungsschutz im Arbeitsverhältnis, 1962, S.22; Walker, Anm. SAE 1998, S.104.

2) 권리의무의 '전속성'

근로관계는 권리의무에 있어 '전속성'을 그 본질로 한다. 인간의 노동력을 급부의 대상으로 삼는 계약관계라는 특징에서 비롯된 속성이다.[8] 인간의 노동력은 그 사람의 인격과 분리될 수 없는 속성을 지닌다. 근로계약관계를 체결하였다는 것은, 적어도 그 계약의 당사자 간에는 인격에 연계된 노동력을 그 상대방에게 맡기겠다는 것이면서 또한 그에 따른 대가를 금품으로 제공하겠다는 의사를 내용으로 하는 합의를 하였다는 의미이다. 근로계약관계는 근로자의 노동력이 오로지 사용자에게만 제공되는 관계여야 한다. 인간의 노동력은 함부로 제3자에게 임대될 수 있는 속성의 것이 아니다. 인간의 노동력은 인간의 인격 그 자체이므로, 이를 상품과 같이 취급할 수는 없기 때문이다. 따라서 근로계약관계는 직접근로관계가 원칙이다.

2. 비정규직 근로관계의 속성과 개념 범위

전형적인 근로관계는, ① 일단 근로계약을 체결한 이상 고용안정이익이 향유되고 ② 계약 당사자 간의 전속성으로 인해, 사용자에게만 근로자의 노동력 제공이 이루어지게 된다. 근로계약관계의 전형성은 다양한 고용형태의 등장으로 말미암아 변형된다. 이러한 변형된 고용형태를 비정규직 근로이다.[9]

---

8) Rüthers, NJW 2002, S.1605.

9) 여기에 단시간근로에 관한 평가도 포함되어야 마땅할 것이다. 하지만 단시간근로자는

1) 기간제 근로관계

기간제 근로관계는 사용자와의 전속적 신뢰관계를 구축한다는 점에서는 전형적 근로관계와 같다. 다만 고용안정성이라는 본래적 개념요소가 흠결되거나 아예 형해화된 경우이다. 이 점에서 전형적인 근로계약관계와는 명확히 구별된다. 기간제 근로관계의 경우, 근로관계의 존속기간을 계약 내용으로 미리 합의해 두는 것을 말한다. 이러한 합의의 결과 사용자는 별도의 해고 통지 없이도 해당 근로자와의 근로관계를 단절시킬 수 있게 된다. 해고보호법리로부터 그만큼 자유롭게 된다.

2) 파견근로관계

근로자 파견관계는 근로관계의 전속성에 대한 예외이다. 노동력의 대여관계와 유사하다.[10] 타인의 취업에 개입하여 영리를 취하거나 임금 기타 근로자의 이익을 중간에서 착취하는 폐단이 생길 것을 염려하는 대법원의 우려에도 불구하고[11] 오늘날 근로자파견관계는 합법화되었다. 다만, 파견법제를 통해 그 허용범위를 제한하고, 나아가 파견사업주뿐만 아니라 사용사업주에게도 파견근로자 보호에 관한 의무를 부담시키고 있다. 합법화를 하되, 그 대신 매우 적극적인 노동법적 규제의 대상으로 삼은 것이다.

고용안정성이 보장되는 경우임을 염두에 두고, 논의에서는 배제하기로 한다.

10) Boemke/Föhr, Arbeitsformen der Zukunft, 2000, SS.109, 110.

11) 대법원 2008.9.18. 선고 2007두22320 전원합의체 판결.

3) 기타 다양한 고용형태

그 외에도 오늘날 비정규직 근로관계로 언급되는 다양한 고용형태가 존재한다. 외견상으로는 자영업자나 수급업자의 이행보조자로서 노동법적 보호의 대상이 아니다. 그러나 그 실질면에서 노동법적 보호의 필요성이 존재하는 경우가 흔히 발견된다. 이른바 원하청관계나 특수형태근로종사자의 경우도 그런 예다. 전통적 근로자개념을 고집하여, 이들에 대한 노동법적 보호를 부정할 수는 없다. 그렇다고 경영의 자유라는 관점에서 노동법적 개입을 무작정 확대할 수도 없다. 말그대로 섬세한 접근이 필요한 경우다. 인력의 유연화를 위해 제도화된 비정규직 규범체계가 지나치게 그 적용범위를 좁히면 좁힐수록, 외부 인력의 활용 등 인력 유연화의 필요성은 노동법의 보호범위 밖에서 충족되는 부작용이 발생한다. 예컨대 파견근로자와 하청근로자의 관계가 이를 보여준다. 이러한 문제를 직시할 필요가 있다.

3. 비정규직 근로관계에 대한 노동법적 대응 체계 개선 방향

1) 취약근로자에 대한 노동법적 보호 – "진짜 근로자는 누구인가?"

산업혁명 이후 공장제 생산방식이 도입되면서, 노동법의 보호대상으로 형상화된 개념이 바로 '근로자'이다. 종속적 지위 하에서 자신의 노동력을 제공하여 생계를 유지하는 사회적 약자로서 '근로자 상'은 매우 단편적이고 획일적이었다. 현대산업사회에 있어 근로자 상은 매우 다양하게 변화하였다.[12] 예컨대 소속된 사업장의 '규모'나, '임금수준'[13] 등에 따라 사회적 보호필요성이 매우 다양하다. 이러한 변화에 대한 가장 단순한 유형화가 바로 비정규직과 정규직의 구별이며, 이러한 구별에서 문제되고 있는 것이 바로 '노동시장의 양극화'이다.

우선 전통적인 노동법체계를 현대화하는 것이 필요해 보인다. '취약근로자'에 대한 유연하면서도 맞춤형인 노동법체계 구축이 요구된다. 전통적 노동법체계는 노사 간의 쟁취와 착취의 관계를 염두에 두었을 뿐, 노사관계에서 비정규직 근로자에 대한 차별이나 갈등은 알지 못했다. 그리고 대기업 정규직 근로자와 소규모 사업장 정규직 근로자의 구별도 간과했다.[14] 이러한 맥락에서 노동법 규범 체계의 패러다임을 변화시킬 시점에 이르렀다.

오늘날 노동법의 보호방식은 다양한 고용형태에 각각 알맞은 형태와 내용을 취해야 한다. 단지 근로자가 아니라는 이유로 사회적 보호 필요성을 외면할 수는 없다. 노동법의 보호 밀도 역시 사회적 보호필요성의 총량에 비례하는 것이어야 한다.[15] 비정규직 근로자에 대한 노동법적 규범

---

12) Boemke/Föhr, Arbeitsformen der Zunkunft, 2000, S.52.

13) 예컨대 임금이 연 1억을 넘는 근로자와 연 2,000만 원인 근로자를 노동법 상 동일한 밀도의 보호대상으로 삼을 수 있는가도 생각해 볼 문제다.

14) 최근 노동연구원에 따르면 대기업 임금을 100으로 봤을 때 중소기업의 상대 임금은 2003년 58.7이었지만 올해는 54.4로 내려갔다. 정규직 대비 비정규직의 상대 임금도 같은 기간 71.6에서 65.5로 줄었다는 보도가 있었다(http://www.hankyung.com/news/app/newsview.php?aid=2014120198801).

15) Beuthien/Wehler, RdA 1978, S.5. Beuthien 교수도 노무제공에 임하면서도 그에 대한 사회적 보호필요성이 존재하는가 여부가 근로자성을 판단하는 중요한 요소로 보고 있다.

은 고용불안의 부담만큼 그 보호의 밀도를 높이는 방향으로 설계되어야 한다.

III. 사회적 보호가 필요한 새로운 노무 제공 유형과 사회안전망의 강화

1. 사회적 요보호자로서 노무제공자

노동법 그리고 사회보장법 상 혜택은 노동법 상 근로자만이 향유한다. 자영업자로서 또는 자유노무자로서 지위에 있는 자는 그러한 혜택이 배제된다. 어떠한 조건 하에서 사람이 근로자로서 지위를 인정받을 수 있는 것인가는 근로자라는 법적 개념을 통해 확인하게 된다.

자영업자나 자유노무자의 경우도 여전히 사회적 보호필요성이 인정되어야 하는 경우가 있기 때문에 몇몇 노동법 상의 규정들이 예외규정을 두어서 자영업자와 자유노무자의 지위에 놓여 있는 그룹에 대해 보호범위에 포섭시키고 있다.

이를 위해 충족되어야 할 전제조건은 자영업자와 자유노무자가 자신의 위임인에게 〈경제적으로 종속〉되어야 하고, 〈사회적 보호필요성〉이 존재해야 한다. 이러한 경우에 비로소 유사근로자(arbeitnehmerähnliche Personen)의 지위를 인정받게 된다.

2. 여전히 남는 문제:
플랫폼에의 종속

업무의 창의성이 강조되면, 그 업무의 수행자는 그 만큼 종속성과 몰개성성으로부터 멀어지게 된다. 이러한 경향은 향후 점점 강해져 갈 것이다. 장차 종속적 노동의 제공자로서 근로자들이 — 기존 법제도 체계 하에서 볼 때 — 이른바 자영업자와 유사한 형태의 노무제공자로 점점 진화해 나갈 것이 틀림없다. 현재의 노동법체계 하에서 플랫폼 노동[16]이나 기타 자영적 근로형태가 매우 생소한 문제로 다가오는 이유도 실은 여기에 있다. 보호의 필요성은 있는데, 보호할 수 있는 방법이 마땅치 않은 경우이다.

이러한 사생활과 직업적 활동이 매우 유연하게 당사자에 의해 구별되며, 경우에 따라서는 혼재될 수도 있다. 이로써 노동의 자율성(Autonomie)이 크게 상승하게 된다. 다만 클라우드에 기반한 사업자들이나 On-Demend 서비스업에 종사하는 경우 종전의 근로자와 달리 그 수입이 고정적이지 않으며, 시스템에의 종속성도 높아지게 된다.[17] 하지만 이러한 시스템은 사용자가 아니다. 일종의 중개인에 불과하다.[18]

---

16) BMAS, Weissbuch Arbeiten 4.0, S.5.

17) BMAS, Weissbuch Arbeiten 4.0, S.57.

18) BMAS, Weissbuch Arbeiten 4.0, S.57.

<참고: 프랑스 근로자 신모형>

프랑스는 종속적 노동의 주체로서 근로자 개념 외에, 프랑스 노동법전 제7권 제5편(특정 직업들에 관한 특별규정들)에서 상업대리인 등 일정한 직업에 종사하는 자에게 노동법을 전부 또는 부분적으로 적용하고 있다. 이른바 준근로자의 개념인데, 전통적인 의미의 법적 '종속성'이 결여되어 있지만, 이들의 노동에 있어 경제적 의존의 정도와 노무제공의 조건을 통해 사회적 보호의 필요성을 구현하기 위해 인정되는 개념이다.

① 하나 또는 둘이상의 사용자를 위하여 일할 것, ② 사실상 배타적이고 항상적으로 자신들의 대리 직업에 종사할 것, ③ 자신의 개인적 계산을 위해 어떠한 상업적 활동도 실제 하지 않을 것, ④ 판매나 구매에 제공되는 용역이나 상품의 종류, 활동지역, 방문해야 할 고객의 범주 및 보수율을 정하는 약정을 자신의 사용자와 체결할 것

흔히 상업대리인(V.R.P.)[19]은 독립노동의 가장 전형적인 형태인데, 이들은 근로자성을 긍정하는 지표들과 이를 부정하는 지표들이 혼재하지만, 프랑스 노동법 제751-1조 제2항에 의거, 다음의 요건을 갖춘 경우에는 상업대리인(V.R.P.)에게 근로자로서의 지위가 의제되고, 노동법전이 적용된다.

사실 이러한 VRP는 근로시간에 대하여 사용자로부터 아무런 통제를 받지 않으므로 근로시간의 제한이 없고 또한 최저임금의 적용을 받지 않도록 한다. 또한 기간을 정하지 않은 거래계약을 맺은 경우 해지예고기간을 두도록 하였다.(제751-5조)[20] 3개월 이내에서 시용기간을 정할 수 있고 시용기간 중에는 중대한 과실이 없더라도 일방 계약당사자의 의사에 의해 근로계약이 종료될 수 있고 어떠한 수당이나 보상금의 지급의무발생하지 않는다(제751-6조).

나아가 외무원, 대리인 또는 외판원 등과 같은 영업대리인들의 계약과 관련된 일체의 분쟁은 노동법원의 관할에 속하도록 하였다(제751-10조).

나. 단결권 보장

독립적 노무제공자들 간의 연대체로서 직업연대체를 구성할 수 있도록 하고, 이들에 대해서 근로3권 프레임을 차용하여 적용하는 방안을 고민할 수 있을 것으로 본다.

19) 우리나라의 보험모집인이나 학습지교사와 유사한 노무제공형태를 가지고 있다.

<프랑스 모형 참고>

프랑스의 경우 1946년 제4공화국 헌법이래로 프랑스 헌법 전문에서는 "모든 사람(tout homme)은 조합활동(action syndicale)을 통해 자신의 권리와 이익을 옹호하고 스스로가 선택한 조합에 가입할 수 있다"고 규정하고 있고, 현행 프랑스 헌법(1958)은 그 전문에서 "1789년의 인권선언 및 1946년 헌법의 전문에서 확인되고 보완된 인권에 대한 충실을 엄숙히 선언한다"고 규정하고 있는 바, 공무원의 신분을 가진 자의 경우도 또한 마찬가지이다.

프랑스 헌법 상 단결권의 주체를 근로자가 아닌 '모든 사람'으로 규정하고, 이때 권리의 주체를 '모든 사람'(tout homme)으로 표현한 것은 단결권의 보편성, 즉 공무원이나 외국인 등을 포함하여 원칙적으로 모든 직업영역에서 그 권리의 행사가 보장된다는 점을 의미하기 때문이다.[21]

이에 따라 변호사 외에는 영업대리인은 단체협약을 체결할 수 있고 파업권이 인정된다.

3. 사회안전망 체계 개편 방향성 검토

1) 방향성

플랫폼 기반 사업 모형이 확대되면서, 노동은 급속도로 자영화되고 있다. 특히 '1인 자영업자(Solo-Selbständiger)'들의 비율이 높아지고 있다.[22] 노동관련 법제도의 관심은, 이제 더 이상 전통적인 종속노동자에만

20) 예고기간은 계약적용 첫 해 동안에는 1개월, 두 번째 해 동안에는 2개월, 두 번째 해 이후에는 3개월을 하회할 수 없다(제751-5조).

21) 프랑스는 근로자는 물론이고 일반 자유직업인인 의사, 변호사 등도 직업조합을 설립할 수 있고 실제로 단체교섭도 하고 있다.

22) BMAS, Weissbuch Arbeiten 4.0, S.57. 예컨대 가장 큰 고민 중 하나가 바로 자영적 근로형태의 산업재해위험이다. 이들에 대해서는 자영업이라는 이유로 장시간 노동을 규제할 방법이 없을뿐더러 이를 규제해야 할 필요가 없다고 생각한다. 자영적 근로형태 종사자들은 매우 위험한 업무환경에 놓일 수밖에 없다. 이들에게 발생하는 재해가 사

국한할 수는 없다. 오히려 ① 자유롭게 용역을 제공하거나 사업을 하면서 ② 주로 한 사람을 위해 근로를 제공하면서 경제적으로 종속된 자로서 〈외형상의 독립성〉과 〈내부적인 관계에서는 경제적 종속성〉을 갖는 경우까지 법제도 체계 안으로 포섭하여야 한다.

사회적 보호필요성이 있는 경우에는 적극적인 노동법제도가 작동해야 하고, 사회적 보호필요성이 없는 경우는 과감하게 노동법제도의 개입을 배제하여야 한다. 과거처럼 획일적 근로자개념을 두고, 구체적 사회보호필요성을 고려하지 않는 방식은 지양되어야 한다. 구체적 정당성을 고민해야 할 시점이다.

2) 독일 제도 체계와 그 시사점

독일의 경우 유사근로자들은 다만 진정 자영업자들과 구별된다. 유사근로자는 근로자와 마찬가지로 몇몇 카테고리에서 선별적으로 근로자와 동일하게 취급되도록 하고 있다.

(1) 휴가

우선 유사근로자는 〈연방휴가법〉의 적용을 받는다. 연방 휴가법의 경우는 경제적으로 종속적 지위 하에 있어서 유사근로자로 평가될 수 있는 자영업자나 자유노무자에게 적용된다.(연방휴가법 제2조 제2항).

회적 부담으로 귀결될 수 밖에 없다면 이에 대한 사회적 안전망 구축은 불가피하다. 이 역시 가장 대표적인 노동4.0 상의 대응전략이 되어야 한다. 이에 관하여는 근로시간 단축 등의 논의에서 다시 언급하기로 한다.

(2) 임금

유사근로자는 임금계속지급법(Entgeltfortzahlungsgesetz: EFZG)상의 적용대상은 아니다. 임금계속지급청구권이란, 근로자가 질병에 걸리거나, 국경일 등 연휴 동안에도 임금을 지급해 달라고 요구할 수 있는 권리를 말한다. 이러한 임금지급청구권은 유사근로자에게는 적용되지 않는다.

(3) 재택근로특례

재택노무자는 사회적 보호필요성이 존재하면서도 자영업자인 특별한 인력군을 형성한다. 재택노무자는 예컨대 ① 가정이나 그 밖에 자신이 선택한 공간에서, ② 혼자 또는 가족들과 함께 다른 영업인들이나 중개인의 부탁을 받아 영업적으로 일하는 노무인력을 말한다. 이들은 그러나 노무제공의 결과물은 위임인에게 곧바로 돌아가게 된다. 이러한 형태의 영업적 노무자들을 위한 별도의 법규정이 입법되었는데 그것이 바로 재택노무법(HAG: Heimarbeitsgesetz)이다.

몇몇 노동법상의 규범들은 재택노무자에게도 적용된다. 재택노무자도 — 유사근로자와 마찬가지로 — 연방휴가법 제12조 상의 규정에 의거, 유급휴가를 받을 수 있다. 그 외에도 자신에 대한 노동법적 보호를 위해 노동법원의 보호를 청구할 수도 있다.(노동법원법 제5조 제1항).

3) 대응방안

독일의 예에 비추어보더라도, 상사대표자가 경제적으로 종속되어 있으며, 사회적 보호필요성이 존재하여야 한다. 무엇보다 상사대표자가 유일하게 하나의 회사의 대표자로서만 행위하고, 거기에 더해서 적은 수입을 가지는 데 불과하다면 유사근로자로 평가될 여지가 크다. 만약 그가 회사를 대표하는 자이고, 한달에 1,000유로 이상을 수익으로 얻지 못한다면, 노동법원법 제5조 제2항에 의거, 노동법원에 소송을 제기할 수 있는 지위에 놓인다.

| 제2장 | 플랫폼 이코노미와 노동, 그리고 노동법

I. 서설

공유 경제에서 발주자와 크라우드워커(작업자)의 계약을 매개하는 중간 사업자를 「플랫폼」이라고 한다. 플랫폼을 통해 개인도급으로 일을 하는 크라우드워커(작업자)는 발주자의 지휘명령을 받고 노무를 제공하는 것은 아니기 때문에 근로자가 아닌 소규모 사업자로 자리매김된다. 플랫폼은 사업자 간의 상거래를 매개하고 있으므로, 고용관계의 성립의 알선 등 근로계약에 관여하는 것은 아니다. 크라우드워커가 근로자가 아니라는 관점에서 플랫폼을 통한 취업은 노동법의 틀 밖에 있는 일하는 방식이며 당연히 직업안정법이나 근로자파견법 등의 노동시장법제의 틀에서도 벗어난다.

공유 경제의 진전에 따라, 외국에서는 플랫폼의 크라우드워커의 「근로자성」이 문제되고 있다. 크라우드워커의 근로자성을 인정하면 그 일의 정보를 제공하는 플랫폼에 관한 법제도의 존재도 노동법의 대상 내지 적용범위에 들어오는 것이다.이때 확인할 수 있는 것은 인터넷상의 「마켓플레이스」(시장)라는 거래시스템을 본류로 하는 공유 경제의 사업발전에 대한 고려방식은 노동시장법제와는 근본적으로 정반대라는 것이다. 창의력과 혁신을 무엇보다 중히 여기고 자유를 지향하며 발전해온 인터넷 세계에서는 사용자(유저)의 이익에 가장 부합하는 많은 서비스가 태어나

경쟁 속에서 그들이 도태되거나 세련되어져 간다. 그러므로 규제하는 것을 좋아하지 않고 사업자의 노력을 존중한다. 플랫폼사업은 이처럼 원칙 자유의 인터넷과 원칙적 금지에서 적극 활용으로 전환하고 있는 노동시장법제의 두 시각에서 생각할 필요가 있다. 이 글에서는 미국과 유럽의 공유 경제의 발전 과정을 따라가면서, 인재서비스를 하는 플랫폼과 그 크라우드워커의 보호에 관해서 논의한다.

정보기술혁신 혹은 디지털화라는 현상은 모든 생활공간에 변화를 초래한다. 노동법이 규제대상으로 삼는 생활공간도 또한 예외는 아니다. 예를 들면 플랫폼 경제, 공유 경제 혹은 크라우드소싱이라는 단어가 확산을 보이고 있는 것처럼 인터넷을 매개로 한 새로운 취업형태가 출현하고 있다. 이러한 새로운 취업형태의 출현에 따라 노동법은 어떠한 대응을 요구받게 될까? 적든 많든 지금까지의 노동법은 기업조직의 존재를 전제로 해 온 것이고, 또한 노사관계 혹은 근로자 간의 네트워크도 기업조직을 근간으로 해온 것이라고 할 수 있다. 그렇지만 크라우드소싱이라는 인터넷을 근간으로 한 새로운 취업은 기업조직 더 나아가서는 국경을 초월하여 공간적 · 지리적인 제약을 받지 않고 전개된다. 온 디멘드 노동 또는 크라우드소싱이란 기존의 취업형태, 기업조직, 노사관계의 모습의 변화 더 나아가서는 변혁을 초래하는 현상이라고도 할 수 있을지 모른다.

노동법은 사회구조의 변화 속에서 새로운 대응을 선택해야 할 시기에 다다르게 되었다.

영국에서는 2016년 10월 28일 우버 드라이버를 놓고 고용심판소에서 처음으로 사법적 판단이 이루어져 주목받고 있는 상황(영국 내 우버기사의 근로자성(Workers)을 인정한 심판[1])이다. 또한 미국에서도 우버를 둘러싸고 많은 소송이 제기되고 있으며, 노동법의 적용 대상이 무엇인지 다시 논의가 이루어지고 있다.

미국의 최근 논의는 4차 산업으로 인한 새로운 직업군의 출현과 그로 인해 근로자의 생산성 향상 그리고 일상적 업무로부터의 자유, 대량 노동력 대체 및 이로 인해 발생하는 새로운 취업기회 등이 출현하고 있다. 새로운 직업군의 출현은 건축, 공학, 컴퓨터, 수학 분야 등이며 특히, O2O (Online to Offline), 온 디멘드 이코노미(On-demand Economy), 크라우드소싱(Crowdsourcing)이라는 새로운 고용형태가 노동법상 논의의 중심이 되고 있다. 대표적인 플랫폼은 프리랜서 중개사업의 파이어니어인 Upwork와 가사 대행을 도급하는 TaskRabbit, 건강 관리(헬스케어) Free-lance Physician, 배차서비스 우버 등이라 할 수 있다.

플랫폼 이코노미의 O2O 또는 크라우드워커는 자영업자 또는 독립 계

1) Aslam v. Uber, No. 2202550/2105 & Others(2016): 원고인 Yaseen Aslam과 James Farrar는 현직 또는 전직 우버 운전기사로 1996년 고용권법(The Employment Rights Acts 1996), 1998년 전국 최저임금법(The National Minimum Wage Act 1998), 1998년 근로시간 규칙(The Working Time Regulations 1998)에 따라 최저임금과 유급휴가 그리고 내부자 고발에 대한 차별처우에 대해 우버를 상대로 소송을 제기하였다. 이 사건의 중요쟁점은 첫째, 우버 기사들(원고들)이 국내법에 따라 근로자(Workers)인지 여부이며, 둘째, 만약 근로자인 경우, 고용심판소는 근로시간규칙과 최저임금법에 따라 어떠한 범위로 보호 및 결정해야 하는지 여부이다. 2016년 12월 29일, 고용심판소(The Employment Tribunal)는 1996년 고용권법의 목적에 따라 우버 운전기사를 근로자(Workers)로 판단하였으며 이 심판으로 인해, 우버 운전기사가 보호받는 권리는 근로시간 규칙에 따라 연간 5.6주의 유급연차휴가, 주간 근로시간 제한, 유급휴식시간, 최저임금과 생활임금 보호, 내부 고발자 보호라 할 수 있다.; 영국은 Employees, Workers, Self-employed를 구분하고 있음. 따라서 우버 운전기사들은 workers에 해당되기 때문에 부당해고 및 정리해고 법에 의해 보호되지 않는다(KPMG, Uber drivers win landmark case at Employment Tribunal, Nov. 4, 2016).

약자로 분류되나 각 국가별 고용법의 범위 내 사용자와 근로관계를 맺고 있는 근로자로 분류될 수 있는지 논란의 중심이 되고 있다. 플랫폼의 구조는 최소 3자 관계(공급자, 플랫폼, 수요자) 이상으로 관련되어 있어 누가 계약관계의 당사자인지 문제가 된다. 만약 계약관계가 성립된 경우, 각 당사자 사이의 계약의 특성이 무엇인가를 검토해야 하며 이러한 문제는 실체관계를 분석하여 전체적으로 종합・평가 할 필요가 있다. 영미국가에서 발생하고 있는 플랫폼의 구조적 쟁점은 다음과 같다;

① 플랫폼의 사용자성 문제.

② 공급자의 근로자성 문제.

③ 공급자가 근로자로 인정받는 경우, 공급자가 누릴 수 있는 권리 범위와 노동조합의 단체교섭권.

따라서 플랫폼 이코노미상 공급자, 플랫폼, 수요자 즉, 3자 간의 이해관계를 고려하여 법제도 및 정책을 마련할 필요가 있다. 특히, 공급자의 노동법상 법적지위를 검토・분석하여 향후 법제도 마련과 정책적 과제를 제시할 필요가 있다.

II. 플랫폼 이코노미의 현황

1. 플랫폼 이코노미와 플랫폼의 종류

플랫폼 이코노미는 종종 넓은 범위의 플랫폼 시장을 말한다.[2] 이와는

---

2) OECD, Working Party on Measurement and Analysis of the Digital Economy, 2016, at 8.

달리 좁은 의미의 플랫폼 이코노미는 온라인 플랫폼 시장과 플랫폼 서비스 시장으로 언급될 수도 있다.[3)] 이러한 시장은 새로운 일과 수입을 획득할 수 있도록 기회를 부여하며 많은 경우, 새로운 형태의 일로써 특징화될 수 있다.[4)]

플랫폼의 종류는 역할에 따라 다음과 같이 분류할 수 있다;

① 기반형 플랫폼: 사용자의 요구에 따라 기능 구현(예: 윈도우, 안드로이드).

② 매개형 플랫폼: 공급자와 사용자를 매개하는 공간을 제공(예: 아마존, 우버, 리프트 등).

③ 복합형 플랫폼: 기반형과 매개형을 혼합한 형태(예: 페이스북 등).

2. 플랫폼 기반형태[5)]

향후 20년 내에 10,000개 이상의 새로운 플랫폼이 생겨날 것으로 예상되며,[6)] 2013년 플랫폼 이코노미는 260억 달러 가치 평가와 향후 몇 년

---

3) *Id.*

4) *Id.*

5) 플랫폼을 기반으로 한 비즈니스모델은 크라우드소싱(Crowdsourcing), 크라우드펀딩(Crowdfunding), 핀테크(Fintech), O2O(Online to offline) 커머스, 비트코인(Bitcoin), 클라우드 컴퓨팅(Cloud computing), 빅데이터(Big data) 등이 있으며, 사물인터넷(IoT: Internet of Things), 기기와의 상호작용에 음성, 동작, 안면, 뇌파 등 인간친화적인 인터페이스를 활용하는 스마트 인터랙션(Smart interaction), 가상현실(VR: Virtual Reality), 무인항공기를 의미하는 드론(Drone), 인공지능(AI)이 탑재된 인간형 로봇 등 차세대 플랫폼이다.

6) Orly Lobel, The Law of the Platform, 101 Minn. L. Rev.87, 95(2016).

표 2 플랫폼 이코노미 산업과 종류

산 업	종 류
호텔(Hotels)	Airbnb, Coushsurfing, Homeaway, VRBo
사무실 공간(Office space)	Liquid Space, ShareDesk
주차 공간(Parking space)	ParkingPanda, Park Circa
교통(Transportation)	Uber, Lyft, Sidecar
식당(Restaurants)	EatWith, Feastly, Blue Apron, Muchery
중고의류(Used Clothing)	ThredUp
가사도구(Household tools)	Open Shed
옥외장비(Outdoor gear)	Gearcommons
자본(Capital)	Bitcoin, Zopa, Prosper, Kickstarter, Kiva
방송(Broadcasting)	Aereo, FilmOn.com
법률 서비스(Legal service)	Upcounsel
미디어 서비스(Media service)	Healthtap, Teledoc, CrowdMed
학술 서비스(Academic service	Uguru
홈 서비스(Home service)	TaskRabbit, Instacart, Airtasker, Washio
특별 심부름(Specialized errands)	BloomThat, DogVacay, Shyp

내에 1,100억 달러 성장 가능성을 예상되었다.[7] 최근 Pricewaterhouse-Coopers: PwC는 2025년까지 3,350억 달러 성장할 것으로 예상하고 있다.[8] 플랫폼 이코노미의 대표적인 형태는 O2O 또는 온 디맨드와 클라우

7) Cannon & Lawrence H. Summers, How Uber and the Sharing Economy Can Win over Regulators, HARV. BUS. REV.(2014), https://hbr.org/2014/10/how-uber-and-the-sharing-economy-can-win-over-regulators.

8) PricewaterhouseCoupers, The Sharing Economy, Consumer Intelligence Series, 14

표 3 플랫폼 이코노미 주요 회사의 이용자 수

(단위: 명)

산업	회사명	이용자 수	사업운영지역
교통	Uber	160,000	국제적
	Lyft	50,000	미국
	Sidecar	6,000	미국 주요도시
홈 서비스	Taskrabbit	30,000	국제적
	Handy	5,000	미국
	Car.com	6,600,000	국제적
크라우드소싱	Amazon Mechanical Turk	500,000	국제적
	Crowedflower	5,000,000	국제적
	Crowedsource	8,000,000	국제적
	Clickworker	700,000	국제적

드 소싱이다. 예를 들어 O2O 또는 온 디맨드는 우버, 리프트, 에어비앤비 등이 있으며, 크라우드소싱: 아마존 머케미컬 터크 등이 있다.

3. 플랫폼 이코노미와 노동

1) 플랫폼 취업자의 규모

미국의 경우 한 조사에 따르면 플랫폼 취업자 수는 조사기관별로 약 1,030만 명[9], 약 1,100만 명[10], 또는 약 4,500만 명으로 다양하게 추계하

(2015). https://www.pwc.com/us/en/technology/publications/assets/pwc-consumer-intelligence-series-the-sharing-economy.pdf.

9) DIANA FARRELL & FIONA GREIG, JPMORGAN CHASE INST., PAYCHECKS, PAYDAYS,

고 있다.[11] 이 차이는 플랫폼 취업자의 정의[12]가 각각 다르기 때문에 발생하는 것이라고 생각된다. 그러나, 플랫폼 취업자는 대략적으로 노동력 인구의 10% 전후로 추산된다.

2) 취업자의 속성

플랫폼 취업자는 성별, 연령, 인종, 거주지, 학력 등에서 전통적인 고용되어 있는 취업자와 다른 특징이 있을까? 지금까지의 추계에서 나타난 바로는 플랫폼 취업자의 속성이 고용관계에 있는 취업자와 크게 다르다는 것은 실증되지 않았다. 다만 대면형이나 micro-task형의 일부 플랫폼에서 고학력의 경향이 나타났다.[13]

AND ONLINE PLATFORM ECONOMY: BIG DATA ON INCOME VOLATILITY 7, 21–22(Feb., 2016), available at, https://www.jpmorganchase.com/corporate/institute/document/jpmc-institute-volatility-2-report.pdf(last visited on Sept. 26, 2016). [Hereinafter, JPMORGAN(1)].

10) JAMES MANYIKA ET AL., MCKINSEY GLOBAL INST., INDEPENCENT WORK: CHOICE, NECESSITY, AND THE GIG ECONOMY 37(Oct., 2016), available at, http://www.mckinsey.com/~/media/McKinsey/Global%20Themes/Employment%20and%20Growth/independent%20work%20Choice%20necessity%20and%20the%20gig%20economy/independent-Work-Choice-necessity-and-the-gig-economy-Full-report.ashx(last visited on Oct. 29, 2016).

11) Katy Steinmetz, Exclusive: See How Big the Gig Economy Really Is, TIME(Jan. 6, 2016), available at http://time.com/4169532/sharing-economy-poll/(last visited Mar. 29, 2018).

12) 한 번이라도 취업경험이 있는 자를 대상으로 하는 추계도 있고, 계속적인 취업경험이 있는 자만을 대상으로 하는 추계도 있다.

13) Janine Berg, Income Security in the On-Demand Economy: Findings and Pilicy Lessons from a Surbey of Crowdworkers, 37 COMP. LAB. L. & POLY J. 543, 550(2016); Alan B. Krueger & Jonathan B. Hall. An Analysis of the Labor Market for Uber's Driver-Partners in the United States, 7–9(Working Paper (Princeton Univ.

표 4 시간급의 대수에 대한 T 검정

카테고리	성별	총수(명)	평균액 (미 달러)	표준편차	여성임금의 남성비	유의성
회계 · 컨설턴트	여성	204	36.52	46.05	-38%	***
	남성	186	58.96	55.34		
관리 · 서포트	여성	278	23.86	14.99	-32%	***
	남성	84	35.03	25.79		
고객서비스	여성	273	17.26	10.03	-36%	***
	남성	101	26.97	27.55		
데이터 분석	여성	121	36.65	40.33	-20%	***
	남성	318	45.83	34.66		
디자인 · 크리에이티브 작업	여성	162	33.50	24.87	-5%	
	남성	205	35.13	23.53		
엔지니어 · 건축	여성	60	26.45	15.69	-36%	***
	남성	289	41.31	26.08		
IT · 네트워크	여성	64	32.72	24.60	-35	***
	남성	281	50.01	40.61		
법률	여성	302	28.80	31.86	-63%	***
	남성	129	77.93	71.04		
판매 · 마케팅	여성	213	32.50	22.44	-32%	***
	남성	195	48.10	36.69		
번역	여성	292	22.57	13.78	-17%	
	남성	155	27.03	22.06		
웹사이트나 어플리케이션 개발	여성	98	35.41	19.45	-25%	**
	남성	270	47.38	37.67		
집필	여성	254	29.13	21.15	-21%	
	남성	135	37.10	35.27		
총계	여성	2321	28.20	26.01	-37%	***
	남성	2348	45.07	39.65		

*P〈0.5 **P〈0.1 ***P〈0.01

3) 취업자의 수입의 성질

미국의 한 추계에 의하면 플랫폼에서 얻는 수입은 평균 1달에 533달러로 이것은 월평균 총수입의 33% 정도에 지나지 않는다.[14] 더구나 ① 플랫폼을 통해 계속 취업하고자 하는 사람은 적다.[15] 특히 본업이 있는 사람, 총 수입이 비교적 높은 사람, 또는 청년층에서 이러한 경향이 현저히 낮다.[16] ② 플랫폼을 통해 일한 달과 일하지 않은 달의 평균수입의 차이는 없었다.[17] ③ 자영업 취업자는 전체적으로 '스스로의 선택에 따라', '부차적수입원'으로 플랫폼을 이용하고자 하는 경향이 높다.[18] 이를 정리하면 현상황에서 플랫폼경제는 주된 직업을 가진 사람보다 수입하락을 보충하기 위한 부업으로 활용하고 있다고 할 수 있다. 단지 플랫폼에 의한 수입으로 전체 수입의 4분의 3 이상을 의존하고 있는 취업자가 플랫폼 취업자 전체 중 25%에 달했다는 추계도 있어,[19] 일정수의 전문취업자가 존재한다는 점에 유의해야 한다.

플랫폼상의 수입이 성별에 따라 차이가 있다는 점이 지적되고 있다. 이

---

14) JPMORGAN(1), supra note 9. at 24.

15) 취업자가 1년을 초과해 플랫폼상에서 캐리어를 쌓는 비율은 48%에 불과했다. DIANA FARRELL & FIONA GREIG, JPORGAN CHASE INST., THE ONLINE PLATFORM ECONOMY: HAS GROWTH PEAKED? 10–11(Nov. 2016), available at, http://www.jpmorganchase.com/corporate/institute/document/jpmc-institute-online-platform-econ-bridf.pdf(last visted on Mar. 29, 2018).

16) Id, at 12–14.

17) JPMORGAN(1), supra note 9. at 24.

18) MANYIKA ET AL., supra note 10. at 48.

19) JPMORGAN(1), supra note 9. at 24–25.

에 따르면, 플랫폼상에서 취업자의 프로필・데이터(①직업, ② 희망시급, ③ 피드백・스코어, ④ 총 노동시간, ⑤ 근속연수, ⑥ 교육의 정도)를 추출한 결과, 여성의 평균 시급(28.20달러)은 남성의 시급(45.07달러)보다 37%정도 낮은 것으로 나타났다(표3).[20]

4) 취업자의 만족도와 불만

미국의 한 조사에는 취업경험자에게 ① 취업경험이 마음에 들었는지 ② 국가가 플랫폼을 규제해야 하는지를 질문했다. 질문 ①에 대해서는 취업자의 71%가 긍정적으로 회답하였고, 질문 ②에 대해서도 취업자의 36~47%정도가 찬성으로 나타났다.[21] 그렇다면 플랫폼경제의 어떤 점이 바람직하지 않다고 생각하는 것일까? micro-task형 플랫폼에 대해서 ILO가 실시한 조사에 의하면 플랫폼에 취업하게 된 이유는 '수입을 보충하기 위해'와 '재택근무하기 위해'가 많았다.[22] 이에 반해 ① 수입이 낮고 불안정한 점, ② 일의 계속이 불안정한 점, ③ 고충처리나 등급평가 등의 불투명・불공정한 처우 등에 불만을 갖고 있는 것으로 조사되었다.[23] 특히 등

20) Arianne Renan Barzilay & Anat Ben-David, Platform Inequality: Gender in the Gig-Economy, 47 SETON HALL L. REV. 393, 410-411(2017). 조사대상자는 2015년 6월부터 2016년 3월까지 플랫폼을 통해 취로한 미국의 자연인 24,000명 중 사진과 이름에서 성별을 80%이상의 정확도로 특정할 수 있는 취업자 4,669명이다.

21) Steinmetz, supra note 11.

22) Berg, supra note 13, at 552-554. 또한 대면형 플랫폼의 대표인 우버의 취업자를 조사한 결과 우버에 취로한 이유로 '수입을 좀 더 얻기 위해서'(91%), '자신이 스케줄을 결정할 수 있어서'(87%), '유연한 취로가 가능하여 가정생활과의 조화가 가능해서'(85%)로 나타났다. Kruger & Hail, supra note 13 at 10-11.

23) Berg, supra note 13, at 556-562.

급평가에 대한 불만이 많았고 그것이 원인이 되어 분쟁으로 이어지는 경우도 적지 않았다.[24)]

4. 일본의 플랫폼 이코노미: 고용관계에 의하지 않고 일하는 방식의 실태

1) 플랫폼 이코노미의 일본 실태

긱 이코노미 또는 공유 경제에 관해서 말하면 우버는 이미 일본에 상륙해 2014년부터 동경 전역에 하이어와 택시 배차 서비스를 하고 있다. 그러나 일본에서는 미국과 영국 등 세계 각국에서 문제되고 있는, 일반적으로 운전기사가 자가용차로 손님을 유상으로 운전하는 '라이드 셰어' 형태의 배차 서비스는 도로운송법 제78조에 위반하는 행위에 해당하여 할 수 없다. 우버재팬은 2015년 3월 '후쿠오카시'에서 '함께 해요 우버'라고 해 일반인이 자가용차로 운송서비스를 하는 라이드셰어의 실증경험이 있는데, 국토교통성은 우버에 대해 '자가용차에 의한 운송서비스는 흰번호판 행위에 해당한다'고 하여 이 실험의 중지를 지도하였다. 다만 2016년 5월 공공교통인 버스·택시 등이 극단적으로 부족한 지역(국내소외지)에서 관광객 등의 이동 편리성을 확보하는 목적에 한해 자가용차 유상운송을 인정하는 국가전략특구개정법에 의해 제한된 범위에서 자가용차에 의한 유상고객 서비스가 인정되고 있다. 실제 우버는 위 개정법 성립 후

24) See. e.g., O'Conner v. 우버, 82 F. Supp. 3d 1133, 1151(N.D. Cal., 2015); Cotter v. Lyft, 60 F. Supp. 3d 1067, 1073(N.D. Cal., 2015).

교탄고 시(京丹後市)에서 주민이 운전하는 자가용차와 승객을 우버시스템에서 조합한 서비스를 개시하였다.

2) 고용관계에 의하지 않고 일하는 방식(크라우드워커)의 실태

크라우드소싱에 관해서는 이미 '크라우드워커스', '랜서스', '파소나텍' 등의 플랫폼 사업자가 크라우드소싱 사업을 하고 있다. 크라우드소싱사업을 영위하는 랜서즈(Lancers)가 실시한 2017년 조사[25]에 따르면, 고용되면서 부업으로 프리랜서 업무를 하는 '부업계열 틈새 워커' 458만 명(41%)을 포함한 광의의 프리랜서는 노동력인구의 17%에 달하는 112만 명이라고 한다. 이를 제외한 협의의 프리랜서 635만 명의 내역은 개인사업주・법인경영자인 '자영업계열 독립 오너'가 326만 명(29%), 2사 이상의 기업과 계약 베이스로 업무를 하는 '복업(複業)계열 병행 워커'가 276만 명(25%), 특정 근무처를 가지지 않는 독립된 프로페셔널인 '자유업계열 프리워커'가 61만 명(5%)이라고 한다. 성별과 연령을 보면(2015년 조사), '자영업계열'이 남성(69%)의 중장년(50세 이상 68%)이 많은 것 외에는 남녀별로 큰 차이는 보이지 않는다. '부업계열'이 20대와 30대에서 54%를 차지하여 비교적 젊은 워커이고, 한편 '자유업계열'이 50대와 60대에서 69%로 중장년 중심이라는 것을 알 수 있다. '복업계열'은 성별과 연령모

---

25) 랜서즈사(ランサーズ社) 프리랜서 조사(2017). 2017년 2월 14-18일에 과거 12개월에 업무의 대가로 보수를 얻은 전국의 20-69세 남녀를 대상으로 한 온라인 조사에서 유효응답・질문자 수는 3,095명(그중 프리랜서 1,548명)이다. 또한 동 조사는 2015년 이래 매년 실시하고 있다.

두 편향이 없다. 프리랜서로 일하는 주 근로시간을 보면, '부업계열' 6.3시간, '복업계열' 13.7시간, '자유업계열' 33.6시간이다. 또한 프리랜서 수입의 연수입에 차지하는 비율의 평균치는 '부업계열' 19%(60만 엔), '복업계열' 36%(129만 엔), '자유업계열' 55%(122만 엔), '자영업계열' 81%(350만 엔)이다.

일본 국내에서도 크라우드소싱 시장이 급속도로 확대되고 있다. 발주경험자(크라우드소서)가 발주한 일의 내용을 보면 '디자인 관련', '웹디자인 관련' 등의 일정한 스킬이 필요한 일부터 '라이팅 관련', '작업 관련' 등 비교적 난이도가 낮은 일까지 다양한 일이 발주되고 있다.

프리랜서의 「현재 일하는 방식에 대한 만족도」는 '만족하고 있다' 15.7%, '약간 만족하고 있다' 32.0%, '어느 쪽이라고도 말할 수 없다' 31.5%, '다소 불만족' 12.3%, '불만족' 8.6%로서 프리랜서의 약 반수가 일하는 방식에 만족하고 있다고 한다.[26)]

프리랜서로 일하는 이유를 많은 순서대로 열거하면, '자기가 좋아하는 일이 있다', '일을 하는 시간과 장소의 자유가 있다', '전문적 지식・기능을 살릴 수 있다', '일의 양을 조정할 수 있다'이며, 자유의 정도와 재량의 큼이 지지를 받고 있다. 한편 불안과 고민은 '수입의 불안정성'이 80% 이하로 제일 많고, 「자신의 건강과 활력의 지속」이나 「사회보험(건강보험・연금 등)」이 이어진다.[27)]

---

26) 經濟産業省(2016),「雇用關係によらない働き方式に關する設問調査 結果」.

27) 中小企業廳「平成 26年度 中小企業等の事業活動に關する調査」.

연봉은 200만 엔 미만이 27.5%, 200~400만 엔이 31.3%, 400~600만 엔이 14.8%, 600만 엔 이상이 13%이다.[28] 프리랜서는 고문으로 높은 보수로 영입되는 형태에서 1건 10엔의 염가의 일까지이고 실태는 매우 다방면에 걸쳐 있다. 작업의 계약액은 '고객이 제시한 금액으로 결정되는 경우가 많다'가 가장 많지만 '자신과 고객의 협의 조정을 거쳐 결정되는 경우가 많다'와 '자신이 제시한 금액으로 결정되는 것이 많다'를 합치면, '고객이 제시한 금액으로 결정되는 경우가 많다'를 웃돌고 있어 교섭력에 차이가 보인다.[29] 리크루트 워크연구소가 2014년에 실시한 「フリーランス調査」에 따르면, 지난 한 해 동안의 발주처는 직종에 따른 차이가 있지만, '1개'가 40% 정도이며 수입증가를 위해 거래처 확대 및 거래단가의 개선이 필요하다고 한다.

공통적인 특징은 크라우드워커는 부업에 종사하는 자가 많다는 점과 크라우드워크에 의한 수입이 적고 불안정하다는 점이라고 할 수 있다. 따라서 크라우드워커의 불만도 대부분은 저수입이라는 점, 수수료가 높다는 점 등 금전적 불만이 높은 비율을 차지한다. 그러면서도 자유의 정도가 높은 프리랜서에 만족하고 그 일하는 방식을 계속하고자 하는 사람도 많기 때문에 프리랜서로서 안심하고 경력(커리어)을 계속할 수 있는 환경의 정비가 기대된다. 그러기 위해서는 수입의 불안정성의 이면에 있는 만일의 경우 사회보장과 일자리 기회 및 일의 단가 인상으로 이어질 직업

---

28) ランサーズ(2015)「フリーランス 實態調査」.

29) 中小企業廳「平成 26年度 中小企業等の事業活動に關する調査」.

능력의 향상이 열쇠가 된다.

5. 독일에서의 크라우드워크의 실태

독일에서는 크라우드소싱을 ① 인터넷을 매개로 하는 ② 불특정다수의 자(crowd: 크라우드)를 위한 ③ 태스크 처리의 공모·아웃소싱으로 정의되고 있다.[30] 기업외부형 크라우드소싱의 큰 특징은 플랫폼상에서 태스크의 수행을 의뢰하는 자(클라이언트)와 플랫폼상에서 태스크를 수행하는 자(크라우드워커) 간의 관계가 플랫폼 서비스의 제공자(플랫폼)라는 제3자를 매개하여 성립하고 있는 점에 있다. 즉 플랫폼·클라이언트·크라우드워커라는 3자 관계가 존재하고 있으며, 특히 이 3자 관계가 성립한 후에는 플랫폼의 역할이 크다고 할 수 있다.

1) 각 플랫폼의 유형과 그 특성

기업외부형 크라우드소싱은 다음의 5가지로 분류할 수 있다.[31] ① 마

---

30) Vgl. *Leimeister/Zogaj/Blohm*, "Crowdwork–digitale Wertschöpfung in de Wolke" in *Benner* (Hrsg.), Crowdwork–zurück in die Zukunft?, 2015, S.15. 이렇게 크라우드소싱은 기업에 의한 업무의 아웃소싱이라는 성격을 가진다. 따라서 소비자인 유저가 인터넷상의 플랫폼이나 애플리케이션을 중개로 하여 택시 드라이버나 청소부의 준비를 의뢰하는 케이스는 크라우드소싱과는 구별된다(Vgl. *Krause*, Digitalisierung Der Arbeitswelt–Herausforderungen und Regelungsbedarf-Gutachten B zum 71. Deutschen Juristentag, 2016, B.99).

31) 이하의 유형은 *Leimeister/Zogaj/Durward/Blohm*, SYSTEMATISERUNG UND ANALYSE VON CROWDSOURCING–ANBIETERN UND CROWD–WORK–PROJEKTEN, 2016, S.41ff.를 참조한 것이다. 그러나 그 외에도 유형화의 접근은 다수 존재한다(Vgl. *Leimeister/Zogaj/Durward/Blohm* SYSTEMATISERUNG UND ANALYSE VON CROWDSOURCING–ANBIETERN UND CROWD–WORK–PROJEKTEN, 2016, S.18ff).

표 5 각 플랫폼의 유형과 그 특성

작업공정		플랫폼의 유형				
		마이크로태스크형	마켓 플레이스형	디자인형	테스트형	이노베이션형
		[대표적 플랫폼]	[대표적 플랫폼]	[대표적 플랫폼]	[대표적 플랫폼]	[대표적 플랫폼]
		Clickworekr(등록자수: 70만 명 이상) My Little-job(등록자수: 8만 9천 명 이상)	twago(등록자수: 24만 명 이상) CrowdGuru(등록자수: 2만 5천 명 이상)	Designenlassen(등록자수: 3만 5천 명 이상) Brandsupply(등록자수: 1만 9천 명 이상)	Testbirds(등록자수: 8만 명 이상) Applause(등록자수: 17만 5천명 이상)	Jovoto(등록자수: 5만 5천 명 이상) Aitzo(등록자수: 불명)
태스크의 성격·정의	태스크 유형	보조적 태스크	보조적 태스크	디자인 제안	소프트웨어·제품 테스트	이노베이션 아이디어
	태스크 속성	부분적·난이도는 낮다	비교적 정리된 태스크·난이도는 높다 ※프로젝트 수행중에 클라이언트와 크라우드워커 간에 커뮤니케이션이 빈번하게 이루어진다.	비교적 정리된 태스크·난이도는 높다	비교적 정리된 태스크·난이도는 높다	정리된 태스크·난이도는 다양
보수	수급자	재빨리 성과물을 제출할 수 있는 자	재빨리 성과물을 제출할 수 있는 자	클라이언트에 의해 성과물이 채택된 자	재빨리 성과물을 제출할 수 있는 자	클라이언트에 의해 채택된 아이디어의 제출자·협력자
	보수액	태스크 1건당의 보수는 낮다(예: 태크를 붙이는 작업의 경우, 1건 몇 센트)	태스크의 성격·난이도에 따라 다양(마이크로 태스크형보다도 고보수) ※작업시간 수에 따라 보수가 지급되는 경우도 있다	일반적으로 태스크 1건당 100-500유로의 보수가 지급된다	태스크 1건을 완료하는 것마다 정액보수가 지급. 게다가 제품의 결함 등을 발견한 경우에는 발견건수 1건당 보수를 추가지급	보수액은 태스크마다 다르다. ※무보수 혹은 상품(웹사이트에서 이용할 수 있는 포인트 등)이 부여되는 경우도 있다.

이크로 태스크형: 태스크의 일부분의 번역이나 태그정리 등과 같은 세분화되고 또한 난이도가 높지 않은 태스크를 취급하는 타입, ② 마켓 플레이스형: 데이터 분석이나 제품의 프로그래밍 등 난이도가 높고 또한 비교적 정리된 프로젝트를 취급하는 타입, ③ 디자인형: 로고・웹사이트・명함 등의 디자인 작성을 취급하는 타입, ④ 테스트형: 제품이나 서비스의 품질・성능의 테스트 등을 취급하는 타입, ⑤ 이노베이션형: 비즈니스 아이디어나 제품개선 등에 관한 아이디어 제공을 촉구하는 타입이다. 게다가 각 유형은 그 태스크를 처리하는 워커의 선별방법이나 워커간 경쟁의 성격, 성과물의 취급 혹은 정보면에서도 각각 특징을 가진다.

2) 크라우드워커의 실태[32)]

아래 표에 따르면, 크라우드워커 전체에서 보면 프리랜서(자영업자)가 차지하는 비율이 높지만, 전체의 약 40%에 그친다. 대부분의 경우에는 프리랜서 이외의 자가 크라우드소싱에 종사하고 있는 자라고 할 수 있다.

다음으로 크라우드워커가 크라우드소싱을 통하여 어느 정도의 보수를 얻고 있는가를 살펴본다. 우선 워커 전체의 분포를 보면, 약 70%의 자에 대해서는 크라우드소싱으로 얻을 수 있는 월수입이 500유로를 밑돌지만, 한편 크라우드워커의 10%는 크라우드소싱으로 매월 1,500유로 이상의 보수를 얻고 있다. 이렇게 각 워커의 보수액에는 큰 차이가 존재한다고

---

32) 이하의 기술은 *Leimeister/Durward/Zogaj*, CROWD WORKER IN DEUTSCHLAND, 2016, S.31ff의 조사결과에 기초로 한 것이다. 또한 이 조사는 독일국적을 가지던지 혹은 독일에 거주하는 크라우드워커의 일부를 대상으로 한 것으로, 또한 상기의 다섯 가지의 유형 중, 이노베이션형 크라우드소싱에 대해서는 조사대상에서 제외하고 있다.

표 6 크라우드워커의 구성 비율

취업자 그룹	비율(%)
프리랜서	38
학생	23
풀타임 근로자	20
파트타임 근로자	8
구직자	6
주부(主夫 · 主婦)	2
연금 수급자	2
직업훈련 수강자	1

할 수 있다.

크라우드워커가 안고 있는 문제의 일부를 살펴보면, 첫째는 크라우드워커의 활동에 대한 감시나 컨트롤에 대한 불만을 들 수 있다. 일부의 크라우드워커는 작업보고서의 제출이 요구되거나 혹은 자신의 PC화면을 원격적으로 감시받고 있으며, 이러한 컨트롤에 대한 불만이 존재한다.[33] 또 플랫폼상의 평가시스템하에서 크라우드워커의 업적이나 능력이 등급화되어 있다. 이러한 등급화는 클라이언트가 일방적으로 하는 것이지만, 이로 인하여 크라우드워커의 향후의 수주상황이 크게 좌우되게 된다. 이

33) *Leimeister/Durward/Zogaj*, a.a.O., S.69f. 그러나 크라우드워커 중에는 이러한 감시 · 컨트롤이 이루어지는 것을 긍정적으로 평가하는 자도 있다. 특히 일부의 크라우드소싱에는 워커의 활동시간 수에 따라 보수를 지급하는 시스템이 채택되어 있고, 이 시스템하에서 활동하는 워커는 실제의 활동시간에 대응한 보수를 얻기 위해서는 감시 시스템을 필요한 것으로 인식하고 있다.

러한 평가제도에 대한 문제도 지적되고 있다.[34] 게다가 많은 크라우드워커는 다른 워커와의 사이에서 빠른 태스크 완성 혹은 성과물의 높은 품질을 경쟁하게 되고, 이 점에 관한 불만도 존재한다. 특히 반드시 각 워커가 희망하는 태스크나 보수를 안정적으로 얻을 수 있는 것은 아닌 점이나, 클라이언트에 대하여 성과물을 제공했음에도 불구하고 그 대가가 지급되지 못하는 것에 대한 불만이 크다고 할 수 있다.[35]

3) 실태분석의 소결

크라우드소싱이나 크라우드워커의 실태는 다양하다. 크라우드워커로 활동하는 자의 절반 이상이 학생이나 풀타임 근로자, 파트타임 근로자라는 점이나, 각 워커가 크라우드소싱으로 얻는 보수액, 혹은 크라우드소싱으로 쓰는 시간 수를 고려해도 대다수의 워커의 입장에서는 크라우드소싱은 본업 혹은 주요한 수입원으로 규정되고 있지 않는 것으로 추측된다. 한편 크라우드소싱을 본업 혹은 주요한 수입원으로 규정하는 자가 적지 않게 존재하는 것도 추측되는 부분이지만, 이러한 워커의 보수는 항상 경쟁의 성과에 좌우되고 불안정한 것이 된다. 더 나아가서는 이러한 보수의 불안정성이 크라우드워커의 생계의 안정성도 위협하게 된다.

이렇게 크라우드워커의 입장에서는 크라우드소싱이라는 취업형태가 불안정성을 동반하는 것으로 비치는 한편, 클라이언트인 기업의 입장에서는 크라우드소싱은 장점을 가져오는 것이라고 할 수 있을 것이다. 특히

34) *Leimeister/Zogaj/Durward/Blohm*, a.a.O., S.78.

35) Vgl. *Leimeister/Zogaj/Durward/Blohm* a.a.O., S.75.

기업은 자사 외의 풍부한 노동력 및 근로자의 전문능력을 필요한 때에 필요한 만큼 이용할 수 있게 된다. 또한 그러한 노동력의 이용형태는 국경이나 기업조직이라는 물리적인 제약에 얽매이지 않고 전개된다. 게다가 인터넷을 매개함으로써 노무제공의 품질을 일정 정도 관리하는 것이 가능하게 된다.

향후 독일에서는 한층 더 크라우드소싱을 활용하는 기업이 증가하고 또한 이와 동시에 새로운 취업형태로서 크라우드소싱이 고용노동에 대체되어 가는 것도 예상할 수 있을 것이다.

| 제3장 | 플랫폼 이코노미 내 당사자 간의 법률관계

I. O2O와 크라우드소싱의 법률관계

1. 일반적 형태

플랫폼의 구조는 일반적으로 공급자(Suppliers), 플랫폼(Platforms), 수요자(Demanders)를 구성하고 있다. 공급자는 형태에 따라 판매자(Sellers), 제공자(Supplier), 주인(Hosts), 크라우드워커(Crowdworkers)라고 칭하기도 한다. 플랫폼은 상품 또는 서비스 등 경쟁이 벌어지는 시장(Marketplace)을 제공하는 공간으로 온라인시장을 설계·제공하며 공급자와 수요자는 인터넷에 기반한 디지털 통신 장치(모바일, 지리적 위치가 가능한 스마트폰, 태블릿)를 이용하여 플랫폼에 접속한다. 앱(Mobile Software

그림 1 플랫폼 이코노미의 일반적 형태

O2O 또는 온 디멘드	크라우드소싱

Application: apps)은 플랫폼에 접근 또는 사용과정을 단순화 시켜주는 대표적인 예이다. 한편, 수요자는 형태에 따라 구매자(Buyers), 소비자(Consumers), 탑승자(Riders), 임차인(Renters), 크라우드 제공자(Crowedsourcer)라고 칭하기도 한다.

2. 크라우드소싱

1) 크라우드소싱이란 무엇인가?

노동에 관한 공유 경제는 여러 가지가 있지만, 대표적인 두 가지 형태로 크라우드소싱 및 주문형(On Demand) 노동이 있다. 크라우드소싱은 플랫폼을 통해 떨어져있는 장소에 있는 크라우드워커(작업자)에게 일을 의뢰하는 구조이며, 주문형 노동은 플랫폼을 통해 일정한 장소에 크라우드워커(작업자)더러 와달라고 하는 구조이다. 주문형 노동은 플랫폼 경제를 기반으로 노무를 제공하는 플랫폼 취업자는 특정 플랫폼에 사실상 전속되어 소비자의 주문을 받아 오프라인에서 서비스를 제공하는 것이다. 따라서 크라우드소싱과 주문형 노동은 장소에 대한 차이로 인해 인재활용의 장점과 과제에도 차이가 생긴다.

한 실태조사[1)]에 따르면 우리나라의 O2O 방식(배민라이더스, 띵동, 카카오드라이브 등)은 주문형 노동에 해당하고, 크라우드방식(위시캣)이나 재능마켓 형식의 온라인 아웃소싱(크몽)은 크라우드소싱에 해당하는 것

---

1) 박지순 외, 새로운 노무제공 방식 관련 실태 및 제도적 대응방안, 고용노동부 정책연구보고서, 2017 참고.

으로 보인다.

'크라우드소싱(crowdsourcing)'은 인터넷을 매개로 불특정 다수의 군중(crowd)에게 접근하고 필요한 노동력을 조달하는 아웃소싱(outsourcing)의 한 방법으로 단어 자체는 양자를 결합한 조어이다. 크라우드소싱에서 외부위탁(outsource)하는 업무는 '크라우드워크(crowdwork)'라고 불리고, 크라우드워크를 발주하는 자(기업 또는 개인)는 '크라우드소서(crowd-sourcer)', 이를 수주하는 자(취업자 내지 작업자)는 '크라우드워커(crowd-worker)'라고 한다.

기업은 지금까지 어떤 업무가 해당 기업에서 중요하지 않거나 해당 기업에서 이를 수행할 수 있는 인재가 없는 경우에는 이를 외부위탁함으로써 비용삭감이나 인재의 조달을 해왔다. 크라우드소싱도 이러한 아웃소싱의 방법의 하나이지만, 그것이 종래의 것과 결정적으로 다른 점은 최근 비약적인 발전을 이루고 있는 정보통신기술(Information and Communication Technology: ICT)을 활용하는 새로운 타입의 아웃소싱이라는 것이다.

크라우드소싱에 의해 외부위탁되는 크라우드워크는 전자적 방법으로 재화나 서비스의 교환을 행하고자 하는 사람들을 연결하는 '플랫폼(platform)'을 제공하는 '플랫폼 사업자(platformer)'의 중개로 수행된다. 그 때 플랫폼 사업자는 업무를 발주하여 노동력을 이용하고자 하는 고객(크라우드소서)과 업무를 수주하여 노동력을 제공하는 작업자(크라우드워커)가 거래를 행하는 '장'을 플랫폼으로 제공한다. 이 '장'은 노동력의 '마켓 플레이스(market place)' 즉 '시장'이다.[2] 다만 이 '시장'은 온라인

그림 2 크라우드소싱의 구조

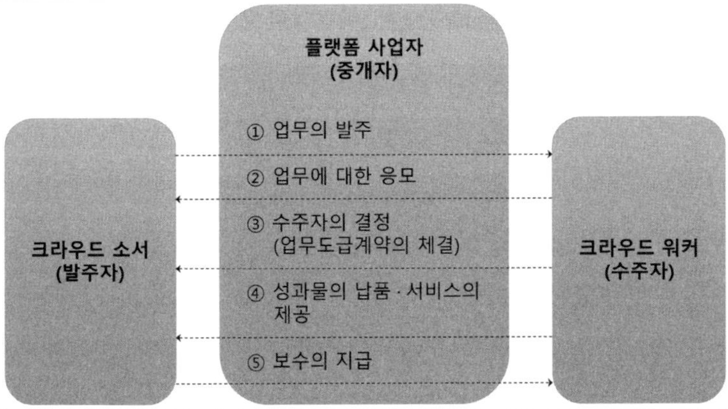

의 인터넷 공간이기 때문에 거기에서의 노동력 거래는 지역이나 국경을 초월한 격지자 간 거래가 된다.

실제의 크라우드소싱에는 다양한 형태가 있지만, 그 전형적인 구조[3]는 〈그림 2〉와 같다.

① 우선 클라이언트인 발주자(크라우드소서)가 플랫폼상에서 서비스의 제공을 포함하는 업무를 발주하면, ② 플랫폼에 등록한 수주자(크라우드워커)가 그 업무에 응모하고, ③ 발주자가 수주자를 결정하면 당사자간에 계약을 체결하고, ④ 수주자가 성과물을 납품 혹은 서비스 제공을 하

2) 일본의 플랫폼사업자인 랜서스의 "이용규약" 제7조 제1항은, 플랫폼의 역할에 대하여 '본 사이트는 일을 하고 싶은 회원과 일을 의뢰하고자 하는 회원을 위하여, 거래의 기회와 거래에 관한 각종 정보와 기능을 제공하는 사업자간의 직접 거래의 마켓 플레이스입니다'라고 규정하고 있다.

3) 〈그림 2〉는 클라이언트와 크라우드워커가 대면하는 이른바 '우버형' 플랫폼 사업자에 의한 크라우드소싱을 포함하는 것이다.

면, ⑤ 발주자가 플랫폼 사업자를 통하여 수주자에게 보수를 지급하고, 그 보수의 결제과정에서 플랫폼 사업자는 수수료를 징수한다. 크라우드소싱의 특징은 이상의 ①에서 ⑤의 프로세스가 기본적으로 온라인의 플랫폼상에서 이루어지는 것이다.

이처럼 크라우드워크는 정보를 집약하여 불특정다수의 크라우드에게 플랫폼을 제공하는 중개업자(플랫폼 사업자)를 매개시킨 노동력의 거래인데, 이 크라우드소싱을 둘러싸고 있는 의문으로 첫째 크라우드워커는 개인사업주인가 근로자인가, 둘째 크라우드소서(발주자)와 플랫폼 사업자와 크라우드워커(수주자)의 3자 관계를 법적으로 어떻게 보는가 등 다양한 문제가 제기되고 있다.

2) 플랫폼과 노동력거래의 메커니즘

(1) 노동력의 '얼굴이 보이지 않는' 격지자 간 거래

공유 경제에서 플랫폼은 노동력을 이용하는 자(고객 또는 크라우드소서)와 노동력을 제공하는 자(작업자 또는 크라우드워커)가 거래하는 '시장'을 제공하는 중요한 역할을 담당하고 있는데, 이 경우의 시장은 인터넷을 공간으로 하는 점에서 지역을 초월한 노동력의 원격지 거래시장이다.

전형적인 크라우드소싱은 발주자(크라우드소서) · 플랫폼 사업자 · 수주자(크라우드워커)의 3자 관계인데, 그 때 플랫폼 사업자는 발주자는 발주자 · 수주자 간의 노동력 거래를 중개하는 '시장'을 제공한다. 다만, 그 경우의 '시장'은 인터넷 공간에 있기 때문에 거래에서 당사자(발주자와 수주자)가 직접 접촉하는 일은 없다. 크라우드워크를 둘러싼 노동력 거래는 이른바 '얼굴이 보이지 않는' 격지자 간 거래인 것이다.

그러면 왜, 이러한 격지자 간의 '얼굴이 보이지 않는' 노동력 거래가 플랫폼 사업자를 매개시킴으로써 가능하게 되는가? 여기에는 다음의 두 가지 이유가 있다.

첫 번째 이유는 플랫폼이 노동력 평가기능을 가지고 있다는 점이다. 원격지에 있는 노동력을 이용하고자 하는 발주자는 노동력을 제공하는 작업자에게 직접 접촉하여 그들의 능력이나 적성을 확인할 수 없기 때문에, 그 노동력 평가에 불안을 갖는 것이 통상적이다. 그런데 플랫폼은 작업자(크라우드워커)의 과거의 실적을 평가하는 메커니즘을 가지고 있기 때문에, 거래의 당사자는 이에 의하여 상호 지리적 · 인적으로 벗어나 있어 얼굴이 보이지 않아도, 그 평가를 참조함으로써 안심하고 노동력 거래를 할 수 있게 된다.

두 번째 이유는 플랫폼의 보수지급에 관한 결제기능이다. 격지간의 노동력 거래의 경우, 통상적으로 보수지급이 확실하게 이루어지는지의 여부의 불안이 따라다니지만 플랫폼을 매개시킴으로써 보수지급의 확실성이 보증되고 그 결과 상호 얼굴이 보이지 않아도 원격지의 작업자는 인심하고 업무를 받을 수 있게 된다.

이렇게 크라우드소싱에서는 플랫폼의 노동력평가기능과 보수관리 · 결제기능으로 '얼굴이 보이지 않는' 격지 간 거래에 항상 따라다니는 크라우드워크의 불확실성이나 불안정성을 해소하는 구조가 그 시스템 속에 포함되어 있다.

(2) 계약관계에서 본 크라우드워크

크라우드소싱은 크라우드소서・플랫폼 사업자・크라우드워커의 3자 관계인데, 이 3자 계약관계를 크라우드워크라는 관점에서 정리하면, ① 크라우드워커와 플랫폼 사업자 간의 계약관계와, ② 크라우드워커와 크라우드소서 간의 계약관계로 분해할 수 있다.

이 두 가지의 계약관계가 어떻게 규정되는가를 일본의 플랫폼 사업자의 이용규약[4]에서 살펴보면, 전자(①)에 대해서는 '마켓 플레이스 이용' 계약 혹은 '업무위탁에 관한 정보제공서비스' 계약으로 되고, 후자(②)에 관해서는 플랫폼 사업자는 원칙적으로 노동력 거래의 직접적인 당사자는 되지 않는 것, 크라우드소서는 크라우드워커에 지휘명령 및 감독권한을 행사할 수 없는 것이 이용규약에 명기되어 있다. 그 결과 크라우드워커는 이용규약상으로는 독립 자영업자로 규정되게 되고, 크라우드워커에게는 노동법 및 그 관련법규의 적용은 없는 것이 전제되어 있다.

3. 주문형(온 디멘드) 노동

주문형 노동은 위치 정보를 이용하여 일과 일하는 사람(작업자)을 연결하는 서비스이다. 배차서비스 Uber, 쇼핑대행 Instacart, 가사대행 Task-Rabbit, 식사배달의 Munchery, 화물배송 Shyp 등이 그 예이다.

주문형 노동 서비스의 구조는 우버를 예로 들어 살펴볼 수 있다. 우버 이용자는 휴대전화 앱(응용 프로그램)에서 목적지를 입력하고 근처에 있

---

4) 일본의 플랫폼사업자인 ランサーズ의 "利用規約".

그림 3 주문형(온 디멘드) 형태

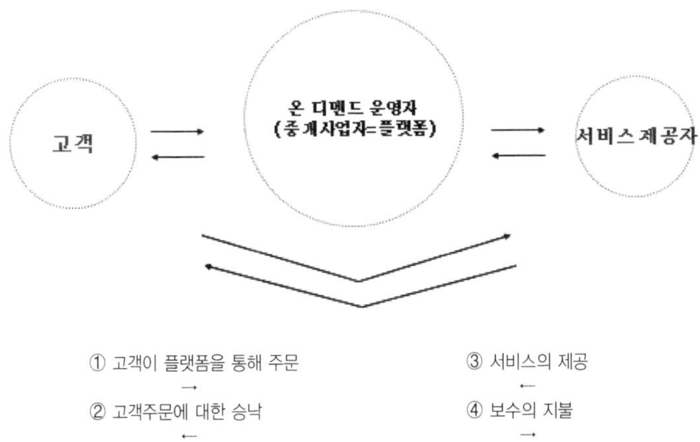

※ 서비스의 주문과 제공은 온 디멘드 사이트상에서 행해진다.

는 하이어를 호출한다. 일하는 사람(작업자)은 비어있는 시간에 자가용을 이용하여 운전자로 일할 수 있다. 서비스이용 후 이용자와 운전자는 서로 상대방을 평가하며 그 등급은 다음의 서비스 사용 시에 참고가 되기 때문에 높은 평가를 받은 운전사는 다음 일을 얻기 쉽고 평가가 낮은 이용자는 다음의 이용을 받는 데 어려워질 수 있다.

승차요금은 신용카드로 결제되어 이용자와 운전자의 언어가 다른 경우에도 응용 프로그램에 대한 입력 정보와 네비게이션 기능에 의해 원활하게 목적지에 도착할 수 있다. 이처럼 우버는 다양한 ICT를 결합한 오늘의 서비스이지만, 운전자가 그 자리에 가서 차를 몰아야 한다는 점에서 사람밖에 할 수 없는 서비스라 할 수 있다.

같은 공유 경제에도 크라우드소싱은 ICT에 의해 떨어진 장소에서 일을 도급하는 서비스인데 반해, 온 디멘드 노동은 위치정보를 이용하여 일하는 사람(작업자)이 필요한 곳에 사람을 파견하는 구조이다. 주문형 노동의 플랫폼은 지금도 사람이 없으면 할 수 없는 일을 ICT에 의해 효율적으로 매칭하는 역할을 담당하고 있다. 주문형 노동은 일반적으로 일의 내용이나 장소, 요금은 플랫폼이 결정하고, 회수로서 임금을 지불하는 것도 플랫폼이다. 따라서 주문형 노동은 크라우드소싱에서 보여지는 부당하게 값싼 일이나, 요금미납 등의 문제가 일어나기 어렵다. 확실하게 요금을 회수할 수 있다는 점을 높이 평가하여 일하는 사람(작업자)도 적지 않음을 알 수 있다.

II. 3자 간 법률관계

플랫폼의 구조는 공급자, 플랫폼, 수요자 즉, 3자를 구성하고 있다. 이로 인해 발생하는 3자간의 법률관계를 파악하고자 한다. 첫째, 공급자와 수요자 사이의 법률관계이다.[5] 이 경우, 법률관계는 2가지로 나눌 수 있다. 첫째, 공급자와 수요자 사이 직접 계약관계가 존재하지 않는 경우, 플랫폼과 공급자 사이 계약관계가 존재할 수 있다. 이 경우, 플랫폼은 공급자와 시간 및 노무와 관련된 행위 등 조건들을 결정할 수 있다. 이로 인해,

---

5) Eremias Prassl & Martin Risak, *Uber, Taskrabbit, and Co.: Platforms as Employers? Rethinking the Legal Analysis of Crowdwork*, 37 Comp. Lab. L. & Pol'y J 619, 629, 2016.

공급자의 결과물이 플랫폼으로 인도되고 플랫폼은 이에 대한 품질검사와 공급자에게 직접 대가를 지급한다. 둘째, 공급자와 수요자 사이 직접 계약관계가 존재하는 경우, 플랫폼은 중개인 또는 대리인으로서, 노무가 플랫폼을 통하여 제공되고 인도되어 대가가 지불된다. 플랫폼에 의해 표준계약서와 규정 및 조건이 결정된다. 공급자와 수요자 사이의 법률관계 특징은 다음과 같다;

① 계약관계가 매우 제한된 시간(예: 탑승 또는 소일거리)에 이루어지고 계약 당사자가 자주 변경된다. ② 수행된 노무에 대해 수요자의 영향이 제한적이다. ③ 계약관계 자체에는 경제적 의존성이 없다. ④ 각각의 계약은 공급자에게 고용법상 보호 및 제공하는 것을 거절 또는 꺼려하는 경향이 있다.

둘째, 플랫폼과 공급자 사이의 법률관계이다.[6] 일반적으로 플랫폼과 공급자 사이 계약관계가 존재한다. 공급자는 플랫폼에 등록 및 정확한 정보를 제공할 의무가 존재하며, 공급자가 플랫폼에 등록된 일 또는 업무에 동의하는 경우, 플랫폼의 규정 또는 조건들이 적용된다. 공급자는 수요자의 피드백을 제공하도록 플랫폼에 의해 요청받을 수 있으며, 노무가 플랫폼을 위하여 제공되는 경우, 법적 관계는 근로관계가 될 수 있다. 따라서 플랫폼은 공급자에게 고용법상 책임이 존재할 수 있다.

셋째, 플랫폼과 수요자 사이의 법률관계이다.[7] 플랫폼과 수요자 사이

---

6) Eremias Prassl & Martin Risak, *Uber, Taskrabbit, and Co.: Platforms as Employers? Rethinking the Legal Analysis of Crowdwork*, 37 Comp. Lab. L. & Pol'y J 619, 630–32, 2016.

계약관계가 존재한다. 공급자와 수요자 사이 직접 계약관계가 존재하는 경우, 플랫폼은 최소한 중개인으로서 역할을 할 것이다. 플랫폼은 대중의 사전선택, 업무분담, 지불방법, 계약 또는 품질관리 규정을 수행하며 공급자를 사용하는 서비스 규정에 대해 책임이 있다.

7) Eremias Prassl & Martin Risak, *Uber, Taskrabbit, and Co.,: Platforms as Employers? Rethinking the Legal Analysis of Crowdwork*, 37 Comp. Lab. L. & Pol'y J 619, 633, 2016.

| 제4장 | 플랫폼 이코노미 내 당사자의 노동법의 적용에 관한 외국의 논의

I. 현황

미국에서는 위와 같은 플랫폼경제의 실태를 배경으로 노동법상 분쟁이 발생하고 있는데 분쟁의 대표적인 유형은 다음과 같다.

미국 노동법은 일부 예외적인 경우를 제외하면[1] 원칙적으로 취업자가 '피용자(employee)'인 경우에는 보호를 해주고, '독립계약자(independent contractor)'인 경우에는 보호해 주지 않는 all-or-nothing의 이원적인 구조로 되어 있다.[2] 많은 플랫폼에서 계약상 플랫폼 취업자는 피용자가 아닌 독립계약자에 해당하고,[3] 피용자가 받을 수 있는 노동법상 보호는 받을 수 없게 된다. 플랫폼 취업자는 자신을 독립계약자로 분류하는 것은 오분류이고, 연방법 또는 주법상의 피용자에 해당함을 주장하며 플랫폼을 상대로 지위확인 내지 손해배상 청구의 class action이 빈발하고 있다.[4]

---

1) 인종을 이유로 한 의도적 차별에 대해서는 독립계약자에게도 차별금지의 보호를 받는다(인종 이외의 이유에 기한 차별, 또는 간접차별에 대해서는 보호하지 않는다). See, 42 U.S. Code §1981(2016).

2) 피용자에 해당하는지 여부는 법률의 목적에 따라 ① common-law 상의 통제권 테스트(right to control test), ② 경제적 현실성 테스트(economic reality test) 등 여러 가지 기준에 의해 판단된다.

3) 단, 식료배달분야의 Instacart나 Munchery 등 일부의 플랫폼에서는 계약에 의한 취업자를 피용자라고 정하고 있다.

크라우드워커가 피용자(근로자)로서의 권리를 주장하며, 우버를 상대로 70건 이상의 소송이 일어나고 있다(2016년 8월 시점).[5] 이러한 소송에서는 연방법의 공정노동기준법(최저임금 및 할증임금조항), 각 주의 최저임금법이나 각종 사회보장제도의 근거법 또는 업무비용의 공제를 금지하는 캘리포니아 주법[6] 등 개별법 분야의 법률을 근거로 들고 있다.[7]

크라우드소싱이라는 현상을 둘러싸고 노동법은 어떻게 대응해야 하는가, 즉 우선 원래 기존의 노동법 규제가 어디까지 크라우드소싱이라는 현상을 커버할 수 있을지가 문제가 된다. 특히 크라우드워커가 노동법의 적용대상자일 수 있는지 그리고 클라이언트 또는 플랫폼이 사용자로서 노동법상의 규제에 따르게 되는지가 중요한 논점이 된다. 독일의 경우 근로자(Arbeitnehmer)뿐만 아니라 기타 취업자인 유사근로자[8]나 가내근로자

---

4) 2016년까지 취업자의 피용자성 판단을 망라한 것으로 Miriam A Cherry, Beyound Misclassification: The Digital Transformation of Work, 37 COMP. LAB. L. & POLY. J. 577, 584-594(2016).

5) CNN(2016) "Uber's never–ending stream of lawsuts", M.Kendal(2016) "Uber batting more than 70 lawsuits in federal courts" The Mercury News.

6) Cal. Lab. Code §2802(a) (Deering 2017). 캘리포이나 주법을 이용하고 있기 때문에 소송의 대부분은 캘리포니아 주에서 제기된다. 그 이유는 캘리포니아 주의 노동법제가 비교적 취업자에게 유리하고, 실리콘밸리가 위치하고 있는 캘리포니아에서 플랫폼을 많이 설립하고 있기 때문이다.

7) 집단법 분야에서는 사용자에 의한 의도적인 오분류를 NLRA 8조(a) (1)의 부당노동행위에 적용하고자 하는 동향이 있어 주목하고 있다. See. Advice Memorandum, From Barry J. Kearney, Assoc, Gen. Counsel, to olivia, Reg'l Dir., Region 21, NLRB (21–CA–150875. Dec. 18, 2015).

8) 유사근로자에게 적용되는 법률로서는 근로계약법, 노동법원법, 연방휴가법, 돌봄시간법, 일반평등대우법 등을 들 수 있다.

(Heimarbeiter)[9]에게도 노동법 일부의 규정이 적용되므로, 각 카테고리에 크라우드워커가 해당하는지의 여부를 검토할 필요가 있다. 독일에서는 크라우드워커의 법적 지위를 둘러싼 소송은 아직 보이지 않지만, 학설상으로는 많은 논의가 전개되고 있다. 그리고 미국에서는 크라우드소싱은 아직은 심각한 노동문제로 떠오른 것 같지는 않으며, 위에서 본 바와 같이 현재 미국에서는 주문형 노동에 종사하는 사람의 「근로자성」이 주로 문제가 되고 있다. 이러한 이유는 미국의 크라우드소싱의 발주처는 인도와 필리핀 등 영어가 가능한 외국에 있는 경우가 많아 미국의 법률로 규제 할 수 없기 때문이다.

II. 크라우드워커의 법적 지위에 관한 독일의 논의

다음에서는 크라우드워커의 법적 지위에 관해 독일의 논의를 중심으로 검토하기로 한다.

9) 가내근로자에 대해서는 가내노동법 외에 임금계속지급법이나 유사근로자에게 적용되는 각 법이 적용되게 된다. 또한 일정한 요건을 충족시킨 가내근로자에게는 사업소조직법도 적용된다.

1. 크라우드워커의 근로자성 내지 유사근로자성과 노동법의 적용 가능성

크라우드소싱에 대한 노동법의 적용 가능성을 검토함에 있어서 먼저 주의해야 하는 것은 크라우드소싱이 3자 관계를 특징으로 한다는 것이다. 여기에서는 크라우드워커가 클라이언트(발주자) 또는 플랫폼의 어디에 노무제공을 하고 있는지가 문제가 된다. 그러나 많은 크라우드소싱에서는 크라우드워커와 플랫폼 간에는 노무제공의 관계는 없다고 간주된다. 플랫폼 자신은 어디까지 클라이언트(발주자)와 크라우드워커가 계약을 체결하기 위한 거래의 장소(마켓 플레이스)를 제공하는 것에 불과한 것으로 생각되기 때문이다.[10] 클라이언트(발주자)-크라우드워커 간의 계약성립에 대하여 플랫폼이 강한 정도로 관여하는 경우, 클라이언트와의 관계에서 플랫폼을 클라이언트의 대리인 혹은 중립인(Makler)으로 평가할 여지가 있을지도 모르지만, 어느 경우든 플랫폼 자신이 크라우드워커의 노무급여를 수령하는 입장에 있는 것은 아니다.[11]

다만 일부의 크라우드소싱에서는 플랫폼 자신이 수주자가 되어 클라이언트로부터의 발주를 받고, 크라우드워커에게 해당 태스크의 재위탁을 하는 케이스도 존재한다. 경우 크라우드워커와 플랫폼 간에 노무제공관계가 존재하는 것이라고 할 수 있다. 반대로 크라우드워커와 클라이언트 간에는 직접 계약관계는 존재하지 않는다.[12]

---

10) Vgl. *Waas*, "Introduction" in *Wass/Liebman/Lyubarsky/Kezuka*, Crowdwork-A Comparative Law Perspective, 2017, S.145-146.

11) Vgl. *Waas*, a.a.O., S.144-145.

게다가 이러한 3자관계라는 구조 외에 크라우드소싱은 크라우드워커의 근로자성, 근로자유사성, 게다가 가내근로자성을 부정하는 특징을 갖춘 모델로 이해된다. 독일에서의 근로자 개념의 지표가 되는 것은 인적종속성 혹은 지휘명령이라고 간주되는 것에 해당해야 하는 바(민법전 611a조 1항 참조), 크라우드워커는 대부분의 경우에는 자신의 활동시간이나 장소를 자유롭게 결정할 수 있고 또한 활동내용에 관하여 지휘명령을 받는 경우는 없다. 그렇기 때문에 크라우드워커의 근로자성을 긍정하는 것은 어려운 것으로 이해된다.[13)]

또한 유사근로자에 대하여 말하면, 어떤 1인의 위탁자에 대한 경제적 종속성(1인의 사람을 위해서 전속적으로 근로하는 것과 1인의 사람으로부터 지급받는 보수에 의존하고 있는 것)이 지표로 간주되는 부분, 이 지표도 크라우드소싱의 특징에서 고려하면 긍정하는 것은 곤란하다고 한다. 크라우드소싱에서는 태스크 프로젝트마다 클라이언트가 빈번하게 바뀌기 때문에, 1인의 클라이언트에 대한 경제적 종속성은 인정되지 않는다는 것이다.[14)] 게다가 플랫폼과의 관계를 보아도 플랫폼은 어디까지나 마

---

12) *Waas*, a.a.O., S.21.

13) Etwa *Däubler*, "Crowdworker — Schutz auch außerhalb des Arbeitsrechts?" in *Benner* (Hrsg.), Crowdwork-zurück in die Zukunft?, 2015, S.246; *Hanau*, a.a.O., S.2615; *Waas*, a.a.O., S.156.특히, 마이크로 태스크형 크라우드소싱과 같이, 태스크가 단순하기 때문에 워커에 대한 컨트롤이 불필요하게 되는 케이스에서는 지휘명령의 존재를 인정하는 것은 곤란하다고 한다. 그러나 크라우드워커의 작업중인 PC 화면이 감시되고 있는 경우에 대해서는 지휘명령의 존재를 인정할 수 있다고 하는 자도 있다(Vgl. *Däubler/Klebe*, NZA 2015, S.1035; *Krause*, a.a.O., B.104; *Hanau*, a.a.0, S.2615.).

14) *Deinert*, Soloselbstständige zwischen Arbeitsrecht und Wirtschaftsrecht, 2015, Rn.24, *Däubler/Klebe*, NZA 2015, S.1036; *Waas*, a.a.O., S.162.

켓 플레이스의 제공자로서의 기능을 담당하는 데 불과하고 노무를 수령하고 보수를 지급하는 입장은 아니기 때문에, 여기에서도 또한 플랫폼에 대한 경제적 종속성은 인정되지 않는다.[15]

2. 크라우드워커의 가내노동법의 적용 가능성

이와 더불어 크라우드워커가 가내근로자일 수 있는가하는 문제가 있다. 가내근로자라면 가내노동법이 적용되기 때문이다.

독일에서 가내노동법은 1911년 12월 20일 Hausarbeitsgesetz라는 이름으로 처음 제정되어 주로 건강 및 안전상의 보호의무를 규정한 바 있다. 1951년 3월 14일 가내근로자와 가내수공업자(Hausgewerbetreibende) 그리고 이들과 보호필요성의 측면에서 동일시될 수 있는 자(Gleichgestellte)의 보호를 위해 제정된 법률이다. 가내근로자는 유사근로자의 가장 오래된 그룹으로서 인적종속성(사용종속관계)의 결여로 근로자는 아니지만(자신의 노동을 자신의 결정에 따라 조직할 수 있다는 점), 경제적으로는 그의 위탁사업주에 종속되어 보호 필요성이 인정된다는 의미로 파악되고 있다. 20세기 초부터 이 집단에 속하는 취업자의 보호를 위한 다양한 정책이 마련되었다. 비록 근로자와 동일한 보호를 받지는 않지만 가내노동법의 제정으로 특히 보수, 건강 및 안전, 해지(해고) 등과 관련한 특별보호규정이 도입되었다. 가내근로자는 2008년을 정점으로 2009년과 2010년 경제위기로 감소하였고, 현재 약 470만 명의 가내근로자가 등록되어

---

15) *Däubler/Klebe*, a.a.O., S.1036; *Waas*, a.a.O., S.162.

있다.

가내근로자의 개념은 가내노동법 제2조 제1항에서 정의되어 있다. '자신이 선택한 작업장소(자택 또는 자신이 선택한 작업장)에서 위탁사업자 또는 중개업자의 요청을 받고, 단독 또는 가족과 함께 업으로 노동에 종사하는 자(제품 등의 조립이나 가공에 종사하는 자)로, 작업결과의 환가 및 수익화는 직접 또는 간접으로 위탁한 자에게 양도하는 자'로 되어 있다. 그와 동일시되는 자는 경제적 종속성의 관점에서 가내근로자와 마찬가지로 보호필요성이 있는 자를 말한다.

그렇다면 크라우드워커를 동일시되는 자로 포섭하여 가내노동법(HAG)의 적용을 받을 수 있게 할 수 있는가? 이 점에 대해서도 크라우드워커의 가내근로자성을 부정적으로 해석하는 입장이 많다. 분명한 것은 가내노동법의 이 정의규정에 더불어 판례법리에서는 '경제적 종속성'이 가내근로자의 지표라는 것이 제시되어 있다는 사실이다. 경제적 종속성의 정도는 보조인력의 수, 1인 사업주 또는 복수 사업주에 대한 의존성, 자기투자의 범위와 종류, 매출액, 판매시장에 대한 직접적 접근성 여부 등이다. 크라우드워커의 가내근로자성을 부정하는 견해는 이 가내근로자의 지표인 '경제적 종속성'의 의미를, 앞에서 언급한 유사근로자의 지표인 '경제적 종속성'과 동일한 의미에서 이해한 후, 가내근로자에는 경제적 종속성이 인정되지 않는다고 결론짓는다.[16] 특히 2016년 독일 법률가대회에서 크

---

16) *Däubler/Klebe*, a.a.O., S.1036. 아마도 같은 취지로 *Deinert*, a.a.O., Rn.24. 한편, 가내근로자의 지표인 '경제적 종속성'이라는 개념을, 유사근로자의 지표인 '경제적 종속성'과는 다른 독자적인 개념으로 해석하는 견해도 있다(*Waas*, a.a.O., S.166.).

라우드워커에 대한 가내노동법 적용이 제안되었으나 (비록 낮은 가격이지만) 자신의 노동력을 스스로 가치화할 수 있다는 점에서, 가내노동법에 맞지 않는다는 점에서 다수가 반대하였다.

III. 미국에서의 판례 및 입법의 최근동향

미국에서는 이러한 분쟁에 대해 어떤 대응을 하고 있는지 판례 및 입법의 동향을 살펴보면 다음과 같다. 먼저 ① 판례는 주 법원이나 행정기관은 피용자성을 긍정하는 사례와 부정한 사례가 모두 있다. 최근 연방법원은 대체로 피용자성을 부정하는 경향에 서있다. ② 입법 동향은 연방차원에서 대응하기 보다는 주나 지방자치단체가 중심이 되어 대응하고 있다. 특히 시애틀시는 독립계약자에 해당하더라도 일정한 보호를 해주도록 하는 조례를 제정하여 관심을 모으고 있다.

1. 최근 판례 진행 및 논의사항

1) 우버 운전기사의 근로자성을 부정한 판례[17)]

2012년 Rashid Alatraqchi는 월급 및 업무상 지출 비용을 우버에게 청구하였으나 캘리포니아 노동위원회는 우버 운전기사는 근로자가 아니라

---

17) Alatraqchi et al v. Uber Technologies, Inc., No. 3:13-cv-03156 (N.D. CA. Aug. 22, 2013), http://www.leagle.com/decision/In%20FDCO%2020130823840/ALATRAQCHI%20v.%20UBER%20TECHNOLOGIES,%20INC.

고 판단하였다. 우버는 운송서비스가 아닌 기술 분야에 속하며 해당 우버 운전기사는 우버에 의해 감독받지 않았다는 점을 근거로 우버 운전기사는 독립 계약자로 판단하였다. 이로 인해 조지아 등 5개 주의 노동위원회 역시 동일하게 결정하고 있는 상태이다.

2) 우버 운전기사의 근로자성을 인정한 판례[18]

(1) 사실관계[19]

원고인 Douglas O'Connor와 Thomas Colopy는 우버블랙 서비스 운전자로 블랙세단(예: Lincoln Towncars) 또는 다른 리무진을 이용하여 승객을 태웠다.[20] O'Connor는 최소 2개 이상의 회사(SF Bay와 Bay Network Limo)로부터 고급 자동차를 사용하였다. 이로 인해 SF Bay는 차량 제공 및 비용 지불 조건(가스비와 톨비) 하에, 우버 승객으로부터 버는 금액의 60%를 O'Connor로부터 받았다. 반면 Bay Network Limo는 주당 735달러를 받고 O'Connor에게 고급 차량을 제공하고(유지비와 보험 포함) 있었다. 또 다른 원고인 Matthew Manahan과 Elie Gurfinkel은 우버엑스 서비스 운전자로 Manahan은 LA의 자영업자인 시나리오 작가이며 우버엑스 뿐 아니라 Lyft와 Sidecar를 이용하고 있었다. Gurfinkel은 ADL Embedded Solutions라는 회사의 프로젝트 매니저(풀타임)로서 우버엑스를

---

18) O'Connor v. Uber Tech., Inc., 82 F. Supp. 3d 1133(N.D. Cal. 2015).

19) O'Connor v. Uber Tech., Inc., 82 F. Supp. 3d 1133, 1135-38(N.D. Cal. 2015).

20) O'Coonor의 우버 계정은 2014년에 종료되었고 그 외 다른 원고들은 여전히 우버 계정을 유지하고 있다.

이용하고 있었다. 그는 우버엑스를 시작한 후 2개월 뒤, ADL을 그만두고 풀타임으로 우버엑스를 이용하였다.

원고들은 우버와 파트너가 되기 전, 우선 우버의 신청절차를 완료해야 하며 운전자 면허정보뿐만 아니라 차량등록 및 보험에 대한 정보를 등록해야 한다. 또한 신청자들은 제3자에 의해 시행되는 신원조회를 통과해야 하고 도시 지식 테스트(The city knowledge test)를 통과하는 경우, 신청자들은 우버의 근로자와 인터뷰를 실시해야 한다. 인터뷰의 경우, 신청자들은 차량소지 및 전문 의복 준비 등 1시간 동안 체류하도록 요구받는다. 예비 운전기사가 성공적으로 신청서와 인터뷰를 마친 후, 그 운전기사는 우버 또는 우버의 자회사(Raiser LLC)와 계약서(Transportation Provider Service Agreement)에 서명해야 한다. 그 계약서는 우버와 운송제공자사이 관계는 독립계약 당사자임을 명확하게 규정하고 있다.[21] 관련 계약서에 따르면, 승객이 탑승을 종료한 경우, 운전기사들은 운임을 받는다고 규정하며 우버는 전체 운임을 탑승자로부터 받기 때문에, 탑승 시마다 자동적으로 운임으로부터 비용을 제한다고 규정하고 있다. 우버가 일반적으로 탑승자에게 부과된 전체 운임의 약 20%를 비용으로 산정하여 제하고 있다.

다음은 O'Connor의 주장이다. 원고들은 우버의 사업을 운송회사로 보고 있다. 우버는 운송회사가 아니라고 하지만 이미 온 디맨드 서비스라고 언급하고 있으며 '모든 사람의 사설 운전기사'라는 구호를 내세우고 있

---

21) 당사자들은 "이 계약은 근로동의 또는 근로관계가 아님을 명확하게 합의한다"는 근로계약서에 서명하였다.

다. 또한 우버는 샌프란시스코 내 가장 좋은 운송서비스를 제공한다고 설명하였다. 더욱이, 우버는 전통적인 방식으로 소프트웨어를 판매하지 않으며 운전기사를 검증하여 선발하고 실적을 감독하며 평가기준과 책정금액을 맞추지 못하는 경우, 우버 운전기사를 징계 또는 서비스를 종료시키고 있다. 원고들은 우버가 운송 서비스에 대해 상당한 지배관리와 감독을 시행하고 있어, 운전기사의 규정을 근거로 근로자라고 주장하였다. 원고들은 그들이 독립 계약자로서 오분류(Misclassification)가 되었기 때문에 캘리포니아 노동법에 의해 보호받을 수 있다고 주장하였다.

반면 우버는 운송회사가 아닌 기술회사로 비용을 청구하고 있고 승객을 태우는 사업과 연결된 선도적 세대의 플랫폼을 제공하는 소프트웨어 회사라고 설명하였다. 우버는 차량을 소유하고 있지 않으며 어떠한 운전기사도 고용하지 않고 있다고 주장하였다. 우버는 운송 제공자라 할 수 있는 독립 계약자와 파트너를 맺고 있다고 하였다. 우버는 운전기사들이 근로자가 아니라 독립 계약자이며 캘리포니아 노동법의 보호를 받지 못한다고 주장하였고 우버는 운전기사에 대해 최소한의 지배관리를 행사하고 있다고 주장하였다.[22)]

(2) 쟁점사항

우버의 운전기사들이 근로자인지 또는 독립 계약자인지가 이 사안의 가장 중요한 쟁점이라 할 수 있다.

---

22) 예를 들어, 운전기사들은 자신의 시간과 업무 스케줄을 정하고 자신의 차량을 소유하고 있어 직접적 감독이 거의 없다.

(3) 판결요지[23)]

연방지방법원은 우버의 운전기사들은 우버를 위해 유익한 서비스를 수행하고 있다는 이유로 우버의 주장을 부인했다. 우버는 기술회사가 아니라 명확하게 운송회사라고 판결하였다. 그 이유는 우버는 일반적인 판매업자와 동일하게 기술적 소프트웨어를 판매하지 않으며 '모든 사람의 사적인 운전기사'라는 플랫폼을 광고하고 마케팅을 하고 있어 사실상 운송회사이기 때문이다. 근본적으로 우버는 운전기사의 사용 없이 사업을 실행할 수 없기 때문에 우버의 운전기사들은 서비스를 제공하고 있다는 것이 명확하다고 법원은 판단하였다. 위와 같은 이유로 인해, 연방지방법원은 원고들과 우버 사이에 추정적인 사용자-근로자의 관계(A presumptive employer-employee relationship)가 성립한다고 판시하였다.

3) 우버 판결의 기본적인 특징

미국의 우버 소송에서 특징적인 것은 피용자인가 자영업자인가라는 이분법적인 기존의 판단이 사안의 해결에 있어 적합하지 않음을 지적하고 있다는 점이다. 미국의 Douglas O'Connor v Uber Thchnologies Inc. 사건의 Edward M. Chen 판사의 지적이 단적으로 보여주고 있다. 즉, 지금까지의 노동법의 적용 대상을 획정하는 기준을 우버의 비즈니스 모델에 적용하는 것은 매우 어려움이 있으므로 지금까지 분류기준으로 사용된 많은 요소는 아마도 시대에 뒤처진다는 점을 지적하고 있다.

---

23) O'Connor v. Uber Tech., Inc., 82 F. Supp. 3d 1137-45(N.D. Cal. 2015).

공유 이코노미 하에서는 고용 또는 자영 하나로 양분하는 법적 틀이 작동하지 않는다. 개인은 공유 이코노미를 이용하여 동시에 여러 기업의 플랫폼에서 일을 할 수 있다는 점에서는 자영적인 업무 방식이라고 할 수 있다. 한편, 플랫폼 기업은 수수료와 요금 상한을 설정할 수 있는 것 등을 통해 일하는 방식 등에 대해 지시・결정권한을 보유하고 있다. 이 점에서는 전통적인 고용의 개념에 적합하기 때문에 플랫폼 기업을 통해 서비스의 수요와 공급을 연결하는 기술이 급속히 발전한 것에 의해 「개인」과 「직업」이 융합된 일하는 방식이 가능해졌다는 것이다.

공유 이코노미를 둘러싼 논점으로는 다음과 같은 점을 지적할 수 있다. 제1의 논점은 공유 이코노미에서 일하는 자는 근로자 또는 자영업자인가하는 점이다. 공유 경제를 둘러싼 계약해제, 실업, 산재 등을 어떻게 생각하는가? 최저임금, 근로시간 등의 적용이 논점이 될 수 있다. 둘째, 연금, 건강보험 등의 사회보장법제와의 관계이다. 사회보장법제는 기본적으로 고용모델을 전제로 하고 있으며, 근로자임을 전제로 한 사회안전망을 어떻게 확보 하느냐가 문제가 된다. 셋째, 세제의 관계이다. 세금체계도 고용을 전제로 구축되어 있으며, 국가에게도 공유 이코노미에 대한 대응은 중요한 문제가 된다. 넷째, 공유 이코노미를 둘러싼 안전성의 확보이다. 교통을 둘러싼 산업은 엄격한 규제가 있지만, 라이드 셰어와 기존의 규제를 어떻게 조정할 것인지도 과제가 된다.

4) 크라우드소싱[24)]

(1) 사실관계

오리건 주민이며 전직 크라우드플라워 이용자인 Christopher Otey는 샌프란시스코를 기반으로 한 회사, Crowdflower Inc.가 공정근로기준법과 오리건 주 노동법(최저임금법)을 위반하였다고 하여 소를 제기하였다. 이 소송은 크라우드플라워 서비스 제공자 측면에서 공정근로기준법상 단체행동과 집단소송이 결합된 것이다. 크라우드플라워는 영업상 주소와 전화번호를 확인하고 큰 회사 고객들에게 목록을 마케팅하여 프로젝트를 담당하는 크라우드소싱 플랫폼으로 전 세계적으로 4백만 명 이상이 이용하고 있다. 크라우드플라워는 큰 회사의 프로젝트에 입찰하여 낙찰된 경우, 세분화된 작업으로 나누어 서비스 제공자가 수행하도록 하며 그들에게 작은 금액의 현금 또는 인센티브를 지불하고 있다. 크라우드플라워는 최저임금을 서비스 제공자에게 지불하지 않으며 몇몇의 경우, 현금 대신 온라인 게임 머니를 보상하는 경우도 있다. 크라우드플라워 이용자들은 온라인 계정에 서명한 후, 작업이 가능한지를 검토하여 선택하며 이에 대한 정해진 시간은 없다.

Otey의 주장은 다음과 같다. Otey는 크라우드플라워가 실질적으로 작업을 감독하고 지배관리하고 있기 때문에 근로자라고 주장하였다. 예를 들어, 크라우드플라워는 서비스 제공자들이 따라야 하는 절차와 지침들을 가지고 있고 작업 수행에 대한 품질관리를 수행한다. CEO인 Ukas

24) Otey v. CrowdFlower, Inc., No. 12-.cv-.05524-.JST(N.D. CA. May 8, 2013).

Biewald는 서비스 제공자들은 최저임금인 7.25달러보다 낮은 시간당 2달러에서 3달러를 받을 수 있다고 인터뷰하였다. Otey는 공정근로기준법과 오리건 주 임금법에 따라 현직 또는 전직 크라우드플라워 서비스 제공자 측 입장에서 손해배상을 청구하였다.

반면, 크라우드플라워는 서비스 제공자는 독립 계약자로서 공정근로기준법과 오리건 주법은 적용되지 않는다고 주장하였다. 서비스 제공자는 자신의 시간에 따라 일을 선택할 자유가 있기 때문이다. 또한 Otey는 다른 서비스 제공자를 위해 위와 같은 소송을 제기할 수 없다고 주장하였다. 그는 이미 시간당 최저임금과 동일하거나 보다 많은 비율로 지불받았기 때문이다.

(2) 쟁점사항

크라우드플라워의 서비스 제공자들이 최저임금을 받을 수 있는 근로자인지 또는 독립 계약자인지가 중요한 쟁점이다.

(3) 판결요지[25)]

Otey와 크라우드플라워의 합의에 의해 소송이 종결되었으나 논쟁은 여전히 남아있다. 법원은 당사자 간의 합의는 진정한 분쟁과 대립된 소송의 결과이며 장기간 조정의 특별한 결과로서 가치가 있으며 크라우드소스의 서비스 제공자를 보호하는 조치라고 판단하였다. 총 합의 금액은 585,507달러이며 총 금액(집단소송인)은 336,693달러이다.[26)]

---

25) Otey v. Crowdflower, 3:12-cv-05524-JST(N.D. Cal. 2013).

5) 플랫폼 이코노미 관련 판례 진행 사항

O'Conner v. Uber Technologies, Inc. 판결 이후, 2016년 4월 21일, 우버는 1억 달러에 해당하는 집단소송 합의금으로 원고들과 합의하였다.[27] 우버는 원고들에게 8,400만 달러와 추가금액: 1,600만 달러를 지급하기로 합의하였고 우버는 여러 가지 형태의 비금전적 구제를 이행할 것을 다음과 같이 합의하였다;

① 비활성화 정책: 안전문제, 차별, 사기 또는 불법행위로 운영 제한.

② 정보제공: 동료의 랭킹 순위.

③ 선의의 노력(A good-faith effort): 팁은 운임에 포함되지 않는다는 것을 탑승자에게 알리는 노력.

그럼에도 불구하고 2016년 8월 18일, 연방지방법원(캘리포니아주 북부지역)은 합의사항이 불공평하고 충분하지 않으며 합리적이지 않다는 이유로 우버의 합의를 기각했다.[28] 그 이유는 비금전적 구제절차가 실질적인 지배관리 즉, 우버는 운전기사에 대해 계속적으로 지배관리를 행사하고 있다는 사실을 완화하지 못하였기 때문이다. 결론적으로, 우버 운전기사의 근로자 또는 독립 계약자에 대한 분류는 불확실한 상태이며 여전히 해결되지 않은 채 남아 있다.

---

26) 총 합의금에서 소송 시 필요한 행정비용, 집단소송 대리 서비스 비용, 아마존 머케니컬 소환비용, 변호사 비용, 소송비용을 제외한 금액이다.

27) Travis Kalanick, Growing and Growing Up, UBER NEWSROOM(Apr. 21, 2016), https://newsroom.uber.com/growing-andgrowing-up/.

28) O'Connor v. Uber Technologies, Inc., No. 13-CV-03826-EMC(N.D. Cal. Aug. 18, 2016).

한편 Cotter v. Lyft, Inc. 판결 이후,[29] 2017년 3월 16일, 연방지방법원(캘리포니아 주 북부지역)은 Cotter와 리프트와의 집단소송에서 2,700만 달러로 합의에 최종 승인하였다.[30] 캘리포니아 주 내 리프트 운전기사들은 그들이 근로자로 분류되어야 하며 이로 인해, 가스비와 차량 유지비를 포함한 비용을 보상받을 권리가 있다고 주장하는 반면, 리프트는 운전기사들이 독립계약자로서 지위를 갖는다고 주장하였다. 위와 같은 합의로 인해 리프트 운전기사들은 여전히 독립 계약자의 지위를 가지고 있지만, 캘리포니아 주 법에 따라 리프트 운전기사의 지위는 여전히 불확실한 상태로 남아있다.

우버와 관련된 유사한 소송이 미국 내 많은 주에서 진행되고 있는 상황이다. 예를 들어 우버 운전기사의 근로자성과 노동조합 설립허용에 관한 쟁점을 위주로 캘리포니아 주를 시작으로 플로리다 주, 뉴욕 주, 워싱턴 주, 애리조나 주, 메릴랜드 주, 매사추세츠 주, 오하이오 주 등에서 진행되고 있는 상태이다. 2017년 2월 플로리다 항소법원은 2015년 Darrin Mcgills에 의해 제기된 소송사건에서, 우버의 운전기사들은 근로자가 아닌 독립 계약자이기 때문에 실업급여 수급 자격을 인정하지 않는다고 판시하였다. 2016년 5월 뉴욕 주는 우버와 국제 기계 및 우주항공 근로자 노동조합(The International Association of Machinists and Aerospace Workers Union)은 공동으로 뉴욕 시에서 운전하는 35,000명의 우버 운전

29) Cotter v. Lyft, Inc., 60 F. Supp. 3d 1067(N.D. Cal. 2015).

30) 2016년 6월 예비승인한 후, 2017년 3월 16일에 최종 승인한 상태였다.

기사의 노동조합인 독립운전자 조합(The Independent Drivers Guild)을 5년 협약을 조건으로 인정하였다.

다만 이 조합은 단체교섭을 할 수 없으며 전국노사관계위원회가 승인한 근로자 및 노동조합이 되지 않을 것을 합의하였다. 한편, 2015년 12월 워싱턴 주(시애틀시)는 우버 운전기사 노조설립을 허용하기 위한 시애틀 단체교섭조례(The Seattle Collective Bargaining Ordinance)를 통과하였고[31] 2017년 3월 워싱턴 주 법원은 시애틀 내의 우버 운전기사 노조 규칙(규약)을 승인한 상태였다. 반면 2017년 4월 17일 시애틀연방법원은 우버와 리프트가 시애틀의 노조 인정 조례를 수용할 수 없다며 제기한 가처분 신청을 받아들여 이 조례에 예비적 금지명령을 내린 상태이다.

6) 최근 연방법원의 판결의 태도

식품배달분야의 플랫포머인 GrubHub의 취업자에 대해서는 2018년 2월 8일 피용자성을 부정하는 판결을 내렸다.[32] 이 판결은 플랫폼 취업자의 피용자성에 관한 최초의 연방법원 판결이라는 점에 의의가 있다 할 것이다.

(1) 사실관계

피고 GrubHub(이하 G)는 레스토랑에서 고객의 집까지 요리를 배달하

---

31) Seattle City Council Collective Bargaining Ordinance(Ordinance No. 124968), http://seattle.legistar.com/LegislationDetail.aspx?ID=2451983&GUID=E69B3AB7-88E1-491A-A49F-B32BE688D16C.

32) Lawson v. Grubhub, Inc. 2018 U.S. Dist. Lexis 21171(N.D. Cal., Feb 8, 2018).

표 7 Grubhub의 계약내용

전속성	운전수에게 전속성 없고, 다른 PF에서의 겸업이나 업무 재위탁 가능
계약기간	60일간, 그 후에는 자동갱신
최저취로시간	정함 없음(단 주문수주 후 취소 불가)
서비스료	〈변경 전〉 배달 한건 당 4.25달러의 기본요금과 배달거리에 따른 추가요금(0.5달러/마일), 보너스(노동시간과 수주율에 따라), 최저보수 15달러(단, 75% 이상의 수주율), 그 도시별 요금교섭은 가능(교섭이 없는 한 그 규약이 계약의 조건이 됨). 〈변경 후〉 주문별로 요금이 제시되는 방식으로 개정되어 항목이 삭제.
업무비용	배달비용은 모두 운전수 부담
운전수의 의무	(ⅰ) G사의 어플리케이션 다운로드 (ⅱ) 어플리케이션에 주 한 번 이상 엑세스할 것(개정에 의해 삭제) (ⅲ) 주문대기 시, 레스토랑 도착 후, 식품운송 후, 운송 중 각각의 상태에 따라 어플리케이션 '상태'를 갱신할 것 (ⅳ) 주문거부를 하지 않을 것(개정에 의해 삭제) (ⅴ) 24개월 동안 한 번 이상의 사고를 금지 (ⅵ) 담당지역 레스토랑 주변에 주재할 것(개정에 의해 추가)
제재	배달할 물건을 배달하지 않는 경우, 배달 지시에 따르지 않는 경우, 의무위반의 경우, 과실의 정도에 따라 요금을 삭감
해약	상호에게 해약권이 있다. 계약위반이 있는 경우에는 서면에 의한 즉시해약 가능. 또한 정당한 이유가 없더라도 14일 전에 서면고지에 의한 해약가능.

는 것을 주 업무로 하는 회사이다. 2016년 6월까지 캘리포니아 주에서 약 4,000명의 운전수가 '독립사업자'로 G사와 '배달서비스 제공계약'을 체결하였다(표 6).[33] 플랫폼에 등록할 때는 사전에 교육훈련은 없고, 제3자에 의한 운전수의 경력체크가 이루어졌다(최종확인은 G사가 한다). 실제 취업은 ① G사가 작성한 조편성(shift)표에 따라 운전수가 사전에 조편성

33) 또한 동 계약은 2015년 12월에 개정되어 '서비스료' 항목은 삭제되었고, 운전수의 의무내용의 일부가 변경되었다.

단위에서 1주간의 취로시간을 등록해두고(등록희망자가 많은 시간대는 선착순), ② 등록된 시간대가 되어 운전수가 담당지역에 있는 것을 G사가 확인하면 기계적으로 운전수에게 주문이 전달되고(확인되지 않으면 자동으로 조편성표에서 제외된다), ③ 운전수가 주문에 응해 식료품을 배달하는 형태로 이루어진다. 배달경로에 대해서는 G사로부터 지시는 없고, 도달 기준시간도 없었다.

원고인 운전수는 2015년 8월 28일 G사와 '배달서비스 제공계약'을 체결하고, 동년 10월 25일부터 다음해인 2016년 2월 14일까지 다른 플랫폼의 취로를 병행하면서 G사의 모자나 티셔츠 등을 착용하고 캘리포니아주의 G사 플랫폼에 취로했다. 이 기간 동안 원고가 요금에 대해서 개별적으로 교섭한 적은 없고, 타인에게 재 위탁했던 사실도 없다.

원고는 배달의 의사가 없음에도 불구하고 주문을 수주한 후 취소하는 등의 행동을 여러 차례 반복했다. 2016년 2월 15일 원고는 G사로부터 어플의 '상태'를 주문대기 중으로 해놓고 전달된 주문을 거절하거나 주문물건을 배달하지 않는 등의 행동을 여러 차례 반복했다는 점을 계약상의 중대한 위반이라고 하여 즉시해고를 통보받았다. 이에 원고는 캘리포니아주법을 인용하여 최저임금 및 할증임금의 지급과 공제한 업무비용의 반환을 청구하는 소송을 캘리포니아 북부 지구 연방지방법원에 제기했다.[34]

---

34) 본건에 선행하여 다른 운전수들이 G사에 Class action을 제기하였다. 여기에서는 연방법(Class action 공정법)이 쟁점의 하나가 되었다. 그리고 본건도 이 선행 Class action에 편입할 것인지 여부가 문제가 되었다(결론적으로 Class action의 편입을 부정). 이런 경위에서 Class action에 대해서 연방지방법원의 사물관할권(28. U.S. Code §1332(d) (2) (2016))이 본건에까지 영향을 준 결과 연방법원에서 판결이 내려지게 되었다.

(2) 판결요지

판결의 요지는 다음과 같다.

본건의 쟁점은 원고가 G사의 피용자라고 볼 수 있는지 여부이다. 이를 판단할 때에는 노동의 태양과 수단(manner and means)에 대한 통제의 권리를 플랫포머가 갖고 있는지 여부를 일차적 지표로 하고, 이차적 지표로 ① 다른 노동 내지 사업에 종사하는가, ② 취로에 대한 플랫포머의 지휘・감독이 있었는가, ③ 필요한 기술의 정도, ④ 설비투자, ⑤ 취로기간의 길이, ⑥ 지급방법, ⑦ 노무가 플랫포머의 통상업무의 일환으로 구성되어 있는가, ⑧ 당사자의 인식을 들고 있다.

먼저 일차적 지표에 대해서 검토하면 다음과 같다. G사는 배달을 위한 차량, 이동경로, 배달소요시간, 취로 시의 복장, 동승자나 위탁자에 대해서 통제하지 않았고, 취업자의 등급평가도 하지 않았다. 오히려 처음부터 원고 자신이 일을 할 것인지, 언제 일할 것인지, 어느 정도 일할 것인지를 결정하고 있다고 할 수 있다. 반면, G사는 사실상 교섭의 여지가 없이 요금을 일방적으로 결정하고 있어 이것을 피용자성을 긍정하는 요소라고 할 수도 있을 것이다. 그러나 조편성표를 작성하면서 취로시간의 상한・하한을 정하지 않고 취로의 완료를 확인하지 않은 채 요금을 지급하고 있는 것을 감안하면 노동수단이나 태양의 통제정도가 낮다.

또한 14일 전에 고지에 의한 수의계약의 해지가 가능하다는 것은 G사에게 통제권이 있었다는 점을 시사하고 있으나 문제는 수의계약의 해약권리에 대해서 어느 정도로 노동수단이나 태양의 통제가 G사에게 있었는가 여부이다. 해약권이 취업자에게 강한 영향력을 미칠 수 있다는 것은 플랫포머가 이미 취업자에게 많은 금액을 투자했던 경우, 풀타임 취로의 경우, 배달경로와 스케줄을 관리하여 취업자의 수입을 통제하고 있다고 할 수 있는 경우, 배타적인 취로를 의무화하고 있는 경우 등이다. 어느 경우도 본건의 사실관계에는 해당되지 않는다. 오히려 G사의 수의계약 해약 권리는 원고의 피용자성을 긍정하는 것이라고 할 수 없다.

그렇다면 2차적 지표는 어떨까? ⑧ 본건과 같이 저임금・저기능의 일에 대해 일방적으로 계약조건을 결정하는 경우에는 당사지의 인식을 중시해서는 안된다. 다른 지표를 살표보면 ① 원고가 다른 플랫폼상에서 저임금노동을 병행하고 있었고, ③ 배달은 누구라도 할 수 있는 일이고, ⑥ 사실상 시간단위로 지급하고 있었으며, ⑦ G사 성장의 원동력인 식품배달 업무는 확실히 통상업무의 일환이었기 때문에 이러한 사정은 고용관계를 긍정하는 요소라고 하겠다. 그러나 ② G사의 지시・감독은 인정할 수 없고, ④ 설비투자가 스마트폰 정도이며, ⑤ 원고의 취로기간은 4개월 정도로 짧은 편이고, 계약상 G사가 운전수와 계속적 관계를 이어가는 것이 예정되어 있지 않다는 사정은 원고의 독립계약자성을 긍정하는 요소이다.

이를 전체적으로 고찰하면 원고는 피용자가 아닌 독립계약자라고 할 수 있다. 몇 가지 이차적 지표가 피용자성을 나타내고 있지만 다른 지표는 독립계약자성을 긍정하고 있다. 1차적으로 중요한 지표에 대해서 살펴보면, G사는 노동의 태양과 수단을 통제하지 않았다. 따라서 피용자인가 독립계약자인가는 all or nothing의 이원적인 판단을 할 수 밖에 없는 이상 독립계약자로 보아야 하고 원고의 보호는 필요하지 않다고 하여 청구는 모두 기각되었다.

(3) 판결의 의의

이 판결은 class action(집단소송)이 아니었기 때문에 판결의 효력이 미치는 것은 원고 한사람이다. 본건의 경우 우버나 Lyft 등 다른 주요한 대면형 플랫폼보다 등급평가 등의 구조가 느슨하다는 점도 부정할 수 없다. 그러나 본건은 플랫폼 취업자에 관한 연방법원의 첫 판결이라는 점, 그리고 이러한 종류의 소송이 많은 캘리포니아 주 법을 둘러싼 판결이라는 점에서 이후 선례로서의 영향이 광범위하게 미칠 것으로 생각된다.[35]

2. 입법동향

플랫폼경제 — 특히 우버와 같은 차량공유분야의 대면형 플랫폼 — 에 대한 입법적 대응은 연방법 차원에서 이루어지기 보다는 주로 주 법이나 지방자치단체의 조례에서 적극적으로 시행되고 있다. 주 법・조례의 내용을 살펴보면 안전성 등에 대한 조사위원회를 설치하거나 플랫포머에게 운전수의 경력・범죄이력을 체크할 의무를 부과하는 등 다양한 방식을 취하고 있다.[36] 이 글의 관심에서 주목하고 있는 동향으로 다음 2가지를 지적할 수 있다.

첫째, 플랫폼 취업자의 피용자성을 부정하는 규정이 제정되어 있는 케

---

35) Joel Rosenbit, GrubHub Drivers Ruled Contractors in Gig-Economy Milestone. BLOOMBERG(Feb. 8, 2018). http://www.blomberg.com/news/articles/2018-02-08/grubhub-drivers-are-contractors-judge-rules-in-bellwether-suit(last visited on Mar. 29, 2018).

36) Elizabeth J. Kennedy, Employed by an Algorithm: Labor Rights in the On-Demand Economy, 40 SEATTLE U. L. REV. 987, 1003(2017).

이스가 많다는 점이다. 예를 들면 플로리다 주 법은 '연방 네트워크 기업(Transportation Network Company; TNC)'라고 하는 정의를 규정하고,[37] TNC에 의한 취로시간지정이 없거나, 운전수에게 전속성이 없는 등 일정한 요건을 충족하는 경우, "TNC의 운전수는 독립계약자로, TNC의 피용자가 아니다"라고 규정하였다.[38] 노스캐롤라이나 주, 아칸소 주, 켄터키 주, 웨스트버지니아 주의 규정도 동일하다. 이들 주의 법 규정은 이론상 연방법의 피용자성 판단의 영향을 받은 것은 아닌 듯하다.[39] 또한 주의 최저임금법이나 산재보험・실업보험법에서 어떤 영향을 받았는지 등 법적효과가 불투명한 점이 많기 때문에 주시할 필요가 있다.

둘째, 시애틀 시에서는 미국 전역에서 유일하게 2015년 독립계약자인 운전수에게 단결권・단체교섭권을 부여하는 조례를 제정하였다. 동 조례는 '안전하고 신뢰할 수 있으며 효율적인 비용과 경제적으로 유지 가능한 운전서비스를 제공'하는 것을 목적으로 제정되었음을 선언하고 있다.[40] 이어서 ① 비영리성, 민주성, 과거의 협약체결경험 등 일정한 조건을 만

---

37) Fla. Stat. §627.748(2017). 동 조 (1) (e)에 의하면 'TNC는 디지털 네트워크를 이용하여 사전에 정해진 승무를 제공하는 운전수와 승객을 연결하는 법인이다. TNC는 서면계약에 의한 경우를 제외하고, 그 차량, 또는 운전수를 소유, 통제, 운영, 지휘, 감독하는 것으로 간주하지 않는다.' 미국의 각 주법을 개관하면 우버 등을 운송서비스 그 자체로 규정하는 사례는 적어 보인다.

38) Id. §627.748(9) (2017).

39) Miriam Cherry, Are Uber and Transportation Network Companies the Future of Transportation (Law) and Employment (Law)?, 4 TEX. A&M L. REV. 173, 189-190(2016).

40) Seattle, Wash., Municiple Code Ch.6.310, §6, 201.735(2016).

족하는 단체를 시의 인증하에 교섭대표후보(QDR: Qualified Driver's representative)로 하고, ② 교섭대표후보 중 유자격 운전수[41]의 과반수로부터 지지를 얻은 하나의 단체가 배타적교섭대표(EDR: Exclusive Driver's representative)가 되고, ③ 교섭당사자 쌍방이 성실교섭의무를 부담하며, ④ 단체협약 체결시에는 시의 재정・행정국(Department of Finance and Administrative Services)에 협약을 제출하고 허가를 받아야 하며, ⑤ 협약교섭의 개시로부터 3개월을 경과해도 타결에 이르지 못한 경우에는 일방당사자의 요구에 따라 이익중재에 회부할 수 있다고 규정하였다.[42] 동 조례에 대해서는 사용자단체 등이 독점금지법에 반한다는 점 등을 이유로 중지소송을 2건 제기하였지만 연방지방법원에서 이를 모두 기각하였다.[43] 현재 연방항소법원에서 심리계속 중으로 일시적으로 효력이 정지되어 있다.[44]

---

41) 행정규칙에 따르면 적어도 90일간의 계약관계가 있고, 또한 과거 1년간 임의로 3개월간 적어도 52회의 승무를 제공한 자가 유자격 운전수이다. Seattle Direction of Finances and Administrative Services, Rule FHR-1(May 26, 2017), http://clerk.seattle.gov/~CF_320270.pdf(last visited on Mar. 27, 2018).

42) See. Charlotte Garden, The seattle Solution: Collective Bargaining by For-hire Drivers & Prospects for Pro-Labor Federalism. HARV. L. & POL'Y REV., Online Pieces.(Jan. 2018) http://harvardlpr.com/wp-content/uploads/2018/01/Garden-SeattleSolution.pdf(last visited on Mar. 28, 2018).

43) Chamber of Commerce b. Seattle, 2017 U.S. Dist. LEXIS 120884(W.D.Wash. Aug. 1, 2017); Clark v. Seattle. 2017 U.S. Dist. LEXIS 136322(W.D.Wash Aug. 24, 2017).

44) Chamber of Commerce b. Seasttle, No.17-35640(9th Cir. Sep.7, 2017).

IV. 일본에서의 플랫폼 이코노미와 일하는 방식 개혁

플랫폼 이코노미의 진전은 플랫폼이 매개한 새로운 유형의 개인취업자를 탄생시켰다. 이번「일하는 방식 개혁 실행계획」에서 '동일노동 동일임금 등 비정규고용의 처우개선'(제2항목)과 '벌칙이 부과되는 시간외노동의 상한규제의 도입 등 장시간노동의 시정'(제4항목) 등과 함께, '유연하게 일하는 방식의 적용이 쉬운 환경 정비'(제5항목) 중에 '비고용형 텔레워크'의 문제로 취급되어 있다.

실행계획에서 '비고용형 텔레워크'란 '사업자와 고용계약을 체결하지 않고 일을 도급받아 자택 등에서 일하는 텔레워크'로서 '인터넷을 통한 일의 중개사업인 크라우드소싱이 급속하게 확대되어 고용관계에 의하지 않는 일하는 방식에 의한 일할 기회가 증가하고 있다'고 밝히고 있다. '비고용형 텔레워크'란 크라우드소싱에서 일하는 방식을 염두에 둔 것이다.

실행계획에서는 '비고용형 텔레워크를 시작으로 고용과 유사한 일하는 방식이 확대되고 있는 현상에 비추어 그 실태를 파악하고 정부는 전문가 회의를 설치하여 법적 보호의 필요성을 중장기적 과제로서 검토한다'고 되어 있다. 문제는 새로운 유형의 개인취업자에 대해 어떤 법적 보호를 어느 근거에 의해 하는가이다.

| 제5장 | 새로운 노동법적 보호 주체로서 '근로자'

I. 기존의 법적 구조의 재검토를 둘러싼 접근

우버 사례에서 나타나듯이 외국에서도 O2O 플랫폼 취업자의 근로자성에 대한 논의가 진행 중이며, 우리나라에서도 마찬가지이다. 최근 하급심에서는 O2O 플랫폼 취업자인 배달앱 배달원이 근로자가 아님을 전제로 한 판결이 내려지기도 하였다.[1] O2O 종사자에 대해서는 유사근로자/특수형태근로종사자의 요건을 충족하는 경우 그와 유사한 법적 지위를 부여하는 방안이 검토될 수 있다고 한다.[2]

대부분의 견해는 기존의 근로자 개념 또는 유사근로자 개념을 통해 크라우드워커를 포섭할 수 없다고 본다. 우리나라에서도 마찬가지로 공급자인 크라우드워커는 수요자, 플랫폼 모두에게 종속성이 낮게 나타나므로, 근로자성이 인정되기 어려울 것으로 보인다는 견해[3]가 있다. 특히 앞

---

1) 서울행정법원 2015.9.17. 선고 2014구합75629 판결. 그러나 대법원은 2018.5.10. 위 사건에 대한 상고심(2016두49372)에서 배달대행업체에 소속된 배달원의 배달업무를 음식배달원이 아닌 택배원업무에 해당한다고 판단하여 산재보험법상 특수형태근로종사자라 보고 원심을 파기환송하였다. 그렇지만 배달원이 근로기준법상 근로자에 해당하지 않는다는 점은 유지하였다. 한편 이 판결에도 불구하고 배달업무를 중개하는 대행업체가 여럿이거나 배달원업무가 부업으로 이뤄지는 경우에는 특수형태근로종사자의 요건을 충족하지 못할 가능성을 배제할 수 없다. 그 밖에 다른 O2O업체의 종사자에 대해서는 특수형태근로종사자로 인정할 만한 준거업무가 존재하지 않는다는 한계는 여전히 존재한다.

2) 박지순, "4차 산업혁명과 노동법의 과제", 『노사공포럼 발표문』, 22면.

에서 언급한 실태조사[4]에 따르면, 재능마켓 방식의 경우 공급자와 수요자 간에는 계약관계가 없고, 플랫폼이 공급자의 거래조건 설정에 관여하지도 않으므로 양쪽 모두에 대해 근로자성이 인정되기 어렵다고 한다. 아웃소싱 방식의 경우 공급자, 수요자, 플랫폼 3자 간 계약이 체결되나, 계약조건은 공급자와 수요자 간에 정해지고, 플랫폼은 대리인 또는 중개인으로서의 역할만 하는 점, 수요자는 공급자에 대해 스케줄에 맞추어 프로젝트 결과물을 제출하기만 하면 되는 것으로 보이는 점에 비추어 볼 때, 이 경우 역시 양쪽 모두에 대해 근로자성이 인정되기 곤란하다.[5]

이러한 상황에 대하여 어떠한 대응을 해야 하는지가 단지 입법론적으로 논의되고 있다. 이 점에 관해서는 다음과 같은 접근이 제시되고 있다 할 것이다(그러나 어느 견해도 이른바 '시론'으로서 새로운 접근을 제창하는 것에 불과하고, 그 타당성이나 이론구축에는 여전히 과제를 가지고 있다고 생각된다).

1. 근로자개념의 재구성

첫 번째 접근으로는 근로자 개념의 재구성을 들 수 있다. 특히 근로시간이나 근로장소, 업무 수행방법에 관한 지휘감독의 유무를 근로자성의 판단기준으로 하는 경우에는 크라우드워커의 취업실태에는 대응할 수

---

3) 박지순, "4차 산업혁명과 노동법의 과제", 『노사공포럼 발표문』, 22면.

4) 박지순 외, 새로운 노무제공 방식 관련 실태 및 제도적 대응방안, 고용노동부 정책연구보고서, 2017.

5) 박지순, "4차 산업혁명과 노동법의 과제", 『노사공포럼 발표문』, 22면.

없다.[6] 또한 근로자 개념의 재구성에 관계되는 접근으로서 근로자라면 해당 취업자의 요보호성의 정도에 따라 개개의 법규정을 적용할 필요가 있다.[7]

영국에서도 전통적으로 고용계약과 노무공급계약의 이분법적 분류(The Binary Divide)에서 법의 적용을 고려해왔던 방식은 실제로 많은 유형의 고용관계가 존재하는 것으로서 그 판단은 쉽지 않으며 그 판단기준도 단순하지 않으므로 재검토가 필요하다는 지적이 있다. 그중 하나는 법의 목적에 따라 노동법의 적용대상을 획정하자는 접근방식으로서 Guy Davidov는 법의 목적에 따라 적용대상을 획정하는 방식을 채용할 것을 제안하고 있다.[8] 또 하나는 고용계약개념의 재검토를 논의하는 것이다. 그 대표적인 학자가 Mark Freedland이다. 그는 이분법적 분류에 의한 문제점을 해소하는 개념으로서 「개인고용계약(The Personal Employment Contract)」이라는 새로운 개념을 제창하였다.[9] 개인고용계약은 고용 계약보다 넓은 개념이며, 「개인노동 혹은 고용을 위한 계약(contract for personal work or employment)」을 대상으로 하는 것이다. 기본적으로는 피고용자 개념과 근로자 개념을 동시에 내포하는 것으로 구상되고 있다. 이 논의를 더욱 발전시킨 것으로 「개인근로관계 (Personal work Relations)」

---

6) *Waas*, a.a.O., S.185.

7) Vgl. *Krause*, a.a.O., B.106–107; *Hanau*, a.a.O., S.2616. 특히 *Hanau*는 임금규제나 해고보호 등의 규제에 관하여 요보호성에 따른 법적용의 가능성을 지적한다.

8) Guy Davidov(2016), 'The Status of Uber Drivers: A Purposive Approach', Hebrew University of Jerusalem Legal Research Paper No.17–7.

9) Mark Freeland(2003), The Personal Employment Contract, p.100.

로 보호 범위를 확대시키는 논의가 있다.[10] 그 특징으로는 고용계약 이외의 계약유형, 예를 들어 프리랜서(freelancers) 및 컨설턴트(consultants), 홈워커(homeworker)에 일정한 법적 보호를 하는 것을 제안하고 있다.[11]

2. 유사근로자의 개념의 재구성: 제3의 카테고리의 신설

두 번째 접근으로 제시되고 있는 것은 유사근로자의 개념의 재구성이다. 여기에서도 유사근로자의 개념의 지표의 재검토가 시사되는 것과 동시에,[12] 지금까지보다도 많은 법적 보호를 유사근로자에게 미쳐야 한다는 것이 주장되고 있다.[13]

미국의 경우 2015년 오바마 행정부의 고위 멤버였던, 코넬대학의 해리스 교수와 프린스턴 대학의 크루거 교수는 피용자(Employee)와 독립적인 계약자(Indepent Contractor) 사이에 제3의 근로자 카테고리「독립근로자(IW)」의 개념설정을 제안하였다.[14] Seth Harris와 Alan Krueger는「

---

10) Mark Freeland and Nicola Kountiuris(2011), The Legal Construction of Personal Work Relations.

11) Op cit at 284-289. 이하 김희성・신동윤, "플랫폼 이코노미와 노동",『노동법포럼』제22호, 2017.11., 131면.

12) Vgl. *Deinert*, a.a.O., Rn.147; BMAS, a.a.O., S.174. 특히, *Deinert*는 수입이 적은 자(최저임금 이하의 수입만 가진 자)에 대해서는 유사근로자로서의 보호가 인정되어야 한다고 지적한다.

13) *Deinert*, a.a.O., Rn.151; *Hanau*, a.a.O., S.2616; *Waas*, a.a.O., S.176. 특히 *Heuschmid/Klebe*, "Erwerbsarbeit in der Plattformökonomie und Schutz des Arbeits-und Sozialrechts" in *Faber/Feldhoff/Nebe/Schmidt/Waßer*(Hrsg.), FS *Kohte*, 2016, S.78은 최저임금법과 경영조직법을 유사근로자에게도 적용해야 한다고 주장한다.

독립근로자(independent worker)」라는 새로운 분류를 마련해 제안을 하였다. 이것은 자영과 고용의 양면을 겸비한 것으로 「독립근로자」를 개념 설정하는 것에 의해 근로자와 자영업자로 양분하는 생각의 불편을 해소하자는 개혁안이다. 이 개혁안은 독립근로자에게 노동법상 보호를 확장하여 법적 불확실성을 해소하고, 이러한 노동법의 적용을 둘러싼 소송을 줄이는 효과를 지향하고 독립근로자에 해당하는 경우, 기업은 세금의 원천징수 및 각종 보험을 제공하지만 초과근로의 할증임금과 최저임금의 의무는 부담하지 않는다는 것이다.[15)]

이들의 주장에 따르면 현행법의 피용자성 판단은 시간과 비용을 들여 결과가 불투명한 법적 분쟁을 하게 되는 것이고, 이러한 판단이 일관성을 결여하고 있다. 한번 독립계약자로 분류되면 원칙적으로 법적보호를 일절 받을 수 없기 때문에 취업자에게도 플랫포머에게도 유익하지 않다고 하였다. 따라서 독립근로자라고 하는 제3의 카테고리를 신설해서 ① 독립근로자에게 단결권・단체교섭권을 부여하고,[16)] ② 현재는 의도적인 인종차별에 대해서만 적용되는 차별금지법상의 보호를 독립근로자에게도 확대하는 것과 함께, ③ 플랫포머에게 취업자의 사회보험료(임금, 공적 의료보호)를 부담시켜 소득세를 원천징수하는 사무를 대행하게 해야한다고 제언하였다. 그리고 ④ 독립근로자의 산업재해보험의 가입은 플랫폼

14) The Brookings Institution, The Hamiltion Project(2015), "A Proposal for Modernizing Labor Laws For Twnety-First-Century Work: The "Independent Worker".

15) 김희성・신동윤, "플랫폼 이코노미와 노동", 『노동법포럼』제22호, 2017.11., 130면.

16) 동시에 독점금지법의 적용제외를 명문으로 입법화할 것도 요구된다. Id. at 16-17.

의 자유에 맡겨두고, ⑤ 독립근로자에게 최저임금규제나 할증임금규제를 적용해야만 하는 것은 아니며, ⑥ 실업보험에 가입도 필요하지 않다고 한다. 그 이유로 ④에 대해서는 재해를 입은 독립근로자는 불법행위법을 통해 사용자에게 배상을 청구할 수 있고, ⑤·⑥에 대해서는 플랫폼경제 하에서 독립근로자의 노동시간을 정확하게 측정하는 것이 불가능하기 때문이라고 한다.

그들의 제언에 대해서 올리버교수는 차별금지법상의 보호는 독립계약자에게도 적용해야 한다고 주장하면서 새로운 카테고리를 신설하여 그 카테고리에 속한 자에 대해서는 최저임금, 할증임금, 연차휴가에 대해서는 피용자의 권리를 인정하지 않아도 되지만, 단결권, 안전위생, 건강보험이나 재해보상, 연금이나 원천징수에 대해서는 피용자의 권리를 인정해야 한다는 견해이다.[17] 올리버교수는 플랫폼경제 문제의 원인은 현행법 하에서 독립계약자가 전혀 보호를 받지 못하는 데 있다고 보았다. 더불어 피용자와 독립자영업자라는 이원적인 분류로 충분하다는 생각은 문제를 직시하지 않는 태도라며 비판하였다.

그러나, 이에 대해 다음 2가지 이유에서 제3의 카테고리를 신설하자는 주장에 반대하는 견해도 있다. 첫째, 플랫포머가 취로자의 노동시간을 정확하게 측정할 수 없다고 하는 전제를 부정한다. 실제로 대기노동자(on-call worker)나 휴게시간이 긴 노동자에 대해서 노동시간의 측정이 이루

---

17) Orly Lobel. The Gig Economy & the Future of Employment and Labor Law. 51 U. S. F. L. REV. 51, 63-69(2017). 다만, 올리버교수는 복잡한 피용자성의 판단기준을 간소화하는 등의 해석론적 대응을 병행할 것을 지적하였다.

어지고 있고, GPS를 통한 관리도 가능해지게 되었다는 점에서 플랫폼이 라는 비즈니스 모델이 생겨났기 때문에 노동시간 측정은 보다 용이해질 것이라고 한다.[18] 둘째, 제3의 카테고리의 취로자를 기존 카테고리상의 취로자와 구별하는 법적 지표가 없어 오히려 혼란을 초래할 가능성이 높다고 지적했다. 제3의 카테고리의 신설로 인해 피용자로서의 지위를 상실한 취로자도 나타날 수 있으며 비교법적인 관점에서도 제3의 카테고리를 신설할 수 있는 가능성은 낮다고 한다.[19]

3. 가내노동법의 현대화 내지 활용

세 번째의 접근으로는 가내노동법의 '현대화'[20] 내지 활용이 지적되고 있다. 여기에서는 크라우드워커가 가내근로자로 인정되도록, 가내근로자의 개념을 재검토하는 것이다. 특히 가내근로자에 대한 업무의 균등배분에 관한 규정(가내노동법 제11조)이나 가내근로자의 임금 및 기타 계약조건에 대한 집단적 규제에 관한 규정(가내노동법 제17조 제1항이나 제19조 제1항) 혹은 해약이나 계약의 불이익변경에 관계되는 사전 고지기

18) Block, supra note 50; Sachs, supra note 51 Cherry & Alosi infra note 62, at 678: Brishen Rogers, Redefining Employment for Modern Economy, American Constitution Society for Law and policy(Oct 2016), https://www.acslaw.org/sites/deault/files/Redfining_Employment_for_the_Modern_Economy.pdf(last visited on Mar. 27, 2018) [Hereinafter Rogers, Redfining].

19) Block, supra note 50; Sachs, supra note 60, at 5–6; Cherry & Alosi infra note 62, at 677–678.

20) *Krause*, a.a.O., B.106.

간에 대한 규정(가내노동법 제29조)을 활용하는 것이 크라우드워커의 보호에 이바지하는 것으로 기대되고 있다.[21]

일본에서도 가내노동법이나 하청법('하청대금지불지연장비법') 등이 크라우드워커와 같은 새로운 타입의 개인취업자에게 어떻게 적용될 수 있는가와 같이 크라우드워크의 실정을 바탕으로 한 법 개정도 검토과제가 될 것이라는 견해가 있다. 특히 전자의 가내노동법과의 관계에서는 현행법은 그 적용범위를 '물품의 제조 또는 가공 등에 종사하는 자'에 한정하고 있지만, 그것을 '서비스(역무)의 제공자'로 확대할 가능성에 대해 고려하는 견해[22]가 있다.

4. 추정규정의 입법화

한편 일부 연구자들은 입법적 대응으로 피용자와 독립계약자의 이원적 제도를 유지하면서 플랫폼 취업자를 피용자로 추정하는 규정을 신설하여야한다고 주장한다. 밀리엄교수는 이탈리아의 안토니오 교수와의 공동논문에서 기본 규칙을 개정하고, 플랫폼에서 일정시간 취로한 자를 피용자로 추정하는 규정을 신설해야 한다고 주장한다. 다시 말해 지금의 구조로는 오분류에 대한 이의신청의 부담은 취업자측에 있고, 분류를 조작한데 대한 인센티브는 플랫폼측이 가져간다. 따라서 기본 규칙을 도입하여 취업자를 피용자로 하는 데 대해 이의가 있는 플랫포머는 취업자를 상

---

21) *Krause*, a.a.O., B.106; *Heuschmid/Klebe*, a.a.O., S.78-79; *Waas*, a.a.O., S.178ff.

22) 石田眞, "クラウドワーカーの歴史的位相", 『季刊 勞動法』 259호, 2017.12., 67면.

대로 한 소송이나 사회보험청 또는 내국세입청에 이의신청의 부담을 지도록 해야하며, 이 경우 진정한 독립계약자에 대해서는 예외(opt-out)를 인정할 수 있지만, 플랫폼 규약 등에 의한 일방적 예외는 적용할 수 없도록 해야 한다고 제언하였다.[23)]

브리센 교수도 추정규정의 입법화를 주장하였다. 온라인 플랫포머를 통해 취로한 자에 대해서는 피용자성이 추정되는 점을 명시하고, 고용관계를 부정한 당사자에게 증명책임을 지도록 하며, 구제 면에서도 중대한 손해에 대한 부가금 및 징벌적손해배상을 인정해야 한다는 것이다.[24)] 다만, 피용자성의 추정 시 ① 취업자의 현재의 지위, ② 그 법적 귀결, ③ 지위결정의 기준, ④ 불만이 있는 경우 행정기관 등에 이의신청을 하는 방법을 플랫포머에게 명시하도록 하는 방법을 제안하여 체리교수의 제언보다 완화된 주장을 하고 있다.

흥미로운 점은 추정규정의 규범적 근거를 찾으려고 시도한 점이다. "'고용'이란 법이 특정한 취업관계를 정의하기 위한 카테고리, 즉, 사용자에게 특정한 의무를 지우고, 이에 기인한 특정한 권리를 피용자에게 부여하기 위한 법적인 카테고리"라고 하면서,[25)] 공정성 또는 정책적 고려를

23) Miriam A. Cerry & Antonio Aloisi, Dependent Contractors in the Gig Economy: A Conparative Approach, 66 AM. U. L. REV. 635, 682–684(2017). 그리고 동 교수는 안전책으로서 일정한 경우에는 이른바 'safe harbor rule'을 설정할 것을 제언하였다.

24) Rogers, Redefining, supra note 60.

25) Brishen Rogers, Employment Rights in the Platform Economy: Getting Back to Basics, 10 HARV. L. & POL'Y REV. 479, 497(2016). [Hereinafter, Rogers, Employment Rights].

실현시키기 위해 무엇을 고용으로 간주하는 것이 바람직한가는 가치판단 차원의 문제라고 보았다. 그리고 바람직한 정책을 수립하기 위해서는 '반지배원칙(Anti-Domination Principle)'을 중시해야 한다고 주장한다. 다시 말해 '선량하고 공정한 민주주의사회는 그 구성원 전체를 지배로부터 보호하지 않으면 안 된다'는 것이다.[26] 구체적으로 ① 양자 사이의 계약관계에서 일방당사자가 타방당사자의 자의적인 요구에 응하지 않으면 안 될 정도의 불균형한 힘으로 지배받는 경우나, ② 시장구조 하에서 스스로의 능력(Capacities)을 발전・행사하는 것을 방해받는 구조적 지배에 복종하는 경우 보호가 필요해진다. 그러나 어느 정도 불균형하면 '고용'이 되는 것인지 명확하지 않다. 위의 2가지 경우에 대해서 피용자성을 추정하는 취지의 입법을 신설한다면 법원이 복수의 지표[27]를 사용하게 되어 바람직한 가치를 달성할 수 있다고 보았다.[28] 이상과 같은 논리에 따른다면 플랫폼 취업자의 피용자성이 인정될 수 있다.

판단컨대 현재의 정치적 정세 하에 추정규정의 입법화 가능성은 매우 낮다. 입법화를 목적으로 하는 경우에도 추정규정의 구체적인 절차나 그 규범적 근거에 대해 한층 심화된 논의가 전제되어야 할 것이다. 그러나 이 학설은 실체법상 〈피용자-독립계약자〉의 이분법적 제도를 취하는 미

26) Id. 500.

27) 구체적 지적으로 로저스교수는 연방노동성에 의한 공정노동기준법의 해석지침(U.S. Dep's of Labor, Wage & Hour Div., Administrator's Interpretation No.2015-1(July 15, 2015)을 인용하는 것으로 충분하다고 생각하는 것 같다.

28) Id, at 512.

국에서 피용자성을 추정한다는 절차법적 방법을 찾으려고 시도한 점에 의의가 있다고 생각한다.

5. 기타

ITIF(Information Technology and Innovation Foundation)의 케네디 시니어 펠로우는 IC에 대한 교육훈련, 비즈니스와 자산운용에 대한 조언으로서 플랫폼의 기능이 피고용자와 IC의 전통적인 구분에 의해 손상되고 있는 가운데 2016년 의회에서 3가지 조치를 제안하였다.[29] 첫 번째 제안은 적응조치로 풀타임 근로자와 IC 사이에 제3의 근로자 구분을 마련하는 것이다. 그러나 이는 제1, 제2구분에서 제3의 구분으로 유입될 우려가 있다. 둘째는 시정조치로 주요 노동관련법을 정밀하게 조사하여 목적에 맞게 조정하는 것이다. 가장 이상적이지만 힘든 시간이 걸릴 것으로 예상하였다. 셋째는 보류조치로 플랫폼을 일시적으로 기존의 노동법에서 적용을 제외하는 것이다. 그 사이에 플랫폼이 크라우드워커에 대해 무엇이 가능한지 평가할 수 있다. 결국 케네디 시니어 펠로우는 최저임금과 실업보험. 집단적 노사관계라는 기존의 근로자보호의 틀이 아닌 개인사업자의 비즈니스를 지원하는 방향으로 규제의 재검토를 권고하고 있다.

반면, 해리티지재단의 Sherk는 플랫폼의 크라우드워커의 보호를 강화할 필요는 있지만, 기본적으로는 시장에 맡기고 공유 이코노미가 발전하

---

29) The Information Technology and Innovation Foundation(ITIF), J.V.Kennedy(2016), "There Paths to Update Labor Law for the Gig Economy".

도록 대책을 강구해야 한다고 주장하고 있다.[30] 따라서 견해에 따라 공유 경제의 크라우드워커(작업자)의 보호와 규제의 존재방향의 주장은 다르다. 그러나 공유 경제는 맹아단계에 있어 성장이 기대되기 때문에 맹목적으로 규제하는 것이 아니라 자주적 대처 등 적절한 규칙의 토대 하에서 발전을 도모한다는 경향에 주의해야 한다.[31]

II. 크라우드워커의 사회적 안정망으로의 편입의 필요성

플랫폼 이코노미하에서의 크라우드워커에 대한 노동법의 대응에 대해서는 이른바 시론적으로 다양한 접근이 제창되고 있다. 근로자 개념, 유사근로자의 개념 혹은 가내근로자의 개념의 어느 것을 재검토해야 하는 가라는 점에서 각각의 관점은 크게 다르고 또 그 재검토의 방향성도 한결 같지 않다. 그렇다고는 하나 대다수의 견해가 크라우드워커가 안고 있는 문제, 특히 보수의 불안정성에 착안한 후 이러한 접근을 시도하고 있는 점은 시사적이라고 할 수 있다. 어느 경우든 향후의 논의 전개를 바탕으로 하면서 각 접근의 타당성을 계속하여 검증할 필요가 있다.

특히 이제는 생산을 담당하는 주체가 되는 것은 생산에 필요한 정보, 지식을 입수하여 활용할 수 있는 능력을 가진 사람이라는 점을 유의하여

---

30) The Heritage Foundation, J.Sherk(2016), “The Rise of the “Gig” Economy : Good for Workers and consumers”.

31) 김희성 · 신동윤, “플랫폼 이코노미와 노동”, 『노동법포럼』 제22호, 2017.11., 130면.

고려해야 한다. 제1차 산업혁명 시기에 보였던 '공장'이라는 물리적 공간에, 시간적으로도 구속된 직접적 지휘명령을 받아 근무하고 일하는 방식은 인적 종속성을 띤다. 그런데 보이지 않는 노동에 의하여 가치가 지휘명령하에 따른 취업이 아니라 개인의 지식 활동을 중심으로 만들어져 가면서 인적 종속성이 적은 자영업으로의 (비종속적 독립적인) 취업이 주류가 되는 흐름은 필연적이라는 것이다.

이러한 자영으로의 취업은 개인적으로 할 수 있을(independent contractor) 뿐만 아니라 기업(起業)하고 법인화해 나갈 수 있는 경우도 있다. 단 후자의 경우에도 수직 조직을 만드는 것이 아니라 슬림하면서도 수평자적 네트워크(에코 시스템)가 구축될 것으로 예상된다. 기업은 자립적인 개인의 집합이라는 성격을 짙게 갖고, 예를 들어 크라우드소싱 등도 활용하면서 특정 프로젝트를 수행해 나가는 스타일을 지향하게 된다. 자영으로의 취업이 중심이 된다는 의미이다.

개인으로서 자영으로의 취업 혹은 여러 자영업자 및 파트너관계가 되어 공동으로 영위하는 경우는 영세 사업주라 하더라도 인적 종속성이 없기 때문에 적어도 현행법적으로는 근로자가 아니다. 노동법은 종속성(특히 인적 종속성) 하에서 취업하는 근로자를 보호하는 것을 목적으로 하고 노동보호법규는 인적 종속성의 유무를 표지로 보호되는 근로자의 범위를 획정하여왔다. 자영적 취업자는 기본적으로 노동법상 보호의 대상에서 배제된다.

물론 가내 노동법의 예에도 있듯이 인적 종속성이 없어도 경제적 종속성이 있는 경우에는 요보호성을 완전히 부정하는 것은 적절하다고는 생각되지 않는다. 노동법은 근로자 개념 속에 경제적 종속성을 정면으로 판단 요소에 짜 넣어 오지 않았지만, 그것은 경제적 종속성을 경시하고 있었기 때문은 아니다.

위에서도 보았듯이 경제적 종속성에 착안한 보호방식(종속근로자와 자영업자들 사이에 제3의 카테고리)을 설정하는 견해도 참고할 필요가 있다. ICT의 발달 등에 의해 크라우드워크와 같은 자영적 취업이 기술적으로 가능하게 되고 인공지능 등의 발달에 의해 자유로운 지적・창조적 일하는 방식이 요구되면, 노동법에 의한 보호와 규제가 필연적으로 수반하는 고용은 반드시 생산성에 직결되지 않는 일하는 방식이 된다. 기업이 자영적 취업을 활용하는 것에는 충분한 경제적 합리성이 있기 때문이다. 노동법학에서도 자영적 취업에 대한 견해를 바꾸어야 한다.[32)]

특히 크라우드워커에 대해서는 플랫폼사업자와 직접적인 계약관계로 포섭하는 데 어려움이 있으므로, 사회안전망 체계로 포섭하는 방식이 현실적인 대안이 될 수 있다[33)]. 고용상의 지위와 관련하여 문제되는 것은 고용보험과 산재보험이다. 우선 고용보험과 관련된 경우, 플랫폼 취업자가 부분실업, 혹은 단기간에 부분취업과 부분실업이 꾸준히 반복되는 상황에 놓이게 될 가능성이 크다. 완전실업자에게만 실업급여를 지급하는

---

32) 물론 자영적 취업은 인적 종속성이 없는 일하는 방식이므로 문제가 없다고 할 수는 없다. 인적 종속성이 없어도 경제적 종속성이 있다면 거기에서 요보호성이 인정된다. 경제적 종속성은 본인의 기능부족 때문이 아니라 어느 특정기업의 사업수행체제에 계속적으로 편입되고 있는 경우에 생긴다. 이러한 경우 법적인 의미에서는 조직 내에 편입되지는 않고 시장거래를 하고 있어도 경제적인 실태에서 보면 조직 내에 편입되고 있는 것으로 평가할 수도 있다.

33) 박지순, "4차 산업혁명과 노동법의 과제", 『노사공포럼 발표문』, 24면.

현행 고용보험제도의 패러다임 전환이 필요하다. 산재보험과 관련해서는 건강보험에서 상병급여 제도를 두어 근로자성 여부와 상관없이 노동소득 상실에 대한 보편적 보장이 일정수준에서 이루어질 수 있도록 하는 근본적 개혁 방안을 검토할 필요가 있다고 하였다.

요컨대 크라우드워커에 대해서는 개인의 노력으로 지탱할 수 없는 사회적 위험에 대한 사회적 안정망으로의 편입이 필요하다. 인적 종속성이 희박하고 종속노동자와 자영업자의 경계선이 불분명한 현실 하에서 근로자인가의 여부에 관계없이 국민 개개인이 직면한 중요한 소득상실 위험에 대해 포괄적이고 종합적인 소득보장을 가능하게 하는 제도설계가 필요하다. 특히 경제적 종속성이 없어도 크라우드워크와 같은 자영적 취업이 그 본래의 자립성을 활용한 양호한 취업기회가 되기 위해서는 자조를 서포트하는 시장환경의 정비와 그에 적합한 공조로서의 사회적 안정망이 필요하다.

[보론] Class action(집단소송)에 관해

Class action을 둘러싼 문제에 관련하여 플랫폼경제에 관한 법적 분쟁은 피용자성의 유무가 취업자들에게 공통 쟁점이기 때문에 플랫포머를 상대로 한 Class action을 제기하는 경우가 많다.34) 예를 들면 차량공유 부문의 우버에 대한 소송에서는 16만 명 규모의 Class action이 제기되었다.35)

---

34) Joseph A. Seiner, Tailoring Class Actions to the On-Demand Economy, 78 OHIO ST. L. J. 21, 46-53(2017).

35) O'Conner v. Uber, 82 F. Supp. 3d 1133(N.D. Cal., 2015).

그러나 Class action으로 인정되기 위해서는 ① 구성원의 다수성, ② 사실문제 · 법률문제의 공통성, ③ 클래스 전체의 전형성, ④ 클래스 전체의 이익을 대표하는 적절성이 요건이다.[36] 그 중에서도 요건 ②에 대해서 최근의 연방대법원의 판결을 보면 '동일한 소송에서 클래스 전체에 적용될 수 있는 성질의 것이 아니면 안 된다'고 하여[37] 엄격하게 해석하는 경향이 있다. 어느 학설은 이러한 법원의 해석을 본다면 결과적으로 현행 규모에서 클래스가 인정될 수 있을지 의문이라고 지적하였다.[38] 피용자성의 판단은 본질적으로 사실분석적인 탐구라는 점에서 취업자의 노동시간 · 임금률 · 스케줄 등이 각각 다르다면 개별적 판단이 요구되기 때문에 정확히 어느 정도라고 할 수 없지만, 적어도 클래스를 보다 세분화해서 1만 명 규모로 하는 것이 바람직할 것이라고 주장하고 있다.[39]

생각건대 위 학설의 주장은 플랫폼경제의 분쟁을 어느 정도의 규모로 할 것인지 의문을 제기하고 있다는 점에 의의가 있다. 소송에 의한 분쟁해결은 개개 사안별로 해결하는 것이 원칙이다. 사안별로 해결한다고 해도 판례의 선례구속성에 의해 후속사안이 사실상 해결되는 효과를 기대할 수 있다. 그러나 이것이 분쟁해결에 효율적으로 기능하지 않는 경우도 있을 것이다. Class action의 법리를 통한 집단적 해결이 반드시 적절하지만은 않다면, 다른 어떤 수단을 취해야 할 것인지, 그리고 그 규모가 어느 정도여야 하는지, 이러한 쟁점은 향후 미국 노동법학의 새로운 과제로서 향후에도 계속 논의될 것이라고 생각한다.

III. 플랫폼의 위치지움과 논점

1. 인재서비스의 성장

공유 경제의 확대는 크라우드소싱과 온디멘드 노동이라는 인재서비스

36) Fed. R. Civ. P. 23 (a).

37) Wal-Mart Sotres, Inc. v. Dukes, 564 U.S. 338(2011).

38) Seiner, supra note 85, at 43-44.

39) Id. at 62.

의 성장을 의미한다. 이들은 일하는 시간과 장소의 자유의 정도가 높고 스스로 일(직무)을 선택하는 자율적인 업무 방식으로서 지지되고 있다. 고용관계에 의하지 않는 크라우드워커의 경우 사회보장과 임금수준에 관한 불만이 나타나고 있는데, 그 배경에는 근로자성의 문제가 존재하고 있다고 보여진다.

근로자성 문제에 대한 해결책으로서 독일 및 영국과 미국 그리고 일본에서는 근로자개념 내지 유사근로자의 개념의 재구성과 가내노동법의 현대화 및 노동법으로부터의 일시적인 적용제외(개인사업자의 비즈니스를 지원하는 방향으로 규제) 등 다양한 방법이 제안되고 있다. 크라우드소싱에 관해서는 해외로의 업무위탁도 많아 국내법에서 대응할 수 있는 범위는 한계가 있는 것도 사실이다. 정책대응에 관해서는 규제는 최소한에 머무르고 공유 경제의 발전을 촉진시켜야 한다는 의견 또한 설득력을 가지고 있다.

2. 플랫폼과 회색지대(Gray Zone)

플랫폼과 고용중개사업 간에는 회색지대(Gray Zone)가 존재한다. 상거래의 장에서 서비스의 확충은 크라우드워커・발주자 쌍방에게 환영되어야 할 일이다. 그러나 직업소개사업은 직업안정법에서 사업운영에 관한 규제를, 근로자파견사업은 사업규제만이 아니라 근로자보호에 관해서도 근로자파견법으로 상당하게 규정하고 있다. 크라우드워커를 근로자로 보는 순간 플랫폼의 일부 서비스는 고용중개사업과의 정합성이 문제된다. 이처럼 플랫폼은 크라우드워커의 근로자성에 강하게 의거한 사업모델로 되어 있다.

플랫폼사업과 고용중개사업 등은 표면적으로 서비스가 유사하지만, 근로자성의 유무에 의해 위치가 다르다. 전자는 상거래의 마켓 플레이스이고 후자 중에는 예전에는 엄격히 규제되다가 규제가 완화된 사업도 있다. 이 때문에 플랫폼의 위치지움을 둘러싸고 향후 원칙은 자유인가 아니면 규제할 것인가라는 방향성에 관한 문제가 있다. 플랫폼과 그 크라우드워커에 관한 법제도를 검토함에 있어서는 우선 그 위치지움을 해결하는 것이 중요하다.

현재 고용중개사업에 부과되어 있는 규제가 플랫폼에 가해지지 않는 이유는 세 가지가 있다. 첫째, 여명기에 있는 새로운 서비스이므로 플랫폼사업은 실태와 평가가 이루어져 있지 않았기 때문이다. 둘째, 규제할 필요가 없기 때문이다. 인터넷 상의 구인・구직자 정보의 제공 사업에는 규제가 없으므로 플랫폼에 대해서도 규제는 필요하지 않다는 고려방식이 충분히 있을 수 있다. 공유 경제에도 규제는 필요 최소한에 머무르고 자주적인 틀이 기대되고 있다. 셋째, 이용자가 근로자가 아니기 때문이다. 현 상태의 법제도에서는 이용자가 근로자가 아니라는 점만으로도 고용중개사업 등과의 정합성을 고려할 필요는 없는 것이다. 이러한 이유가 있는 한 플랫폼을 고용중개사업과 같은 평면위에서 취급할 근거가 없다.

그런데 플랫폼의 크라우드워커의 근로자성이 세계적으로 문제되기 시작했다. 근로자성 문제는 크라우드워커에게는 권리와 보호의 범위, 플랫폼에게는 인건비의 부담 등과 결부되어 매우 중요한 문제이다. 그리고 크라우드워커의 근로자성을 인정하면 플랫폼을 노동시장의 어디에 위치지

울 것인가도 노동법의 중요한 이슈가 된다. 플랫폼의 크라우드워커 대부분은 자유로운 일하는 방식(근무방식)을 원하고 피용자가 되기를 원하지 않는다. 하지만, 수입(소득)의 불안정과 수준, 사회보험의 부담에 대해서는 불만을 가지고 있다. 그래서 근로자개념 내지 유사근로자의 개념의 재구성과 가내노동법의 현대화 등 다양한 방법이 제안되고 있다. 이 제안들에는 임금 등 근로기준과 사회보험 부담률 등 무엇을 피용자에게 가깝게 할 것인지, 부업・겸업이나 가계 보조적인 취업자도 대상으로 할 것인지를 두고 깊은 고민이 필요하게 된다.

크라우드워커(작업자)의 근로자성에 대한 논의에 앞서 그 필요성을 포함하여 플랫폼에 관한 법제가 검토에 오를 수 있다. 특히 원래 법제도가 필요한 것인가 하는 점도 근본적으로 검토해야 할 매우 중요한 작업이다. 규제 위주가 아닌 과제위주로 논의를 진행하는 것이 필수적이며, 플랫폼 사업 특유의 과제에 초점을 맞춘 검토가 요청된다.

다음은 개인도급의 크라우드워커의 보호를 플랫폼에 대한 사업규제를 통해 할 것인가? 크라우드워커를 직접 대상으로 할 것인가라는 점이 있다. 개인도급의 크라우드워커의 대부분은 플랫폼을 이용하지 않기 때문에 플랫폼에 대한 규제에서 할 수 있는 범위는 제한적이다. 따라서 크라우드워커를 모두 사업자와 고용관계에 있는 근로자파견과 같이 사업법과 근로자보호법을 하나의 법률로 하여 사업규제를 통해 크라우드워커를 지원하는 방향으로는 충분히 목적을 달성할 수 없다. 개인도급의 크라우드워커 전체에 대한 대책을 강구하려면, 플랫폼에 대한 규제가 아니라 크라우드워커에게 직접 적용하는 제도설계가 필요하다. 게다가 플랫폼의 크라우드워커는 국외에도 널리 퍼져있다. 소득수준과 취업기회의 격차를 이용하여 서비스가 제공되고 있기 때문에 여러 나라를 횡단한 요금설정과 규제에는 한계가 있다. 그 점에서도 사업 규제를 하기보다는 국내의 크라우드워커에게 직접 적용되는 법제도가 요구된다.

더욱이 사업규제 차원에서도 논점이 된다. 현재의 고용중개사업 등의 규제에는 몇 가지 수준이 있다. 도급사업에는 규제가 없고, 직업소개사업에는 사업규제가 근로자파견에는 사업규제 및 근로자보호를 위한 규제가 있다. 이들은 사업자의 관여와 책임의 정도에 따른 것이다. 규제를 하지 않는 것도 포함하여 그들을 고려하여 규제수준을 검토할 필요가 있을 것이다.

역시 크라우드워커, 플랫폼 사업 모두에 대해서도 우선 현행법제에서 가능한 것을 적용하는 것이 대전제이다. 현행법제에 대응하고도 여전히 남아 있는 사항에 한하여 새로운 법제도는 검토되어야 한다.

IV. 크라우드워커와 새로운 연대의 기반마련

1. 자영, 고용, 시장 그리고 고용중개

공유 경제는 자영과 고용, 마켓플레이스(시장)와 고용중개사업이라는 두 경계에 있다. 그 경계는 융합하고 있으면서 이제 어느 하나만에 의거한 논의는 한계가 있다.

성장이 기대되는 공유 경제에서는 플랫폼의 자주적 대처에 의한 발전이 우선 가장 중요하다. 자유를 지향하는 인터넷이라 하더라도 노동에 관한 서비스인 한 일정한 수준의 규제는 필요하다. 직업소개 등 이미 법규제가 있는 서비스에 관해서는 당연히 그 규제가 적용된다. 그렇지만 무모하게 규제하여 발전을 저해함으로써 크라우드워커(작업자)와 기업의 효용을 낮추는 규제는 필요최소한에 그쳐야 하고 서비스창발과 불량사업자의 도태를 촉진시켜야 한다.

그리고 크라우드워커(작업자)의 근로자성은 크라우드워커(작업자)에게 매우 중요할 뿐 아니라 플랫폼 사업의 존재방향에도 큰 영향이 있다. 근로자성을 인정하면 플랫폼 사업도 노동시장법제의 영역 안에 들어오는데, 모든 개인도급이 플랫폼을 사용하는 것은 아니기 때문에 크라우드워커의 보호와 사업규제를 나누어 논의하는 것이 중요하다. 전자에 관해서는 근로자개념 내지 유사근로자의 개념의 재구성과 가내노동법의 현대화 등 크라우드워커를 직접 대상으로 한 제도설계가 필요하다.

자영과 고용 사이의 일하는 방식, 시장과 고용중개사업 사이의 플랫폼 그리고 공유 경제에 의해 떠오르고 있는 것은 오래되었지만 여전히 새로운 노동시장의 과제이다. 그 실재 모습의 모색은 노동시장의 고도화를 향한 초석이 될 것이다.

2. 소결

1) 크라우드소싱에 대한 노동법적 규제 방법론

이 글에서는 크라우드소싱이라는 현상의 분석과 법적 규제의 바람직한 방법을 검토하였다. 사실 크라우드소싱이라는 현상이 나타난 지 얼마되지 않았고, 크라우드소싱을 둘러싼 학술연구도 막 시작되었다고 할 수 있다. 그렇다고는 하나 이미 많은 플랫폼이 출현하고 또한 거기에서 활동하는 크라우드워커의 수도 증가하고 있다. 그리 멀지 않은 장래에 크라우드소싱에 의한 고용노동의 대체 혹은 불안정한 취업상태에 놓인 크라우드워커의 문제가 매우 중요해질 것이다.

위와 같은 문제의식은 우리나라의 논의 속에서도 계속될 것이다. 그렇기 때문에 크라우드소싱이라는 현상에 대한 노동법의 바람직한 대응방법이 검토되어야 한다. 원래 크라우드워커는 노동법의 적용대상자일 수 있을까? 혹은 크라우드소싱이란 노동법이 대응해야 하는 문제일까? 이 점에 관해서 살펴 본 외국의 논의들은 아직 해결책을 제대로 찾았다고는 할 수 없다. 그러나 대다수의 견해는 기존의 근로자개념, 유사근로자의 개념 혹은 가내근로자의 개념으로는 크라우드워커를 충분히 파악할 수 없거나 혹은 충분한 규제가 미칠 수 없다는 인식을 공유하면서 노동법의 '업데이트'를 위한 논의를 전개하고 있는 것으로 생각된다. 크라우드소싱이라는 현상에 대한 대응을 다른 법규제(예를 들어, 경쟁법이나 계약규제)에 맡기지 않고 여전히 노동법이 대응해야 하는 문제로 검토하고자 하는 점에서 적잖이 공감대가 존재하고 있는 것으로 보인다. 우리나라에서 크라우드소싱이라는 현상에 대한 대응을 검토함에 있어서 유용할 것이다.

2) 크라우드워커의 근로자성

크라우드워커가 노동법의 적용대상자가 될 수 있는가라는 문제와 관련하여 크라우드소싱이라는 현상이 기업조직이나 고용노동의 양상을 크게 바꿀 가능성이 있다는 점에서 보면, 여전히 많은 문제가 존재하는 것이라고 할 수 있다.

우선 기업조직이라는 공간적 동일성을 공유하지 않고, 고립된 생활공간에서 노무를 제공하는 크라우드워커가 늘어나는 미래에 종업원대표나 노동조합의 바람직한 모습은 어떠해야 하는가라는 문제에 직면하고 있다[40]. 이에 대해서는 디지털 구조변화에 성공적으로 대처하기 위해서는 복잡다단하게 분열되어 있는 현행법상 다양한 근로자 대표를 통일적이고 명확하게 재설계하는 것이 필요하며, 더 나아가 노동조합의 사각지대인 영세 중소기업의 근로자 및 비정규직 근로자의 보호뿐만 아니라, 플랫폼 자영업자(크라우드워커) 등 고용 및 소득이 불안정한 취약계층이 플랫폼 사업자(기업)와 공정한 계약관계를 유지할 수 있도록 하려면 종사자들의 대표 조직을 구축하도록 하는 것이 필요하다는 견해[41] 가 유력하게 제기되고 있다.

분명히 크라우드워크와 같은 자영적 취업은 자율적인 그리고 고용관계에 의하지 않는 일하는 방식이다. 따라서 사회안정망의 편입을 고려한 외에도 기본적으로는 개인이 경제적으로 자립하여 약자가 되지 않도록

---

40) 이에 관한 국내문헌으로서 권혁, "4차 산업혁명시대 노동법체계 개편에 관한 정망", 『노동법포럼』 2021호, 2017.7.; 김기선, "대안적 근로자대표제의 모색", 『노동법포럼』 2021호, 2017.7.; 박지순, "한국형 근로자대표제의 構想", 『노동법논총』 제42집, 2018.4. 참고. 기업내부형・기업외부형 크라우드소싱을 둘러싼 종업원대표법제의 바람직한 양상을 검토하는 것으로서, *Däubler/Klebe*, a.a.O., S.1040ff. 또한 *Däubler*, a.a.O., S.270-272는 인터넷상에서의 플랫폼 클라이언트의 모니터링이라는 점에서 노동조합의 새로운 역할을 찾는다. 그 외 *Krause*, a.a.O., B.107은 플랫폼상의 노동조합의 조직화의 가능성을 지적한다.

41) 박지순, 4차 산업혁명과 노동법의 과제, 노사공포럼 발표문, 19-20면 참고.

하는 자조를 위한 서포트가 중심이 되어야 하는데, 이를 위해서는 새로운 연대의 기반이 필요하다. 이것이 공조다.

예를 들어 인터넷사회가 널리 퍼진 만큼 아날로그적인 휴먼터치의 니즈가 높아진다. 아무리 VR・가상현실의 기술을 사용해도 실현될 수 없는 오프라인과 연결되는 자신이 생활하는 가정과 지역(코뮤니티)이 클로즈업될 것이다. 크라우드소싱에서의 크라우드워크는 워크・라이프・밸런스를 실현하기 쉬운 일하는 방식이다. 사람이 시간, 장소를 기호대로 선택해 일(워크)을 하는 사회가 도래하면 자신의 생활의 장이야말로 연대의 기반이 된다. 거기에서의 공조가 개인이 활동(직업생활만은 아니다)을 하는 데에서 지탱하게 될 것이다.

더욱이 같은 직업(사업)을 영위하는 자 등이 네트워크를 만들어 정보교환을 하는 형태도 넓게 퍼질 것이다. 종래의 정규사원제도하에서 기업이라는 조직에 귀속하는 자가 기업별 노동조합을 만들어 특권적인 보장을 확보하는 구조는 붕괴되고 있다. 기업외에서의 새로운 귀속과 연대의 기반이 필요하게 된 것이다. 그 하나의 가능성이 동업자가 그 직업을 중심으로 단결하는 것이다. 자영적 취업자의 사업자로서의 단체의 성격은 이론적으로는 어려운 문제[42]이지만, 노동조합과의 유사성을 근거로 한 검토가 필요할 것이다. 다만, 동업자 단체가 일찍이 길드로 불린 노동법의

---

42) 다만 크라우드워크와 같은 자영적 취업자의 단체가 독점규제 및 공정거래에 관한 법률상의 사업자단체(제2조 제4호)로 간주된다면 독점금지법의 규제를 받을 가능성도 있다(제3조의 2). 이 점이 노동조합과 다르다. 보수에 대해 담합을 하는 행위는 노동조합에서는 인정되지만(법적으로도 조합원에 의한 임금인하의 금지는 단체협약의 규범적 효력으로서 승인되고 있다: 노조법 제33조), 사업자단체에서는 허용되지 않는다.

탄생 시 개인의 직업활동에 억압적으로 기능한 것을 잊어서는 아니 된다. 이러한 자영적 취업자의 직업단체는 신분적인 구속관계를 만들어내는 것은 아니어야 하며, 노동조합이 집단우위의 사상과 조직의 논리로 개별 조합원에게 억압적으로 되기 쉬운 것(조합이 탈퇴하거나 제명된 조합원을 해고할 것을 기업에 의무지우는 유니온 숍협정이 그 전형적인 예이다)도 반성해야 한다. 공조는 자율적인 개인의 주체적인 연대여야 한다. 또한 크라우드소싱이 국경을 초월하여 전개된다고 하면 재판관할이나 준거법의 문제가 부상하게 될 것이고,[43] 초국가적(trans-international)인 대응이 요구받게 될지도 모른다. 이러한 문제에 대해서도 이제 연구를 본격적으로 하여야 할 시기가 도래한 것이다.

43) Vgl. *Däubler*, a.a.O., S.265ff.

제4부

4차 산업혁명시대 사회안전망 강화를 위한 노동 관련 법제도 개편

| 제1장 | 고령화시대 고령자 고용 확대를 통한 사회안전망 강화

I. 현행 고령자 고용에 관한 법체계 주요 내용

1. 인구구조의 변화와 4차 산업혁명

2017년 8월 말 통계에 따르면 우리나라 65세 이상 인구는 725만 7,288명이다. 이는 전체 인구인 5,175만 3,820명의 14.02%를 차지하는 숫자이다. 이로서 우리나라는 '고령사회'에 들어서게 되었다. UN(국제연합)은 한 국가의 65세 이상 인구가 전체 인구의 7% 이상이면 '고령화 사회(Ageing Society)'로, 14% 이상이면 '고령사회(Aged Society)'로, 20% 이상이면 '초고령사회(post-aged society)'로 분류한다. 우리나라가 고령사회로 진입한 것은 당초 통계청의 예상보다 1년이 빠른 시점이다. 이런 추세라면 2026년에 우리나라가 '초고령사회'로 들어갈 것이라는 것이 UN의 전망이다.[1)]

위와 같은 인구의 고령화는 전 세계적인 현상이다. 이는 필연적으로 고용문제와 결부될 수밖에 없다. 모든 인간이 근로를 통해서 삶을 영위해

---

1) 행정안전부, 「연령별 인구현황」, 2017.8. 기준. 통계자료를 소개하는 문헌으로서 예컨대 김영국, "고령사회 주거복지정책의 법적 쟁점과 개선 방안 ― 국민연금기금의 활용 방안을 중심으로 ―", 『법학논총』(제40집), 2018.1., 79면 각주 1) 및 2) 참고.

나가야 함은 자명하고, 고령자라고 해서 다르지 않기 때문이다. 그러나 전쟁과도 같은 실업문제가 고령자의 고용 안정 내지 확대에 저해요소라는 점 또한 분명하다.[2] 더욱이 고령자의 고용문제는 저출산현상과 맞물리면서 그 문제성을 더욱 극명하게 드러내고 있다. 인구의 고령화와 저출산현상이 생산가능인구(15세~64세)의 감소를 야기할 것임은 명백하기 때문이다. 우리나라의 경우 2060년에는 생산가능인구가 전체 인구의 49.7%까지 떨어질 전망이며, 그 결과로서 2060년에는 실질성장률이 0.8%에 그칠 것으로 예상된다.[3]

아마도 이즈음 4차 산업혁명 시대가 열리고 있는 것은 다행인지도 모른다. 만약 4차 산업혁명이 생산가능인구의 감소와 관련하여 긍정적으로 평가될 수 있다면, 그것은 아마도 생산과정에서 요구되는 실질노동인구가 4차 산업혁명 하에서는 급격히 감소해도 좋다는 점이다. 예컨대 종래의 공장자동화시설의 수준을 넘어서는 이른바 '스마트 팩토리(Smart Factory)' 또는 '스피트 팩토리(Speed Factory)'는 적은 수의 관리자 역할만이 필요하다. 다만 고령근로자가 적합한 관리자로서의 역할을 수행하기 위해서는 지금까지와는 다른 업무 수행능력을 갖추어야 할 것이다.

동일한 문제임에도 불구하고 전혀 다른 시각에서 본다면, 4차 산업혁명을 통해서 형성될 노동시장의 고령화 문제는 노동시장 내 인적 자원의

---

2) 동일한 이해로서 권오봉/권혁, "고령자고용촉진제도의 사회법적 의미 ― 고령자에 대한 기간제 근로계약을 중심으로―", 『법학연구』(제52권 제4호), 부산대학교 법학연구소, 2011, 205면 이하.

3) 통계청, 「주요 연령계층별 추계인구」(생산가능인구, 고령인구 등), 2017.1.

'양적 부족'과 '질적 하향' 현상을 동시에 야기할 가능성을 내포한다. 다시 말해서 고령근로자가 변화하는 노동시장에 적응하지 못하는 경우에는, 가용 노동인력의 고령화가 4차 산업혁명 시대의 노동시장에서 양적·질적 문제의 중심에 있게 된다.

2. 고령자 고용 관련 법체계

1) 고령자의 고용 현황

2016년 현재 한국에서 65세~70세 고령자의 고용률은 OECD 회원국 가운데 높은 편에 속한다. 그러나 그 고용률은 정년시기에 따른 것이 아니다. 2016년 현재 고령근로자들은 일반적으로 50세 전후에 정년을 맞이하고 있다. 그리고 이후에는 희망근로나 비정규직과 같은 단기·저임금 일자리에 종사하게 됨으로써 결과적으로 고용률이 높아진 것이다. 예컨대 55세~64세의 정규직 근로자는 약 33%인 반면, 비정규직 근로자는

표 8 고령자 고용 동향

(단위: 천 명, %)

	2013년	2014년	2015년	2016년	2017년
생산가능인구 (15세~64세)	42,304	42,795	43,239	43,606	43,931
고령생산가능 인구비중	14.0	14.6	15.4	16.3	16.8
고령자경제 활동참가율	65.8	67.4	67.9	68.1	69.1
고령자고용률	64.4	65.8	66.0	66.2	67.5
고령자실업률	2.1	2.5	2.8	2.8	2.4

표 9 노인빈곤율(최근 5년)

(단위: %)

노인빈곤율		2012년	2013년	2014년	2015년	2016년
상대빈곤율[4]	처분가능소득 기준[5]	47.2	48.1	47.4	44.8	46.5
	시장소득 기준[6]	60.3	61.3	62.5	63.2	65.5
절대빈곤율[7]		33.7	34.5	33.2	28.8	32.5(예상)

67%에 달한다.[8]

물론 여러 가지 사회·경제·정책적 요인들이 고려되어야 하지만, 적어도 조기퇴직과 이후의 단기·저임금 일자리가 노인빈곤에 지대한 영향을 미친다는 점은 부인될 수 없다. 더욱이 한국의 노인빈곤율은 2012년 기준 OECD회원국 중 가장 높은 수치를 나타내고 있으며, 2위인 스위스보다 2배가량 높다고 한다.[9] 노인빈곤율의 추이를 살펴보면 ① 상대빈곤율은 대체로 45%를 훨씬 상회하거나(처분가능소득 기준), 60% 이상을 유지하고 있으며(시장소득 기준), ② 절대빈곤율은 33%를 기준으로 증가와 감소를 반복하고 있다.

이러한 고령자 고용 현황을 개선하고 노인빈곤율을 타개하는 입법적

---

4) 통계청, 「소득분배지표」, 2017.5, 연령 65세 이상.

5) 처분가능소득=시장소득+공적이전소득−공적이전지출.

6) 시장소득=근로소득+사업소득+재산소득+사적이전소득.

7) 한국보건사회연구원, 「2016년 빈곤통계연보」, 2016.12, 연령 65세 이상(2016년은 예상).

8) 정문주, "고령자 고용 현황과 정책 방안", 『노동사회』(제183권), 2015.7·8., 12면.

9) 정문주, "고령자 고용 현황과 정책 방안", 『노동사회』(제183권), 2015.7·8., 12면.

조치로서, 무엇보다 2013년 5월 22일 「고용상 연령차별금지 및 고령자고용촉진에 관한 법률」(이하 '고령자고용법')의 '정년연령'이 개정되었다. 동 법률은 그 외에 고령자를 보호하기 위한 연령차별금지 및 고용촉진을 위한 규정들을 포괄적으로 담고 있다.

2) 고령자고용법의 주요 내용

(1) 개관

고령자고용법은 합리적인 이유 없이 연령을 이유로 하는 고용차별을 금지하고, 고령자가 그 능력에 맞는 직업을 가질 수 있도록 지원하고 촉진함으로써, 고령자의 고용안정과 국민경제의 발전에 이바지하는 것을 목적으로 한다(동 법 제1조).[10] 현행 고령자고용법은 1991. 12. 31.에 고령자 고용촉진을 목적으로 제정되어, 1992. 7. 1.부터 시행되었다. 이후 7차례의 개정을 거쳐, 2008. 3. 21. 연령차별금지조항을 포함하도록 개정되어 현재와 같은 법명(고용상 연령차별금지 및 고령자고용촉진에 관한 법률)으로 2009. 3. 22.부터 시행되었다. 2013. 5. 22. 개정을 통해 60세 정년을 의무화했으며, 2016. 1. 1.부터는 상시근로자 300명 이상 사업 또는 사업장에, 2017. 1. 1.부터는 상시근로자 300명 미만 사업 또는 사업장에 적용되고 있다. 고령자고용법은 '연령차별금지' 및 '정년' 등에 관한 규정들로 구성되어 있다.[11]

---

10) 그 밖에 고령자 관련 법률로서 「저출산・고령사회기본법」(2005.5.18. 제정, 같은 해 9.1. 시행), 「고령친화산업 진흥법」(2006.12.28. 제정, 2007.6.29. 시행) 등이 있으며, 기타 복지 관련 법제로는 노인복지법, 기초연금제도, 노인장기요양보험제도 등이 있다.

(2) 법률의 주요 내용

가) 연령차별금지

(가) 개관

1991. 12. 31. 고령자고용촉진법(현 '고령자고용법')이 제정될 당시에 연령차별금지조항은 동 법에 포함되지 않았고, 그로 인해 고령자 고용촉진법은 한계를 가질 수밖에 없었다. 예컨대 법 시행 이후 2003년 국가인권위원회에 접수된 '평등권침해 차별행위' 사건 358건 가운데, 연령차별 진정사건이 21건에 달했다. 이는 전년도 대비 6배가량 늘어난 수치였다. 따라서 고령자 고용촉진법에 연령차별금지조항을 신설해야 할 필요성이 더욱 강하게 주장되었다. 고령자의 고용촉진 및 고용안전, 나아가 다양한 노동인력의 활용을 도모하고자 연령차별금지조항을 신설하기 위한 법개정(2008. 3. 21.)이 이루어졌고, 2009. 3. 22.부터 연령차별금지규정이 적용되고 있다.[12)]

(나) 차별금지의 내용

고령자고용법은 연령차별금지에 대한 책무를 부담하는 자를 정부와 사업주로 규정한다. 우선 정부는 고용에서 연령을 이유로 차별하는 관행

---

11) 이와 더불어 고령자고용법은 '고령자의 고용촉진 및 고용안정'과 관련하여 사업주의 고령자 고용 노력의무, 고령자 고용촉진을 위한 세제지원, 우선고용직종의 선정과 고용 등의 규정을 마련해두고 있다(동 법 제12조 내지 제18조).

12) 정순돌/이미우, "우리나라, 미국, 네덜란드의 고용상 연령차별 금지법: 연령차별의 개념과 적용대상", 『보건사회연구』(제32권 제2호), 한국보건사회연구원, 2012, 125면. 다만 우리의 연령차별금지조항은 차별금지 「법제」에서 다루어지지 않고, 개정 전 고령자고용촉진법에 몇 개의 조항을 부가한 형식을 채택하고 있다.

을 해소하기 위하여 연령차별금지정책을 수립하고 시행해야 한다. 고령자의 고용에 관하여 사업주와 국민 일반의 이해를 높이고, 고령자의 고용촉진과 직업안정을 꾀하기 위하여 고령자 고용촉진 대책을 수립하고 시행하며, 직업능력 개발훈련 등 필요한 시책을 종합적이고 효과적으로 추진해야 한다(동 법 제3조). 그리고 사업주는 연령을 이유로 하는 고용차별을 해소하고, 고령자의 직업능력 개발과 향상, 작업시설 및 업무 등의 개선을 통하여 고령자에게 그 능력에 맞는 고용 기회를 제공함과 아울러 정년연장 등의 방법으로 고령자의 고용이 확대되도록 노력해야 한다(동 법 제4조). 특히 사용자는 합리적인 이유 없이 모집・채용, 임금・임금 외의 금품지급・복리후생, 교육・훈련, 배치・전보・승진, 퇴직・해고에 있어서 연령을 이유로 근로자 또는 근로자가 되려는 자를 차별하여서는 아니 된다(동 법 제4조의4).

나) 정년 60세 의무화

고령자고용법에 따라서 사업주는 근로자의 정년을 60세 이상으로 정해야 하며, 만약 사업주가 근로자의 정년을 60세 미만으로 정한 경우에는 정년을 60세로 정한 것으로 간주된다(동 법 제19조 제1항, 제2항). 동 조항은 2016. 1. 1.부터 단계적으로 적용되어, 2017. 1. 1.부터는 모든 사업 또는 사업장에 적용되고 있다.[13]

13) 다만 「공공기관의 운영에 관한 법률」 제4조에 따른 공공기관, 「지방공기업법」 제49조에 따른 지방공사 및 동 법 제76조에 따른 지방공단에 대해서도 동일하게 단계별로 적용되었다.

고령자고용법은 또한 정년을 연장하는 사업 또는 사업장의 사업주와 근로자의 과반수로 조직된 노동조합(근로자의 과반수로 조직된 노동조합이 없는 경우에는 근로자의 과반수를 대표하는 자)은 그 사업 또는 사업장의 여건에 따라 임금 체계 개편 등 필요한 조치를 하도록 규정한다(동 법 제19조의2 제1항). 이때 필요조치를 촉진하기 위하여 동 법은 고용노동부장관으로 하여금 필요한 조치를 한 사업 또는 사업장의 사업주나 근로자에게 고용지원금 등 필요한 지원을 할 수 있도록 하며, 나아가 정년을 60세 이상으로 연장하는 사업 또는 사업장의 사업주 또는 근로자에게는 임금 체계 개편 등을 위한 컨설팅 등 필요한 지원을 할 수 있도록 정하고 있다(동 조 제2항; 제3항).[14]

다) 연령차별금지 예외 규정

고령자고용법은 연령차별금지의 예외 규정을 마련해두고 있다. 이러한 예외 규정을 통해서 제한적으로 법적용의 탄력성을 확보하려는 것으로 이해된다. ① 직무의 성격에 비추어 특정 연령기준이 불가피하게 요구되는 경우, ② 근속기간의 차이를 고려하여 임금이나 임금 외의 금품과 복리후생에서 합리적인 차등을 두는 경우, ③ 동 법 또는 타 법에 따라 근로계약, 취업규칙, 단체협약 등에서 정년을 설정하는 경우, ④ 동 법 또는 타 법에 따라 특정 연령집단의 고용 유지 및 촉진을 위한 지원조치를 하는 경우에는 연령차별금지조항이 적용되지 않는다(동 법 제4조의2).

---

14) 고령자고용법 제19조의2가 규정하는 임금 체계 등 필요한 조치는 이를 강제할 정책적 수단이 없기 때문에 동 조의 의미는 크지 않다고 한다. 이승길, "고령자 고용촉진법에 따른 임금피크제에 관한 소고", 『노동법학』(제48호), 한국노동법학회, 2013, 44면.

3. 정년 60세 규정과 연금제도

1) 연금수급연령

모든 국민은 일정한 요건을 충족하는 경우에 국민연금법에 따른 노령연금, 장애연금, 유족연금, 반환일시금 등의 급여를 지급받는다. 이 가운데 노령연금은 가입기간과 '연령'에 따라 지급받으며, 수급연령은 원칙적으로 60세이다(동 법 제61조). 그리고 2013. 1. 1. 시행된 동 법 부칙 제8조에 따라서 노령연금 수급연령이 2012년까지는 60세였고, 2013년(61세)부터 매 5년마다 1세씩 늘어나서 종국에는 2033년에 65세까지 도달하게 된다. 2018년 현재 노령연금 수급연령은 62세이다.

표 10 출생 연도별 노령연금 수급연령(법률 제8541호)

~1952년생	1953~ 1956년생	1957~ 1960년생	1961~ 1964년생	1965~ 1968년생	1969년생~
60세	61세	62세	63세	64세	65세

2) 정년 60세와의 관계

고령자고용법에 따라 2018년 현재 정년연령은 60세이다(동 법 제19조). 즉 60세 이후의 고령자는 동 법이 규정하는 보호영역에서 이탈하게 된다. 말하자면 실업의 상태에 내몰리게 되는 것이다. 그러나 2018년 현재 노령연금 수급연령은 62세부터이다. 정년연령과 2년의 차이를 보인다. 결과적으로 2018년 정년퇴직자는 적어도 2년간은 연금으로부터 소득을 얻을 수 없게 되었다.

이는 노령연금 수급연령이 5년마다 1세씩 늘어나 종국적으로 65세

(2033년)에 달하게 되는 경우에 더욱 심각한 문제를 야기한다. 2033년 60세로 정년을 맞이하게 되는 고령근로자는 5년을 기다려야 연금수급자격을 얻게 된다. 그 사이에 60세 정년 이후 일정 기간이 도과할 때까지 노령연금을 수급하지 못하면서 생계를 이어가야 하는 고령근로자는 당연히 늘어나게 될 것이다. 이와 같이 '정년연령'과 '노령연금 수급연령'이 연계되어있지 않음으로써 발생하는 문제는 이미 고령사회로 접어든 우리사회가 현실적으로 직면하고 있는 중대한 사안이다. 요컨대 정년연령을 고령연금 수급연령에 맞추어서 단계별로 상향조정하는 등의 정책마련이 시급해 보인다. 이러한 측면에서 독일, 프랑스, 일본 등이 실시하고 있는 연금제도와 정년제도의 연계정책은 우리에게 있어서 유의미하고, 그 시사점 또한 작지 않다.

II. 독일의 연금개혁과 고령자 고용촉진제도

1. 초고령사회의 출현과 4차 산업혁명

고령근로자는 4차 산업혁명이 가져올 이른바 '디지털 노동시장(Digitale Arbeitswelt)'의 사회적 요보호자로서, 이들의 고용안정이 무엇보다 법적 수단을 통해서 보장되어야 한다. 이미 인구고령화와 4차 산업혁명에 대한 대책을 전략적이고 주도적으로 선도해 온 독일의 법제도들은 상당한 의미를 지닌다고 할 것이다.

독일은 일본, 이탈리아와 함께 초고령국가에 속한다. 표면적으로 보자면 이미 저출산·초고령사회로 접어든 독일의 경쟁력은 심각한 어려움에 직면했어야 한다. 그러나 독일은 일찍이 이에 대한 문제를 인식하고, 적절하게 대처하면서 현재에 이르고 있다. 오늘날 독일은 초고령사회로 진입한 후에도 높은 경제성장률을 유지하고 있으며, 국가의 재정건전성 및 경쟁력은 오히려 상승하였다.[15]

이러한 결과를 가져온 원동력은 무엇보다 실천의 근간이 되는 독일의 관련 법제도일 것이다. 특히 독일은 노동시장 내 고령자의 고용유지 및 재취업 등과 관련하여 '근로조건'을 중심으로 법제도적 장치를 구축해 놓고 있다.

2. 독일 연금제도: 연금수급연령제한법(정년 67세 법안, Rente mit 67)[16]

1) 법안 개혁의 배경

주지하는 것처럼 출생률의 감소와 기대수명의 연장에 따른 변화는 당연히 적극적인 영리활동시기 및 연금수령시기에 대한 직접적인 관계변

---

15) 이러한 '초고령사회와 독일의 경쟁력 유지'에 관하여 미래연구본보, "초고령 사회, 독일의 경쟁력 유지 비결 ― 공급/수요 양방향의 고령화 대응 필요", 『경제주평(Weekly Economic Review)』(14-20호), 현대경제연구원, 2014.5.16.

16) 연금수급연령제한법(RV-Altersgrenzenanpassungsgesetz)과 관련하여, 이하의 저출산·고령화에 대한 문제인식 및 해결방안은 연방정부(Bundesregierung)와 CDU(기독민주당), CSU(기독사회당) 및 SPD(사회민주당)가 함께 제출된 법안(Gesetzentwurf)에 담겨져 있었다. 이 법안은 2007.3.에 연방하원을 통과하여, 다음 달에 공포되면서 확정되었다. 연방정부의 법안에 관하여 BT-Drs. 16/4372, 16/4420을, CDU, CSU 및 SPD의 공동법안에 관해서는 BT-Drs. 16/3794를 참고.

화를 가져왔다. 연금수급연령제한을 위한 법안에 따르면 연금수령'기간'은 지난 40년간 평균적으로 대략 6년에서 17년으로 길어졌다. 2030년까지 기대수명이 65세인 남녀에 있어서 2.8년 더 연장된다. 그러나 고령인구 가운데 생업에 종사하는 사람은 많지 않다. 55세부터 64세까지의 인구 가운데 영리활동의 인구비율은 대략 45%이며, 이는 영리활동이 가능한 모든 연령대에 대한 실제 생업종사자의 비율(대략 65%)보다 낮은 수치다. 따라서 이러한 변화에 대응하는 것이 중요하다. 또한 장래에는 전문성을 갖춘 젊은 근로자들이 감소할 것으로 전망된다. 독일은 연금수급개시연령을 늦춤으로써, 경제 강국으로서의 입지와 경쟁력을 계속해서 유지하고, 고령근로자의 경험과 지식을 적극적으로 활용할 필요성을 인정했다. 결국 독일은 기존 65세인 연금수급연령을 67세로 상향하기 위한 '연금수급연령제한법'을 제정하게 되었다.

2) 법안개혁의 과정과 결과

(1) 독일 연금제도의 탄생과 발전[17)]

독일의 법정연금제도는 지금으로부터 약 130여 년 전에 탄생하였다. 1889년 6월 22일에 이른바 '불확실성과 노후를 위한 보험에 관한 법률'이 제국의회를 통과하면서 독일의 법정연금제도가 탄생되었다. 특히 독일 법정연금제도는 1990년 이후에 커다란 변화를 경험하게 된다.

첫째, 1989년에 이루어진 개혁에 따라 1992년부터 시행된 법정연금제

17) 독일의 법정연금제도의 탄생과 발전에 관하여 무엇보다 전광석, 『독일사회보장법과 사회정책』, 박영사, 2008, 57~58면.

도는 형식적인 면에서 각종 연금보험법들(예컨대 노동자연금보험법, 사무직근로자연금보험법, 광산노동자연금보험법, 수공업자연금보험법 등)이 단일한 법체계 내에서 통합되어 규율되었다.

둘째, 이후 3년 만에 이루어진 1992년의 개혁은 특히 조기노령연금과 관련하여 의미를 가진다. 즉 ① 당시의 조기노령연금은 연금의 조기수급에 따른 가입기간의 단축으로 인해 그 수준이 낮았던 반면, ② 연금의 수급기간이 길었기 때문에, 결과적으로 통상적인 노령연금수급과 비교하여 불이익을 받지 않았다. 이러한 이유에서 1992년의 개혁을 통해 연금의 '산정기준'을 가입자의 총임금에서 순임금으로 조정하고, 이에 따라 전보다 낮아진 수준의 조기노령연금을 지급함으로써 재정 안정화를 이루어 나갔다.

셋째, 2001년의 개혁은 무엇보다 독일 내 인구구조의 변화와 인구고령화가 고려되어 이루어졌다. 결과적으로 ① 노령연금의 수준은 이전보다 낮아졌고, ② 공적연금과 함께 민간보험의 장려를 통한 기업연금 및 개인연금의 균형발전을 이루고자 했다. 이는 특히 인구고령화가 초래하게 될 연금재정의 불안정성을 극복하는 데 목적이 있다.

넷째, 2005년에 이루어진 개혁은 조직적 변화에 초점이 맞추어졌다. 즉 노동자와 사무직근로자를 구분하는 전통적 관행에서 벗어났다. 그리고 조직을 효율적으로 운영함으로써 연금보험의 관리운영비용을 절감하고자 했다.

(2) '정년 67세 법안(Rente mit 67)'의 도입

가) 당초 법안 도입과정에서의 논쟁

노동자 측은 정년연장에 대해 반대 입장에 서 있었다. ① 당시의 법정 연금수급이 정상적인 시점(65세)에 개시되는 비율이 전체 임금근로자 가운데 20%에 불과하고, ② 따라서 '정년 67 법안'에 통해 정년연령이 상향되는 경우에 정상적인 법정연금수급으로 들어서게 되는 비율은 더욱 감소될 것이며, ③ 종국적으로 노동자의 연금부담액은 높아지고, 실질적인 연금수령액은 낮아지는 결과가 발생할 것이라고 비판했다. 이에 노동자 측은 동 법안의 철회를 강력하게 요구하였다.[18]

반면 사용자 측은 '정년 67세 법안' 도입에 적극적인 지지를 보냈다. 특히 독일경총(BDA)의 회장인 훈트(Dieter Hundt)는 "연금재정건전성을 (확보하고) 유지하기 위해 노령연금 수급연령을 67세로 상향조정하는 것은 불가피하다"는 입장을 밝힌 바 있다.[19] 이러한 견지에서 사용자 측은 반대 입장인 노동자 측 및 당시 법안의 수정을 시도했던 독일 사회민주당(SPD)과 대립할 수밖에 없었다.

---

18) '정년 67세 법안'에 대한 노동자 측의 반대 입장에 대한 소개로서 박명준, "최근 독일의 복지개혁 정책에 대한 노동조합의 대응: 연금 및 의료보험 개혁정책을 중심으로", 『국제노동브리프』, 2010.8., 53면 이하.

19) 독일경총 훈트 회장의 당시 인터뷰 내용에 대해서는 Spiegel Online, "Rente mit 67–Arbeitgeber wollen Ausnahmen verhindern", 2006.10.23. 찾아가기: "http://www.spiegel.de/wirtschaft/rente-mit-67-arbeitgeber-wollen-ausnahmen-verhindern-a-444167.html".

나) 경과

노동자 측과 사용자 측의 상반되는 입장이 팽팽하게 맞섰음에도 불구하고, 독일정부는 '정년 67세 법안'을 2007년 4월 20일에 통과시켰다. 독일은 이미 초고령사회에 접어들었고, 초고령사회는 저출산현상과 맞물려 독일사회 전반에 심각한 문제를 야기할 것임이 자명했기 때문이다. 따라서 독일사회는 이러한 인구변화에 적절한 대응방안을 강구할 수밖에 없었고, 그 대책의 일환으로서 바로 '정년 67세 법안(Rente mit 67)'이 마련된 것이다.

독일의 '정년 67세 법안'은 다음과 같은 점에서 그 정당성이 인정된다고 한다. 첫째, 동 법안은 독일 내 인구구조의 변화에 적절히 대응하고 있다. 노령연금 수급연령을 상향조정하여 이른바 법정연금의 긍정적 효과를 강화할 수 있다고 한다. 둘째, 노령연금 수급연령의 상향을 통한 정년연장은 세대 간의 정의 확립에도 기여하는 것으로 평가된다. 말하자면 노령연금 수급연령의 상한을 높임으로써 ① 고령근로자와 비고령근로자가 연금재정의 건전성을 함께 도모함과 아울러, ② 이들 간의 협력관계가 그 상한 시까지 실현될 것으로 보인다. 셋째, 정년연장으로 인해 전문숙련인력이 노동시장에서 여전히 제 역할을 수행함으로써 비전문화로의 퇴행을 방지할 것으로 기대되고 있다.[20)]

---

20) '정년 67세 법안'의 정당성 근거에 대한 소개로서 박명준, "정년연장을 둘러싼 최근 독일에서의 연금개혁 정치", 『국제노동브리프』, 2010.10., 25면 이하.

3) '정년 67세 법안'의 주요 내용[21)]

① 이른바 정년 67세 법안(Rente mit 67)은 법정연금연령의 상한을 2012년부터 2029년까지 단계적으로 65세에서 67세로 상향하는 것을 그 내용으로 한다. 최초 1947년생부터 1958년생까지는 매년 1개월씩 연금수급연령이 상향되고, 1959년생부터는 연금수급연령이 매년 2개월씩 상향된다.

② 최초 1947년생의 연금수급연령은 65세 1개월이며, 2012년에 연금수령이 가능하다. 그리고 1948년생의 연금수급연령은 65세 2개월이므로, 2013년에 연금수령이 가능하게 된다. 이렇게 순차로 1년에 1개월씩 연금수급연령이 늘어나게 되면 1958년생의 연금수급연령은 66세가 되고, 2023년에 연금수령이 가능해진다.

③ 1959년생부터 연금수급연령은 2023년을 기점으로 1년에 2개월씩 늘어난다. 따라서 1959년생의 연금수급연령은 66세 2개월이 된다. 2024년에 연금을 수령할 수 있다. 이렇게 1년에 연금수급연령이 2개월씩 늘어나는 경우 1964년 1월 1일 이후에 출생한 자의 연금수급연령은 2029년을 기점으로 67세가 된다.

---

21) 이에 관한 자세한 소개로서 Schrader, Peter/Straube, Gunnar, "Die Anhebung der Regelaltersrente", in: NJW 2008, S.1025-1028.

표 11 '정년 67세 법안'에 따른 노령연금수급개시시점

출생년도	상향 개월 수	관련 월		노령연금수급개시시점	
			년도	연령(세)	개월
1947 이전	0			65	0
1947	1	01-12	1947	65	1
1948	2	01-12	1948	65	2
1949	3	01-12	1949	65	3
1950	4	01-12	1950	65	4
1951	5	01-12	1951	65	5
1952	6	01-12	1952	65	6
1953	7	01-12	1953	65	7
1954	8	01-12	1954	65	8
1955	9	01-12	1955	65	9
1956	10	01-12	1956	65	10
1957	11	01-12	1957	65	11
1958	12	01-12	1958	66	0
1959	14	01-12	1959	66	2
1960	16	01-12	1960	66	4
1961	18	01-12	1961	66	6
1962	20	01-12	1962	66	8
1963	22	01-12	1963	66	10
1964	24	01-12	1964	67	0

3. 독일 고령자 고용촉진법제

1) 고령근로자의 근로보장

(1) 단시간 및 기간제 근로계약에 관한 법률[22] 제14조

가) 개관

우선 독일 단기법 제1조에 따르면, 동 법은 단시간근로를 촉진하고, 기간제 근로계약의 허용요건을 정하며, 단시간 근로자와 기간제 근로자의 차별을 방지하는 데 그 목적이 있다. 그리고 동 법 제3조는 ① 기간제 근로자란 기간제 근로계약을 체결하여 고용된 자를 말하며, 이때 ② 기간제 근로계약은 그 기간이 역월에 의해 정해지거나(이른바 '역월에 따른 기간제 근로계약'), 근로제공의 형태, 목적 또는 성질에 의하여 그 기간이 정해진 근로계약(이른바 '목적에 따른 기간제 근로계약')을 말한다고 규정한다. 이러한 기본적인 법의 목적과 정의규정에 기초하여 동 법 제14조는 기간제 근로계약의 허용과 관련하여 규정하고 있다.

단기법 제14조는 원칙적으로 모든 근로관계에 적용되며, 그 근로관계가 해고보호법의 적용을 받는지 여부와는 무관하다. 독일 해고보호법 제1조 제1항에 따르면, 근로관계가 동일 사업 또는 기업에서 계속해서 '6개월 이상' 존속한 근로자에 대한 근로관계의 해고는 사회적으로 정당하지 않은 경우에는 법적으로 무효이다. 또한 독일 해고보호법 제23조에 따르

22) 독일의 「단시간 및 기간제 근로계약에 관한 법률」(Gesetz über Teilzeitarbeit und befristete Arbeitsverträge=TzBfG, 이하 '단기법'이라고 함)은 2000.12.21.에 제정되어, 2001.1.1.부터 시행되었으며, 그동안 4차례의 개정을 거쳐서 오늘날에 이르고 있다. 독일의 단기법은 우리의 「기간제 및 단시간근로자 보호 등에 관한 법률」(이하 '기간제법'이라고 함)에 상응하는 법률이다.

면, 직업교육을 받고 있는 자를 제외하고 통상적으로 5명 또는 10명 이하가 근로하는 영세사업(장)에 대해서는 해고보호법 제4조 내지 제7조, 제13조 제1항 제1문 또는 제2문을 제외하고, 해고보호법의 적용이 제한된다. 그러나 이러한 해고보호법의 적용가능 여부에 불구하고, 동 조는 기간제의 합의에 따라서 근로관계가 6개월 이하인 근로자에 대해서뿐만 아니라 해고보호법 제23조상의 영세사업장에서 종사하는 근로자에 대해서도 적용되는 것이다.[23)]

단기법은 강행적인 근로자보호법률이기 때문에, 그 효력에 있어서 당사자들의 임의적 처분에 앞서게 된다(단기법 제23조). 따라서 근로자는 사전적 또는 사후적으로, 예컨대 기간제 근로계약이 무효임을 주장할 수 있고, 이러한 주장이 합의를 통해서 배제되지 않는다.[24)] 반대로 사용자는 제14조가 마련하고 있는 기간제 근로계약의 요건이 충족되는 경우에는 당해 근로관계가 기간제임을 원용할 수 있다.[25)]

---

23) NZA 2005, 218, 219. 한편 단기법 제14조는 직업훈련생에 대해서는 적용되지 않는다. 왜냐하면 직업훈련생에 대하여 기간을 설정한다는 것은 직업훈련관계(Berufsausbildungsverhältnis)의 목적과 본질에 부합하지 않기 때문이다. 직업훈련관계에 있어서는 오히려 그 기간이 각각의 훈련지침에 따르는 것이 합리적일 것이다. 반대로 동 조는 관리자(leitende Angestellte)에 대해서는 적용될 수 있다. 관리자라 하더라도 우선은 기간제로 고용하고자 하는 사용자의 필요에 따라서 제14조를 통해 정당한 근거가 없는 경우에도 역월에 따른 기간제 근로계약이 동 조 제2항에 의하여 허용된다. 나아가 이른바 자유고용관계(freies Dienstverhältnis)의 당사자들은 제14조의 제한을 고려하지 않고 기간제 근로계약을 체결할 수 있다. 이에 관하여 BeckOK ArbR/Bayreuther, 46. Ed. 1. 12. 2017, TzBfG §14 Rn.1ff. 참고.

24) NZA 2005, 896.

25) NZA-RR 2004, 13f.

나) 단기법 제14조 제3항[26]: 기간제 근로계약상 '고령근로자'에 대한 예외규정

(가) 규정의 목적과 적용

단기법 제14조 제3항 제1문에 따르면, 근로자가 기간제 근로관계의 개시 당시에 만 52세에 달하였고,[27] 기간제 근로의 개시 직전 최소 4개월간 실업상태에 있었으며,[28] 기업의 구조조정으로 인한 실업 지원금을 수령하였거나 또는 공공근로에 참여했던 근로자는[29], '정당한 사유가 없더라도' 최대 5년의 기간제 근로계약을 체결할 수 있다. 이 규정은 고령자취업기회개선법[30]을 통해서 단기법 내로 도입되었고, 2007년 5월 1일부터 적용되고 있다.

동 규정은 원래 기간제 근로관계를 형성하기 위한 요건을 '단지' 연령이(2006년 12월 31일까지는) 52세 또는 58세에 달하면 족한 것으로 정하고 있었다. 당시의 규정은 5년의 상한선도 설정하지 않았다.[31] 그러나 이는 유럽법원(EuGH)을 통해서 연령에 따른 차별로 판단되었다.[32] 즉 동

---

26) 이하에서 소개되는 독일 단기법 제14조 제3항에 관한 내용은 대체로 BeckOK ArbR/Bayreuther, 46. Ed. 1. 12. 2017, TzBfG §14에 기초한 것임을 밝혀 둔다.

27) 이하에서 인용되는 연령은 만(滿) 나이를 가리킨다는 점을 알려 둔다.

28) 독일 사회법전 제3편 제119조 제1항 제1호.

29) 독일 사회법전 제2편 혹은 제3편.

30) 독일 고령자취업기회개선법: Gesetz zur Verbesserung der Beschäftigungschance älterer Menschen.

31) 이러한 개정 전의 구(舊) 단기법 제14조 '제3항'은 2007. 4. 30.까지 유효한 규정이었다.

32) EuGH(Große Kammer), Urteil vom 22. 11. 2005-C 144/04 Werner Mangold gegen Rüdiger Helm.

규정은 유럽지침이 정하는 '연령에 따른 합리적인 차별'에 해당하지 않았다.[33] 왜냐하면 당시의 규정에 근거하여 사용자는 근로자가 연금수급연령에 도달하기까지 노동시장에서 어떠한 취업기회를 가질 수 있는지 여부를 고려하지 않을 수 있었기 때문이다. 말하자면 사용자는 52세에 달한 모든 근로자와 기간제 근로계약을 체결할 수 있었다. 독일의 연방노동법원(BAG)도 유럽법원을 따라서 당시의 단기법 제14조 제3항이 적용될 수 없음을 분명히 했다.[34] 단기법 제14조 제3항은 2007년 5월 1일부로 개정된 이후 오늘날에 이르고 있다.

(나) 구체적인 요건

다음의 요건을 '모두' 충족하는 경우에는 정당한 이유 없이 5년의 기간 내에서 기간제 근로계약을 체결할 수 있다.

① 연령 52세

단기법이 처음 시행될 당시(2001년 1월 1일)에 제14조 제3항은 '정당한 이유를 요하지 않는 기간제 근로관계'를 시작할 수 있는 연령을 58세로 정하고 있었다. 이후 2003년 1월 1월을 기점으로 58세 연령이 2006년 12월 31일까지 52세로 낮아졌다. 이때에는 연령 이외의 요건을 따로 정하고 있지 않았으며, 5년이라는 기간상한 또한 없었다. 계속된 개정을 통해

33) RL 2000/78/EG Art. 6은 "연령에 따른 합리적인 차별(Gerechtfertigte Ungleichbe-handlung wegen des Alters)"에 대하여 규정하고 있다.

34) BAG, Urteil vom 26. 4. 2006-7 AZR 500/04(LAG Schleswig-Holstein Urteil 22. 6. 2004 5. Sa. 128/04).

2007년 5월 1일부터 시행된 현행 단기법 제14조 제3항은 기간제 근로관계를 시작하는 시점에 근로자가 52세인 경우에는 정당한 이유 없는 5년 기간의 기간제 근로관계를 체결할 수 있다고 규정한다.[35)]

② 4개월의 미취업 상태

52세에 달한 근로자가 기간제 근로관계를 형성하는 경우에, 그 근로자는 적어도 4개월 간 미취업 상태에 있어야 한다.[36)] 여기에서 미취업 상태는 일자리를 상실한 경우뿐만 아니라, 다른 이유에서 더 이상 취업을 할 수 없는 경우를 포함한다. 가족돌봄으로 인한 경우, 사회복귀프로그램에 참여하는 경우, 일시적으로 생계활동을 할 수 없는 경우 또는 심지어 교도소에서 복역하는 경우도 미취업 상태에 해당한다.[37)]

③ 전직단축근로수당의 수령 또는 공적 공용촉진훈련의 참가

52세에 달한 고령근로자가 4개월 간 미취업 상태에서 전직단축근로수당(Transferkurzarbeitergeld)[38)]을 받고 있었거나 공적 고용촉진훈련(eine öffentlich geförderte Beschäftigungsmaßnahme)[39)]에 참가했던 경우에는

35) 이때 근로자가 52세인지 여부를 판단하는 시점은 기간제 근로계약을 체결하는 때가 아닌, 기간제 근로관계가 시작되는 시점이다. NZA 2007, 713; 2005, 79, 80.

36) 독일 사회법전 제3편 제119조 제1항 제1호; 제138조 제1항 제1호.

37) Deutscher Bundestag Drucksachen(이하 'BT-Drs.'), 16/3793, S.7.

38) 독일 사회법전 제3편 제11조.

39) 독일 사회법전 제2편.

5년의 기간 내에서 기간제 근로계약을 체결할 수 있다. 전직단축근로수당의 본래적 기능은 구조조정으로 인해 종래의 일자리를 잃게 된 근로자가 시간의 간격 없이 다른 일자리로 전환할 수 있도록 하기 위한 것이다. 그러나 고령근로자의 경우에는 다른 일자리로 이동하는 것이 용이하지 않다는 점을 감안하여 기간제 근로계약을 체결할 수 있도록 한 것이다. 또한 공적 고용촉진훈련에 참가하도록 한 것은 고령자의 직업능력을 향상시키기 위한 조치로 이해된다.

다) 가능한 문제제기: 비고령자(52세 미만자)에 대한 고령자의 차별

(가) 원칙

단기법에 따르면 원칙적으로 합리적 이유가 있는 경우에 한하여 기간제 근로계약이 체결될 수 있으며(단기법 제14조 제1항), 다만 채용 후 2년까지는 합리적인 이유가 없다고 하더라도 기간제 근로관계가 가능하다(단기법 제14조 제2항). 단기법 제14조 제3항에 따른 52세 이상 고령자에 대한 합리적 이유 없는 5년 내 기간제 근로계약의 체결이 52세 미만자와 비교하여 고령근로자를 차별하는 것은 아닌지 문제될 수 있다. 왜냐하면 독일의 일반평등대우법(Allgemeines Gleichbehandlungsgesetz, AGG) 제1조는 동 법의 목적이 “인종, 출신, 성(性), 종교, 세계관, 장애, 연령 또는 성정체성을 이유로 하는 불이익을 방지하거나 제거”하는 데 있음을 분명히 하고 있기 때문이다.[40]

---

40) AGG §1 (Ziel des Gesetzes) Ziel des Gesetzes ist, Benachteiligungen aus Gründen der Rasse oder wegen der ethnischen Herkunft, des Geschlechts, der Religion

(나) 예외

① 유럽차별금지지침[41)]

우선 유럽차별금지지침 제1조는, 동 지침의 목적이 각 회원국 내에서 평등대우원칙이 실현될 수 있도록 '취업과 직업(Beschäftigung und Beruf)'에서 종교, 세계관, 장애, 연령 또는 성(性)적 경향으로 인한 차별이 극복되도록 기본규정을 마련하는 데 있음을 분명히 하고 있다. 이때 동 지침에서 말하는 동등대우원칙(Gleichbehandlungsgesetz)이란 앞서 언급된 종교, 세계관, 장애, 연령 또는 성적 경향으로 인한 직·간접적 차별이 허용되어서는 안 된다는 것을 의미한다(동 지침 제2조 제1항). 여기에서 말하는 직·간접적인 차별은 첫째, 종교, 세계관, 장애, 연령 또는 성적 경향 중 하나의 이유로 인해 동일한 상황에서 타인보다 덜 유리하거나 불리하게 되는 경우에 인정된다(동 지침 제2조 제2항 a), '직접적인 차별'). 둘째, 외관상 중립적으로 보이는 법규정이나 기준 또는 절차가 특정 종교 혹은 세계관, 일정한 장애 또는 일정 연령 및 특정한 성적 경향을 가진 자에게 타인과 비교하여 특별한 방식으로 불이익을 주는 경우에도 동 지침에 따른 차별이 인정된다(동 지침 제2조 제2항 b) '간접적인 차별').[42)]

---

oder Weltanschauung, einer Behinderung, des Alters oder der sexuellen Identität zu verhindern oder zu beseitigen.

41) RICHTLINIE 2000/78/EG DES RATES vom 27. November 2000 zur Festlegung eines allgemeinen Rahmens für die Verwirklichung der Gleichbehandlung in Beschäftigung und Beruf.

42) 다만 '간접적인 차별'에 있어서는 다시 다음과 같은 예외가 인정된다. 즉, ① 앞서 언급된 '차별적' 법규정이나 기준 또는 절차가 정당한 목적을 가지고, 그 수단이 정당한 목적을 달성하는 데 타당하고 필수적인 경우, ② 일정한 장애를 가진 자에게 「동 지침 제

동 지침 '제6조 제1항'에 따르면, 동 지침 제2조 제2항과 무관하게 객관적이고 타당하며, 국내법 내에서 특히 고용정책, 노동시장과 직업훈련의 영역에서 적법하다고 인정되는 목적달성을 위해 합리적인 경우에 한하여 '연령에 따른 차별'이 인정된다고 한다. 첫째, '용이한 취업기회나 직업교육을 위한 특별한 조건' 및 '특별한 취업조건과 근무조건'을 마련하고 있는 경우(이에는 청년, 고령자와 사회적 배려가 요구되는 자들의 직업참여를 촉진하거나, 이들을 안전하게 보호하기 위한 면직과 보수에 대한 조건이 포함된다.), 둘째, 용이한 취업기회 혹은 취업과 관련한 일정한 이익(Vorteil)을 부여하기 위해 연령, 경력 혹은 재직연수를 단지 최소요건으로만 요구하는 경우, 셋째, 일정한 일자리에서 요구되는 특별한 직업적 소양 혹은 퇴직 전 적절하고 합리적인 근로시간의 필요성에 근거하여 고용을 위한 연령의 상한선을 확정하고 있는 경우가 그러하다.

5조」*에 상응하는 적절한 조치를 하도록 각 개별 국가의 법률이 동 지침이 적용되는 사업주 및 그와 동등히 할 수 있는 자에게 의무를 부과하고 있는 경우에는 간접적인 차별이 허용된다.

*「유럽차별금지지침 제5조(장애를 가진 자를 위한 적절한 예방조치): 동등대우원칙이 장애를 가진 자에게 적용되기 위해서는 합리적이고 타당한 예방조치가 요구된다. 그러한 예방조치에는 장애를 가진 자들이 취업을 하도록 하거나, 직무를 수행하거나, 직업적인 향상을 도모하거나, 직업능력향상훈련에 참여하도록 사용자가 적절하고 경우에 따라서는 필요한 조치를 해야 함을 의미한다. 다만, 그러한 조치가 사용자에게 오히려 과중한 부담을 야기해서는 안 된다. 비용이 과다한 경우에는 과중한 부담으로 인정된다.」

② 유럽기간제근로계약지침[43]

유럽차별금지지침 제6조 제1항(합리적인 이유가 있는 연령에 따른 차별)과 함께, 유럽기간제근로계약지침 제5조 기간제근로계약을 남용하지 말 것을 규정하고 있다. 특히 유럽기간제근로계약지침 제5조 제1항은 첫째, 기간제근로계약 혹은 기간제근로계약관계의 연장을 정당화하는 합리적인 이유가 있는 경우, 둘째, 반복되는 근로계약 혹은 근로계약관계의 최장기간이 정해져 있는 경우, 셋째, 기간제근로계약 혹은 기간제근로계약관계의 연장 횟수가 정해져 있는 경우를 제외하고는 기간제근로계약의 남용으로 인정한다.

(2) 고령자단시간법(Altersteilzeitgesetz)[44]

가) 원칙

독일은 고령자단시간법을 마련하여, 고령근로자가 소득생활로부터 연금수급연령으로 원만하게 진입할 수 있도록 하고 있다(고령자단시간법 제1조 제1항). 연방노동사회청은 동 법에 따른 지원을 통해서 55세에 달한 고령근로자가 연금수급개시연령까지 그들의 근로시간을 단축할 수 있는 가능성을 제공하고, 더불어 일자리를 잃은 다른 근로자의 채용이 가능하도록 지원한다(고령자단시간법 제1조 제2항). 사용자가 동 법이 정하는 바에 따라서 고령근로자에게 지원금(임금보전금 및 연금보험료)을 지

---

43) RICHTLINIE 1999/70/EG DES RATES vom 28. Juni 1999 zu der EGB-UNICE-CEEP-Rahmenvereinbarung über befristete Arbeitsverträge.

44) 독일의 고령자단시간법은 1996.7.23.에 공포되어, 1996.8.1.부터 시행되었으며, 그동안 30회의 개정과정을 거쳐(최종 2017.3.29.), 오늘날에 이르고 있다.

급한 경우에, 연방노동사회청이 사용자에게 지원금을 다시 지급하게 된다(고령자단시간법 제4조).

나) 내용

(가) 적용상 인적 범위

고령자단시간법이 적용되기 위해서는, ① 55세에 달한 근로자가, ② 1996년 2월 14일 이후에 적어도 '노령연금을 신청할 수 있는 시점까지 적용되는 사용자와의 합의'에 의하여 그 근로시간을 '종래의 주당 근로시간'[45]의 절반으로 단축하고, ③ 고령자단시간근로가 개시되기 직전 5년 이내에 최소한 1,080일 사회보험 가입의무가 있는 고용관계에 있었어야 한다.[46] 다만, 실업급여(Arbeitslosengeld) 또는 실업부조(Arbeitslosenhilfe)의 수급권이 있는 기간, 실업급여 II의 수급기간 및 보험의무가 있던 기간은 '사회보험 가입의무가 있던 고용관계'와 동일하다고 인정된다(고령자단시간법 제2조 제1항).[47]

---

45) 고령자단시간법에서 말하는 '종래의 주당 근로시간'이란, 고령자단시간근로 이전에 사용자와 근로자가 합의했었던 주당 근로시간을 의미한다. 이때 그 합의는 고령자단시간근로 시작 직전 최대 24개월을 평균한 근로시간이며, 산출된 평균 근로시간의 소수점은 올림한다(고령자단기간법 제6조 제2항).

46) 독일 사회법전 제3편.

47) 요건 ②와 관련하여, 「고령자단시간근로에 대한 합의에서 각기 다른 주당 근로시간을 정하고 있거나 주당 근로시간의 각기 다른 배분을 정하고 있는 경우에는」, 첫째, '주당 근로시간이 최대 3년 이내의 기간을 평균하여 종전 주당 근로시간의 절반을 초과하지 않거나, 또는 단체협약에 근거한 근로자대표와의 서면합의 또는 교회 및 공법상 종교단체의 규정으로 최대 6년의 기간을 평균하여 종전 주당 근로시간의 절반을 초과하지 않으면서' 근로자가 사회법전 제3편상의 사회보험 가입의무가 있는 고용관계에 있고, 둘째, 고령단시간근로에 대한 임금 및 제3조 제1항 제1호 a)에 따른 추가금이 계속해

(나) 사용자의 지원금 지급청구권

고령자단시간근로와 관련하여, 사용자가 ① 고령자단시간근로에 관한 합의에 따라서 고령자단시간근로에 대하여 통상임금[48]에 적어도 100분의 20 이상의 임금을 추가하여 지급하고,[49] ② 근로자를 위해 법정연금보험액의 일부를 지급했으며,[50] ③ 근로자의 고령자단시간근로를 계기로 노동청에 실업자로 신고가 된 근로자, 직업훈련을 수련한 근로자를 배치전환 등에 의한 공석(空席) 중인 일자리에 채용한 경우에는 연방노동사회청에 대하여 이른바 '지원금 지급청구'를 할 수 있다(고령자단시간법 제3조 제1항).[51]

서 지급되고 있다면, 요건 ②는 충족된 것으로 본다(고령자단시간법 제2조 제2항). 나아가 고령자단시간근로에 대한 합의에서 6년을 초과하여 각기 다른 주당 근로시간을 정하고 있거나, 혹은 주당 근로시간의 각기 다른 배분을 정하고 있는 경우에는, 합의된 고령자단시간근로의 전체 기간 내에서 6년을 평균한 주당 근로시간이 종전 주당 근로시간의 절반을 초과하지 않으면서, 당해 근로자가 사회법전 제3편상의 사회보험 가입의무가 있는 고용관계에 있으며, 동 조 제2항이 정하는 기타 요건이 존재하는 때에도 요건 ②가 충족된 것으로 본다(고령자단시간법 제2조 제3항).

48) 고령자단시간법에서 말하는 통상임금이란, 그 임금이 사회법전 제3편의 보험료산정기준을 초과하지 않는 한, 1개월에 대해 사용자에 의해서 통상적으로 지급되는 사회보험 가입의무가 있는 임금을 말한다. 그러나 통상적으로 지급되지 않는 임금부분은 통상임금으로서 고려되지 않는다(고령자단시간법 제6조 제1항).

49) 추가임금에는 기타의 임금구성부분도 포함될 수 있다. 즉 반드시 통상임금적 성질을 가지지 않더라도 통상임금의 100분의 20을 산정함에 있어서 고려될 수 있다는 것이다.

50) 사용자에 의해 추가 지원하게 되는 법정연금보험액의 산정 기준은 통상임금의 80%이다. 이 요건은 근로시간 단축으로 인해 낮아진 임금을 기준으로 산정된 연금보험료 납부액은 종국적으로 연금개시 이후에 수령하게 되는 연금액수를 낮추는 결과를 가져오기 때문에, 사용자로 하여금 연금보험료 납부액을 일부 지원하도록 정한 것이다. 예컨대 「단시간근로 저해 법령 개선 연구」, 고용노동부, 2010.8., 각주 19) 참고.

51) ③의 요건과 관련하여, 통상적으로 50인 이하의 근로자를 고용하고 있는 사용자의 경우에는 그러한 공석에 근로자가 고용된 것으로 추정된다.

(다) 연방노동사회청의 지원

사용자는 고령자단시간법 제3조가 규정하고 있는 요건을 충족하는 경우에 연방노동사회청에 대하여 지원금 지급청구권을 행사할 수 있다. 고령자단시간법 제4조에 따라 연방노동사회청은 사용자에게 최장 6년의 기간 동안 지원금을 지급하고(고령자단시간법 제4조 제1항), 이에는 ① 고령자단시간근로에 지급된 통상임금의 100분의 20에 해당하는 추가금(고령자단시간법 제3조 제1항 제1호 a))과 ② 고령자단시간근로에 대한 통상임금의 100분의 80에 해당하는 법정연금보험액이 해당된다(고령자단시간법 제3조 제1항 제1호 b)).

(라) 지원금 지급청구권의 소멸과 중지

① 지급청구권의 소멸

사용자가 고령자단기간법 제4조에 의해서 연방노동사회청으로부터 지급받았던 지원금은, 첫째, 고령근로자의 단시간근로가 종료된 경우, 둘째, 고령근로자가 노령연금을 청구할 수 있는 경우, 셋째, 근로자가 65세에 달한 경우, 넷째, 연금과 유사한 보험이나 원호시설 혹은 보험기업의 급여를 신청한 경우, 다섯째, 근로자가 노령연금, 광부조합기금, 공법적 형태와 유사한 급여를 수급 받는 경우, 여섯째, 근로자가 연금과 유사한 보험이나 원호시설 또는 보험기업의 급여를 수급 받는 경우(고령자단시간법 제5조 제1항)에 소멸한다.

한편 지원금을 받던 사용자가 배치전환 등에 의한 공석인 일자리에 고용했던 근로자를 '더 이상' 고용하지 않으면, 연방노동사회청에 대한 사용자의 지원금 지급청구권은 소멸한다. 동 규정은 당해 일자리가 고령자단시간법 제3조 제1항 제2호의 요건을 갖춘 근로자에 의해서 3개월 이내에 새로 충원된 경우에는 적용되지 않는다. 또한 사용자가 이미 총 4년 동안 지원을 받았던 경우에도 적용되지 않는다(고령자단시간법 제5조 제2항).

② 지급청구권의 중지

고령근로자가 단시간근로 외에 미니근로(geringfügige Beschäftigung)[52]를 초과하거나 그러한 미니근로에 근거하여 임금대체급여를 받는 직업 또는 자영업에 종사하는 경우에는, 연방노동사회청에 대한 사용자의 지원금 지급청구권은 중지된다. 나아가 지원금 지급청구권이 150일 이상 중지된 때에는 이로써 소멸한다(고령자단시간법 제5조 제3항).

또한 지원금 지급청구권은 고령근로자가 단시간근로를 초과하여 사회법전 제4편 제8조상의 미니근로를 넘어서는 근로를 제공한 경우에는, 그 기간 동안은 중지된다. 이때에도 지원금 지급청구권이 150일 이상 중지되면, 이로써 소멸한다(고령자단시간법 제5조 제4항).

다) 단시간 고령근로자에 대한 법적 보호(고령자단시간법 제8조)

우선 고령근로자에게 단시간근로에 종사할 수 있는 가능성이 있다는 점이 해고보호법상 정당한 사유에 해당하지 않는다(동 법 제1조 제2항 제

---

52) 사회법전 제4권 제8조 제1항 제1호상의 '미니근로(geringfügige Beschäftigung)'란, 통상적으로 임금이 450유로를 초과하지 아니하는 경우를 말한다. 이러한 '미니근로'에 종사하는 근로자는 사회보험 가입의무로부터 면제된다.

1문). 또한 그 가능성이 해고대상자의 선정에 있어서도 당해 근로자에게 불리하게 고려되지 않는다(해고보호법 제1조 제3항 제1문)(고령자단시간법 제8조 제1항). 사용자가 고령자단시간근로에 대해서 부담하게 되는 임금 및 법정연금보험액의 추가 지급의무(고령자단시간법 제3조 제1항 제1호)는 사용자가 지원금 지급청구권을 행사할 수 없는 경우에도 배제되지 않는다(고령자단시간법 제8조 제2항). 나아가 근로자와 사용자는, 근로자가 노령연금의 수급권을 가지는 시점에 별도의 해고절차 없이 고령자단시간근로관계를 종료하기로 하는 합의를 할 수 있다(고령자단시간법 제8조 제3항).

(3) 고령근로자에 대한 해고제한: 해고보호법[53)]

가) 적용범위

동일한 사업 또는 사업장에서 6개월 이상 근무한 근로자에게 적용된다(해고보호법 제1조 제1항).

---

53) Kündigungsschutzgesetz. 독일의 현행 해고보호법은 1969.8.25.에 공포되어, 1969.9.1.부터 시행되었으며, 지금까지 28차례의 개정을 거쳐서 오늘날에 이르고 있다. 한편, 독일민법 제622조 제2항은 해고예고기간을 근속기간에 따라 차등하여 규정하고 있다. 근속기간별-해고예고기간은 '2년-1개월', '5년-2개월', '8년-3개월', '10년-4개월', '12년-5개월', '15년-6개월', '20년-7개월'이다. 이는 고령근로자가 다음 취업을 찾는 것이 상대적으로 어렵다는 점을 고려하여 이들의 근로계속을 더욱 보장하기 위한 조치로 이해된다.

나) 해고의 제한

사용자에 의한 해고는 근로자의 일신상·행태상 사유에 의한 경우 또는 긴박한 경영상 필요에 의한 경우가 아니면 부당해고에 해당하고 무효가 된다(해고보호법 제1조 제2항 및 제1항). 사용자가 긴박한 경영상 필요에 의해서 해고할 근로자를 선정하는 경우에 근로자의 근속기간, 연령, 부양의무와 장애를 충분히 고려하지 않은 때에도, 그 해고는 부당해고로서 무효이다(해고보호법 제1조 제3항 및 제1항).

다) 단체협약에 따른 고령근로자의 해고제한

단체협약을 통해서 고령근로자의 해고제한이 가능하다. 예컨대 공공부문에 있어서는 단체협약을 통해서 통상해고(해고보호법 제1조 제2항)를 완전하게 배제시킬 수 있다.[54] 이러한 해고제한은 관점에 따라서 고령근로자의 고용보장 및 안정에 이바지하는 것으로 평가될 수 있으며, 그러한 이유에서 지지되기도 한다.[55]

---

54) Eichhorst, Werner, Beschäftigung Älterer in Deutschland: Der unvollständige Paradigmenwechsel, IZA DP No. 1985, February 2006, S.8.

55) Rieble, Volker, Alternde Arbeitswelt - Welche arbeits- und sozialrechtliche Regelungen empfehlen sich zur Anpassung der Rechtsstellung und zur Verbesserung der Beschäftigungschancen älterer Arbeitnehmer?, in: JZ 17/2008, S.815.

2) 그 밖에 고령근로자 관련 법제

(1) 임금 체계에 있어

연장자우대원칙(Senioritätsprinzip)

사용자와 근로자는 단체협약을 통해서 연장자우대원칙에 근거한 근속연수에 따른 차별적 임금 체계를 정할 수 있다. 그러나 사용자가 근속연수에 따라서 고령근로자에게 고임금을 지급하게 되는 경우에, 이는 자칫 고령근로자의 능력과 무관할 수 있는 위험성을 내포한다.[56] 이에 대해서는 ① 근속연수에 따른 임금 체계가 오히려 사용자로 하여금 근로관계를 지속하기 어렵게 만드는 장애요소로 작용할 수 있다는 지적과 함께, ② 그러한 이유에서 연령과 근속연수가 아닌, 능력에 따른 임금 체계의 개편이 주장되기도 한다.[57]

(2) 조기퇴직 유인제

독일이 실시했던 노동정책 가운데 실제로「부정적 효과」를 가져왔다고 평가되는 대표적인 정책이 바로 조기퇴직(Frühverrentung) 유인제이다. 이 제도는 1970년대 이후 독일의 노동력 수요가 감소함에 따라 발생한 실업 문제를 해결하기 위해 마련된 것이다. 이 제도를 통해 고령근로자들은 조기에 퇴직하게 되었고, 연금수급연령 또한 원칙적으로 65세였으나 60세

---

56) Eichhorst, Werner, Beschäftigung Älterer in Deutschland: Der unvollständige Paradig-menwechsel, in: IZA DP No. 1985, February 2006, S.9.

57) 우리 노동시장에서 임금 체계 개편과 관련하여 무엇보다 이성희/김동배, "임금 체계 개편 유형별 고용효과에 대한 실증연구", 『정책연구』, 한국노동연구원, 2017.11.

에도 연금수급이 가능하도록 하였다. 그러나 조기퇴직 유인제는 종국적으로 기업을 위시하여 독일 전체의 경험과 지식을 상실시켰으며, 이른 연금수령으로 인해 연금체계가 재정적 부담을 안게 되는 결과를 낳은 것으로 평가된다.[58]

III. 프랑스의 연금개혁과 고령자 고용촉진제도

1. 프랑스의 연금개혁

1) 개관

프랑스는 1993년 높은 실업률을 해결하고 고령근로자의 조기퇴직을 유도하고자 1차 연금개혁을 단행하였다. 1차 연금개혁을 통해 연금수급연령은 65세에서 60세로 낮아졌다. 1995년 연금개혁에 한 차례 실패한 후, 2003년에 2차 연금개혁이 이루어졌다. 프랑스는 2차 연금개혁을 통해서 60세 연금수급연령은 유지하되, 65세에 퇴직하는 근로자에 대해서는 급여액을 가산하여 오히려 조기퇴직을 억제하고자 하였다.[59]

이후 2010년 6월 프랑스는 ① 정부의 재정적자를 감소하고 ② 노동시장의 고령화에 따른 연금체계를 유지하기 위한 조치로서 제3차 연금개혁

58) 조성혜, "독일의 고령자 고용촉진법제", 『노동법학』(제29호), 한국노동법학회, 2009.3., 297면 이하.

59) 정홍원, "2010년 프랑스 연금개혁의 내용과 시사점", 『보건·복지 Issue&Focus』(제60호), 한국보건사회연구원, 2010.11.5., 3면.

을 실시하였다. 이에 따라 프랑스의 연금수급연령은 60세에서 62세로 상향되었고, 2020년까지 연금기여기간(보험료 납부기간)이 41.5년으로 연장되었으며, 가입분기 부족분에 따른 감액으로부터 면제되는 완전연금 수급연령 또한 65세에서 67세로 상향 조정되었다.[60]

2) 3차 연금개혁의 배경

프랑스 3차 연금개혁의 배경은 무엇보다 당시 프랑스의 극심한 재정적자 상황이었다. 2009년 프랑스의 연금재정 적자액은 235억 유로, 2010년에는 320억 유로였다. 그리고 고령화 · 저출산의 영향으로 생산가능인구가 줄어드는 반면 퇴직자 수가 빠르게 증가할 것이 명백했다. 나아가 2008년에 불어 닥친 세계경제 위기가 재정상태를 더욱 악화시킬 것으로 전망되었다.[61]

특히 '세대 간 분배체계'[62]로 운영되는 프랑스 연금에 있어서, 퇴직자 수의 증가와 생산가능인구의 감소는 3차 연금개혁을 더욱 절실하게 만들었다. 즉 1960년 퇴직자 1인을 부양하는 생산가능인구는 4명이었으나, 2010년 이후 퇴직자 1인을 부양하는 생산가능인구는 1.8명이 되었다. 프

---

60) 류건식, "프랑스 연금개혁 동향과 시사점", 『KiRi Weekly』, 보험연구원, 2012.3.26., 15면.

61) 정홍원, "2010년 프랑스 연금개혁의 내용과 시사점", 『보건 · 복지 Issue&Focus』(제60호), 한국보건사회연구원, 2010.11.5., 3면.

62) 세대 간 연대를 기본으로 한다. 현재 근로자가 납부하는 보험료는 퇴직자의 연금으로 지출되고, 현재 근로자가 퇴직하는 경우에, 이들의 연금은 다음 세대의 근로자가 부담(부양)하게 된다. 유럽 대부분 국가들이 세대 간 분배체계를 채택하고 있으며, 네덜란드, 덴마크, 아일랜드 등은 적립식 체계로 운영하고 있다. 손동기, "고령사회 프랑스의 고용정책에 관한 고찰: 중고령자(55-64세) 중심", 『유럽연구』(제33권 제3호), 2015, 353면 이하.

랑스 퇴직연금지도위원회(Commission d'orientation des retraites, COR)는 2050년 생산가능인구 1.2명이 퇴직자 1인을 부양할 것이라고 전망했다. 사실상 1:1 부양이 이루어져야 하는 것이다.[63]

프랑스는 이러한 상황들에 적극적으로 대응할 필요성이 있었고, 사회・정치적 갈등에도 불구하고 제3차 연금개혁을 이루어낸 것이다.

3) 개혁의 필요성과 비판

3차 연금개혁은 프랑스 퇴직연금지도위원회(COR)가 발표한 보고서의 재정 상황과 전망에 근거한다. 실제로 프랑스의 2010년 재정적자는 320억 유로였고, 보고서는 2020년 450억 유로, 2030년 700억 유로로 전망하고 있다. 무엇보다 프랑스 정부는 재정적자의 원인을 '인구고령화'로 간주했다.

당시 프랑스 야당과 사회단체들은 정년연장을 위한 개혁에 반대했었다. 예컨대 프랑스노동총연맹(CGT)은 정년연장과 관련하여,[64] ① 프랑스 연금은 납부한 보험료에 비례해서 지급되는 것이 아니라, 평균임금을 기준으로 지급된다. 따라서 이미 관리자급의 연금이 일반 기능직 근로자의 연금보다 3배 이상 높았다. 이러한 현실에서 연금수급연령을 62세로 연장하는 것은 불평등을 더욱 가중시키는 결과가 된다는 것이다. ② 직종에 따라서 60세 이후의 수명이 달라질 수 있다는 점이 간과되었다고 한

---

63) 양승엽, "프랑스의 2010년 연금개혁의 원인과 사후 경과", 『국제노동브리프』(2011. 2월호), 한국노동연구원, 96면 이하.

64) 손영우, "프랑스의 퇴직연금제도 개혁과 퇴직연령 연장", 『국제노동브리프』(2010. 10월호), 한국노동연구원, 17면 이하.

다. 관리자급의 60세 이후 수명은 평균 23.3년이었던 반면, 기능직 근로자의 60세 이후 수명은 17.4년이기 때문에, 이 점 또한 62세로 연금수급연령을 연장하는 경우에 양측 간의 불균형을 가중시킨다는 것이다. ③ 일·가정 양립의 측면에서 보면, 여성근로자는 부득이하게 가정을 선택할 수밖에 없는 상황에 내몰리게 되고, 이는 자연스럽게 연금기여기간에 공백을 야기하게 된다. 사정이 그러함에도 불구하고 완전연금 수급연령을 65세에서 67세로 상향조정하는 것은 그것 자체가 여성을 차별하는 것이라고 지적되었다.

프랑스 정부는 이러한 비판들을 일부 받아들이고 개정안의 부분적 수정을 거친 후, 2010년 11월 10일 대통령 서명과 관보 게재를 통해서 개혁법이 실시되었다.

4) 연금개혁의 내용

세대 간 분배체계로 운영되는 프랑스의 연금제도는 공공부문과 민간부문, 그리고 자영자에 대한 연금금고를 각각 설치하여 관리하고 있다. 연금의 기본연금, 보충연금 및 추가연금으로 구성되며, 민간부문 근로자에게 부여되는 가입의무는 기본연금이다. 연금급여는 가입기관 및 평균임금을 기준으로 산정되며, 예컨대 「기본연금=기준임금×지급율×가입기간(분기)/166」[65]으로 계산된다. 또한 연금의 재원은 가입자가 납부하는

65) '기준임금'은 의무가입 기간 중 임금이 가장 높았던 25년간의 평균임금을, 지급율은 최고 50%를, 완전연금 수급을 위한 가입기간은 166분기(41.5년)를 가리킨다. 정홍원, "2010년 프랑스 연금개혁의 내용과 시사점", 『보건·복지 Issue&Focus』(제60호), 한국보건사회연구원, 2010.11.5., 5면.

연금기여금과 조세로 충당된다.[66)]

개혁의 주요 내용은 원칙적으로 ① 법정 연금수급연령을 종래 60세에서 2011년부터 6년간 매년 4개월씩 단계적으로 늘려 종국에는 62세까지 상향조정하고, ② 완전연금 수급연령 또한 65세에서 67세로 연장하는 것이다. 나아가 이러한 기본원칙을 보완하기 위해 조기취업자(18세 이전 취업자)가 의무납부기간을 충족한 후 2년을 초과할 경우에는 58세~60세에 연금을 받을 수 있도록 했으며, 신체상해율이 20% 이상인 근로자는 종래와 같은 60세에, 신체상해률이 10%~20%인 경우에는 판정위원회의 결정에 따라 조기에 연금수령이 가능하도록 했다.[67)]

2. 프랑스의 고령자 고용촉진제도

1) 개관

프랑스는 1864년 고령화 사회로 진입한 이후, 1979년에 고령사회가 되었고, 2015년 현재 65세 이상 연령층이 전체 인구의 18.4%로서 초고령사회로의 진입을 앞두고 있다. 지금 추세라면 65세 이상 연령층이 2035년에는 30%에 이를 것으로 전망된다.[68)] 또한 프랑스의 인구고령화는 그나마 비교적 더디게 진행되고 있다. 프랑스가 고령화사회에서 고령사회로 진

---

66) 정홍원, "2010년 프랑스 연금개혁의 내용과 시사점", 『보건 · 복지 Issue&Focus』(제60호), 한국보건사회연구원, 2010.11.5., 2면.

67) 양승엽, "프랑스의 2010년 연금개혁의 원인과 사후 경과", 『국제노동브리프』(2011. 2월호), 한국노동연구원, 94면.

68) 손동기, "고령사회 프랑스의 고용정책에 관한 고찰: 중고령자(55-64세) 중심", 『유럽연구』(제33권 제3호), 2015, 353면.

표 12 2013년 50세~64세 고용률과 실업률

(단위: %)

	50세~54세	55세~59세	60세~64세
고용률	80.4	67.5	23.3
실업률	6.3	7.4	5.7

입하는데 115년이 소요된 반면, 독일은 40년, 일본은 24년이 소요되었다. 그리고 독일과 일본은 이미 초고령사회에 접어든 반면, 프랑스는 2022년에 초고령사회로 들어갈 것으로 예상된다.[69]

이러한 현실에서 프랑스 또한 다른 고령 국가들과 마찬가지로 고령자의 노동시장 진입을 위한 다양한 정책들을 마련해오고 있다. 프랑스에서 55세 이후 고용률은 다른 유럽의 국가들과 유사하거나 낮은 수준이다. 예컨대 2013년 프랑스에서 50세 이상의 고용률을 살펴보면, 50세~54세 층의 고용률이 80.4%를 형성하는 반면, 60세~64세 층의 고용률은 그보다 급격하게 하락한 23.3%를 이루고 있다.[70] 요컨대 프랑스는 2010년 3차 연금개혁을 통해서 고령자 증가에 따른 연금재정의 안정화를 꾀하는 한편, 다양한 고령자 고용정책을 통해서 고령자의 노동시장 진입을 유도하고 있다.

---

69) 예컨대 윤성훈 외 6인, 『저출산고령화와 금융의 역할』, 보험연구원, 2011.7., 30면.

70) 손동기, "고령사회 프랑스의 고용정책에 관한 고찰: 중고령자(55–64세) 중심", 『유럽연구』(제33권 제3호), 2015, 362면.

2) 프랑스의 주요한 고령자 고용정책[71)]

우선 고령근로자의 고용유지 및 재취업 정책으로서 직업훈련 프로그램을 운영한다. 45세 이상의 근로자는 직업훈련 프로그램을 통해 전문성을 제고하고, 그에 따라 고용을 유지하거나 재취업의 기회를 가지게 된다. 또한 50세 이상의 근로자는 직업훈련을 위한 개인훈련 휴가제도를 활용할 수 있다. 그 밖에 고용 및 임금 정책과 관련하여 상시근로자 300인 이상 사업장은 기업위원회의 심의를 받으며, 중소기업은 고용조건향상기금에 지원함으로써 고령근로자의 고용증진을 위한 연령 관리를 할 수 있다. 또한 성인직업교육연합회를 통해서도 직업훈련이 이루어지고 있다. 성인직업교육연합회는 2004년부터 고령근로자에게 직업훈련의 기회를 제공하고, 이들로 하여금 일정 수준 이상의 직업능력을 갖추도록 하고 있다. 2006년 이후 성인직업훈련연합회는 9,600여 개의 자격훈련과정을 제공하고 있다.

종래 프랑스는 고령근로자의 고용안정화를 위해서 50세 이상 근로자를 해고하는 경우에 1987년에 도입했던 '분담금'[72)]제도를 일부 폐지하였다. 해고로 인한 사회적 분담금을 기업에게 부담케 하는 것이 오히려 고

---

71) 이하의 프랑스 고령자 고용정책에 관한 내용은 무엇보다 손동기, "고령사회 프랑스의 고용정책에 관한 고찰: 중고령자(55-64세) 중심", 『유럽연구』(제33권 제3호), 2015, 367~372면에 기초함.

72) 여기에서 말하는 분담금이란 사회보장기금을 조성하는 그것을 가리킨다. 프랑스의 사회보장기금은 사용자와 근로자 간 임금 총액을 기준으로 부담하게 되는 '사회적 분담금'과 '확대 사회보장 분담금'으로 충당된다. 사용자는 근로자에게 지급하는 임금 총액을 기준으로, 근로자가 사용자로부터 지급받게 되는 임금 총액을 기준으로 일정 비율에 따라서 부담한다. 예컨대 실업, 노병, 질병 등이 사회적 분담금에 해당한다. 김상배, "프랑스 '책임감 협약'의 내용과 전망", 『국제노동브리프』(2014. 3월호), 61면 각주 1).

령근로자의 고용안정화에 역효과를 야기한다고 판단했기 때문이다. 결과로서 2003년 8월의 연금개혁법에 따라 기업이 45세 이상의 근로자를 채용한 후 해고할 경우에는 분담금이 면제된다. 또한 프랑스는 2005년 10월 정부가 지원하는 계약직 일자리의 지원연령을 57세로 확대하였다. 이로써 퇴직근로자는 경력부족으로 인해 퇴직금 부족분이 발생한 경우 정부 지원 일자리를 통해서 충당할 수 있게 되었다.

프랑스 기업들은 이른바 '튜터(Tutorat)'제를 도입하고 있다. 이를 통해 기업 내에서 (중)고령근로자가 그들의 전문지식과 풍부한 실무경험을 청년근로자에게 전달하고, (중)고령근로자에 대한 사회적 인식을 제고할 수 있다. 한편 고령근로자는 사업주와 합의를 통해서 파트타임으로 전환할 수 있다. 다만 파트타임으로 전환함으로써 퇴직금 100% 수령에 영향을 미치지 않도록 유의해야 한다. 나아가 2010년 1월 1일부터 상시근로자 50인 이상 기업은 고령근로자 고용정책을 수립하고, 이에 대한 산별협약을 의무적으로 제출해야 한다. 위반 시에 근로자 전체 임금의 1%가 벌금으로 부과된다.

퇴직 이후 경제활동에 참여하는 고령자에 대해서는 연금과 임금을 연계하여 수령할 수 있도록 하고 있다. 즉 연금과 임금의 합이 마지막 급여액을 넘지 않거나 최저임금의 160% 이하인 경우에, 그 범주에서 경제활동을 이어나갈 수 있다.

IV. 일본의 연금개혁과 고령자 고용촉진제도

1. 일본의 연금개혁

1) 개관

일본은 연금정책과 고용정책을 연계하면서, 정년연장 등을 통해 고령자 고용촉진 정책을 추진하고 있다. 특히 65세까지 취업을 희망하는 자에 대한 재고용의무를 규정하는 「고령자 등 고용안정에 관한 법률」 개정안이 지난 2012년 8월 29일에 참의원 본회의에서 통과되었다. 이에 연금정책과 고용정책의 연계를 위한 법적 근거가 마련된 것이다. 동 법에 따라서 2013년에는 61세까지 재고용이 의무화되었고, 3년마다 1세씩 늘어나서 2025년에는 65세까지 재고용이 의무화된다. 요컨대 2025년 이후에는 정년연령과 연급수급연령이 65세로 같아지게 된다.[73)]

2) 연금개혁의 배경

일본 후생노동청의 발표에 따르면 2009년 고령자의 평균소득은 2,970천 엔이다. 이 가운데 공적연금이 차지하는 비율은 70.6%(2,098천 엔)이며, 근로소득과 자산소득의 비율은 각각 17.7%와 6.0%라고 한다. 특히 공적연금이 유일한 소득인 고령자가 전체 고령자의 63.5%에 달한다. 말하자면 공적연금이 노령인구의 생계에 절대적인 비중을 차지하고 있으며, 노령인구의 70% 이상이 공적연금에 의존해서 살아가고 있는 것이다. 이러

73) 고준기, "고령자 고용정책과 연금정책의 접속에 관한 검토", 『법과 정책연구』(제12권 제4호), 한국법정책학회, 2012.12., 1637면.

한 상황에서 일본의 연금제도는 인구고령화가 저출산・저성장과 맞물리면서 일본 사회의 심각한 문제로 대두되었다. 인구고령화・저출산・저성장은 종래 연금제도가 그대로 유지될 수 없는 상황임을 인식시켰고, 이미 오래 전부터 연금개혁에 대한 논의가 이어져왔다.[74]

3) 연금개혁의 내용

(1) 공적연금제도

일본의 공적연금제도는 상당히 복잡한 구조라고 평가된다. 공적연금제도는 모든 국민을 포함하는 '기초연금제도'와 '후생연금・공제조합・국민연금기금'으로 구분되고, 여기에 '후생연금기금과 적격퇴직연금'이 더해진 형태를 취하고 있다. 기초연금제도는 우리의 국민연금에 해당하며, 근로자뿐만 아니라 소득이 없는 근로자의 배우자 및 자영자를 모두 포함하고 있다. 이에 반해 후생연금・공제조합・국민연금기금은 근로소득자를 대상으로 한다. 기초연금제도는 기초생활보장을 위한 것이고, 후생연금 등은 기존 소득에 비례하여 퇴직 후에도 소득을 유지시키는 기능을 한다.[75]

(2) 연금정책과 고용정책의 연계

일본에서 연금정책과 고용정책을 연계하는 문제는 양 제도의 정책수

---

74) 윤석명, "일본 공적연금제도 개혁(안)에 대한 평가와 시사점", 『보건복지포럼』(제184권), 한국보건사회연구원, 2012.2., 69면 이하.

75) 윤석명, "일본 공적연금제도 개혁(안)에 대한 평가와 시사점", 『보건복지포럼』(제184권), 한국보건사회연구원, 2012.2., 67면.

표 13 연금정책과 고용정책의 연계

연도	연금정책	고용정책
1986		60세 정년 노력 의무화
1990		60세 퇴직 후 재고용 노력 의무화
1994	2001년~2013년 후생연금 정액부분 지급개시연령 단계적으로 60세에서 65세로 상향조정	60세 정년 의무화 (1998년 시행)
1996	고령자고용계속급부제도 도입	
2000	2013년~2025년 후생연금 보수 비례부분 지급개시연령 단계적으로 60세에서 65세로 상향조정	고령자고용확보조치 노력 의무화
2004		고령자고용확보조치 의무화(2006년 시행)
2007	모집·채용에 있어서 연령제한금지	
2012		고령자고용확보조치 중 노사합의에 따라 대상자를 한정할 수 있는 조치 폐지

립 및 실현과 관련하여 꾸준하게 제기되어왔다.[76] 특히 연금정책과 고용정책의 연계는 소위 「60세~64세는 고용으로, 65세 이후는 연금으로」의 제도에 의해서 실행되고 있다.[77] 연금수급연령을 60세에서 65세로 상향조정하기 위한 법개정은 두 차례 이루어졌다. ① 1994년 개정을 통해 2001년~2013년에 걸쳐 후생연금 정액부분의 지급개시연령이 60세에서 65세로 상향조정되었다. 그리고 ② 1999년 개정을 통해 2013년~2025년에 걸쳐 후생년금 보수비례부분의 지급개시연령이 60세에서 65세로 상향조

76) 종래 일본은 1994년에 60세 정년이 의무화되어, 1998년부터 시행되었다. 이에 따라 단체협약·취업규칙·근로계약을 통해서 60세 미만의 정년을 정한 경우에, 이는 강행규정 위반으로서 무효가 된다.

77) 고준기, "고령자 고용정책과 연금정책의 접속에 관한 검토", 『법과 정책연구』(제12권 제4호), 한국법정책학회, 2012.12., 1638면.

정되고 있다.

이러한 개정과 궤를 같이하여, 2004년 일본은 「고령자 등 고용안정에 관한 법률」의 개정을 통해 기업으로 하여금 65세까지 고용확보조치를 하도록 의무를 부여했다. 그러나 당시 개정안은 노사합의에 의해서 일정한 기준에 따라 계속고용의무 대상자를 선정할 수 있도록 규정했기 때문에, 희망자 전원이 계속 고용되지 않을 수 있었다. 이에 2012년 동 법의 개정을 통해서 2013년부터 노사합의에 따라 대상자를 한정할 수 있는 조치를 폐지하고, 2025년에는 정년연령과 연금수급연령이 65세로 같아지도록 하였다.[78]

2. 일본의 고령자 고용촉진제도

1) 개관

일본은 이미 1970년에 고령화사회로 진입하여, 1994년에 고령사회, 2005년에 초고령사회가 되었다. 일본이 고령화사회에서 초고령사회로 진입하는데 소요된 기간은 35년으로, 이는 다른 국가들에 비해서 매우 빠르게 진행된 것이다.[79] 특히 2060년 일본의 총인구는 9천만 명, 고령화율은 40%대로 전망된다. 연령대별 근로자 비율 또한 15세~34세 근로자 비율

78) 고준기, "고령자 고용정책과 연금정책의 접속에 관한 검토", 『법과 정책연구』(제12권 제4호), 한국법정책학회, 2012.12., 1639면.

79) 송태민/이중순, "일본의 저출산·고령화 현황과 대책", 『보건복지포럼』(제169권), 한국보건사회연구원, 2010.11., 101면. 반면 독일은 40년, 프랑스는 115년이 소요되었음은 앞서 언급한 바와 같다.

은 2000년대 전반부터 감소하고 있는 반면, 60세 이상이 차지하는 비율은 꾸준히 증가하고 있다.[80]

일본의 고령자 고용현황을 살펴보면, ① 2014년 기준 60세가 정년인 기업은 81.8%, 65세가 정년인 기업은 14.5%이다. ② 2014년 기준 고용확보 조치를 도입한 기업이 98.1%이며, '정년연장'을 시행 중인 기업은 15.6%, '지속고용제도'를 시행 중인 기업은 81.7%이다. 특히 정년규정을 폐지한 기업이 2.7%이다. ③ 고령근로자의 희망퇴직시기는 2010년 기준 65세 이상이 74.3%으로, 다른 국가에 비해서 높은 것으로 나타났다.[81]

2) 일본의 주요한 고령자 고용정책[82]

사업주는 단체협약 · 취업규칙 · 근로계약을 통해서 정년을 60세 미만으로 설정할 수 없고, 이를 위반하는 경우 그 조항은 무효이다. 그리고 65세 미만으로 정년을 정하는 경우에도, 당해 근로자가 65세까지 계속고용이 가능하도록 '정년연장', '계속고용제도의 설치', '정년폐지' 중 하나의 조치를 취해야 한다.

일본정부는 고령자의 재취업 촉진을 도모하고, 후생노동성 장관은 고령자를 위한 취업안정대책을 수립해야 한다. 고용보험법에서 마련하고

---

80) 한국노동사회연구소, "특집: 고령화 시대의 노동; 일본의 고령화 고용의 현황과 과제", 노동사회(제183권), 한국노동사회연구소, 2015, 34면 이하.

81) 오학수, "최근 일본 고령자의 고용과 취업실태", 『국제노동브리프』(2013. 3월호), 한국노동연구원, 54~64면.

82) 이하의 일본 고령자 고용정책에 관한 내용은 무엇보다 한국노동사회연구소, "특집: 고령화 시대의 노동; 일본의 고령화 고용의 현황과 과제", 『노동사회』(제183권), 한국노동사회연구소, 2015, 36~39면에 기초함.

표 14 일본의 고령자 고용지원금(2015년 기준)

명칭	개요	지원금 내용
특정취직곤란자 고용개발조성금	60세~64세 고령자나 장애인 등 취업이 특히 어려운 자들을 헬로 워크(Hello Work)[83] 또는 민간 직업소개소를 통해 소개받아, '계속 고용할 근로자'로 고용하는 사업주에게 임금의 일부를 보조	* 1인당 50만 엔 (중소기업은 90만 엔) * 단시간근로자: 30만 엔 (중소기업은 60만 엔)
고령자 고용개발 특별장려금	65세 이상의 이직자를 헬로 워크 또는 민간 직업소개소 등의 소개를 받아 '1년 이상 계속 고용할 근로자'로 고용하는 사업주에게 임금의 일부를 보조	* 1인당 50만 엔 (중소기업은 90만 엔) * 단시간근로자: 30만 엔 (중소기업은 60만 엔)
고령자 고용안정조성금 (고령자활용촉진 코스)	고령자 활용촉진을 위한 고용촉진환경을 조성하는 사업주에게 보조	지출 경비의 1/2 (중소기업은 2/3)
고령자 고용안정조성금 (고령자노동이동지원 코스)	정년을 앞둔 고령근로자가 자신의 지식과 경험을 활용할 수 있는 다른 기업으로 이직을 희망하는 경우, 그 고령근로자를 민간 직업소개소를 통해서 고용한 사업주를 보조	* 1인당 70만 엔 * 단시간근로자는 40만 엔

있는 '고령자고용계속급부'제도에 따라서 근로자는 60세~64세에 정년 후 재취업 등에 의해 저하된 임금을 보전할 수 있다. 60세 이후 65세가 될 때까지 임금의 15%를 지원받게 된다. 각종 고령자 고용촉진을 위한 지원금에는 '특별취직곤란자 고용개발조성금', '고령자 고용개발 특별장려금', '고령자 고용안정조성금' 등이 있다.

일본정부는 정년을 늘리는 기업에 대해 장려금을 지급하거나 중소기업에 대해서는 보조금을 지원한다. 중소기업이 보조금을 지원받기 위해

83) 일본의 공공직업안정소인 헬로 워크(Hello Work)는 고용안정서비스의 대민(對民) 접촉 창구이자 정부의 고용 및 노동시장정책이 직접적으로 실현되는 기관이다. 1979년 도입된 이후 업무의 효율성과 전문성에 있어서 성공사례로 평가받고 있다. 김기현, "국제노동동향: 일본의 공공 고용 안정서비스 현황: 헬로우 워크(Hello Work)를 중심으로", 『국제노동브리프』(제2권 제6호), 2004, 3면.

서는 정년을 65세 이상으로 정하거나, 희망근로자 전원을 재고용하거나 정년제한을 폐지해야 한다. 지원여부는 사업주 · 고령근로자 · 관할지방사무소가 상담 후에 결정된다. 이때 고용보험이 연동되어 적용되고, 세제혜택도 받게 된다. 예컨대 정부는 2010년 고령자 고용취업대책의 체계하에서, 고령자 등 직업안정대책 기본방침(2005년)과 고용정책기본방침(2008년)에 근거하여, 기업이 64세 이상 고령자를 채용하는 경우에 세금을 감면하게 된다. 나아가 기업은 고령근로자의 비율이 높을수록 비과세 대상이 되고, 비율이 낮으면 세금을 부과하게 된다.[84]

일본정부는 후생노동청을 중심으로 '실버인재센터', '고령자사업단', '고령자협동조합' 등을 통해 적극적인 고령자 취업사업을 추진하고 있다. '실버인재센터'는 약 1332개가 설치 · 운영되고 있고, 주로 임시취업을 알선하고 있다. '고령자사업단'은 지방자치단체로부터 일자리를 도급받고 있으며, 다만 지방정부에 의한 재정지원은 이루어지지 않고 있다. 1995년 일본노동자 협동조합 연합회의 주도하에 설립된 '고령자협동조합'은 전국적으로 30여 개가 설치 · 운영되고 있다. 이에 대한 정부지원은 이루어지지 않고 있는 실정이다. 특히 일본에서 고령자 취업 관련 사업은 정부주도보다 민간 주도가 비중이 더 크다. 예컨대 고령자를 참여시키는 공동체 사업(Community Business)을 통해 지역주민을 중심으로 지역사업을 전개하고 활성화하고 있다. 이는 일종의 지역환원사업으로서, 정부로부터 적극적인 지원을 받아 운용되고 있다.[85]

---

84) 남경희/장유미, "한·일 양국의 고령자일자리정책 비교연구", 『일본근대학연구』(제39권), 한국일본근대학회, 2013.2., 267면.

V. 시사점

우리의 연금제도는 여전히 정년제도와 연계되어 있지 않다. 2018년 현재 정년이 60세인 반면 노령연금 수급연령은 62세이다. 노령연금 없이, 만약 다른 직업이 없다면 실업자로 지내야 하는 기간이 2년인 것이다. 이러한 사정은 노령연금 수급연령이 65세가 되는 해(2033년)부터 더욱 심각한 사회적 문제가 될 것임이 명확해 보인다. 물론 고령자 고용률이 최근 5년 동안 근소하게나마 증가하긴 했지만(64.4%→67.5%), 고령자 실업률 또한 결과적으로 증가했기 때문에(2.1%→2.4%), 여전히「고용과 실업」의 관계적 측면에서만 고령근로자 문제를 해결할 수는 없는 것으로 보인다. 따라서 단계적으로 연금제도와 정년제도를 연계하는 방식으로 문제를 해결해 나가야 할 것이다.[86] 이러한 연금제도와 정년제도의 연계는 이미 선진국에서 실현되고 있는 법제도이다.

독일의 법정연금제도는 이미 130년 전에 탄생했으며, 지금까지 그 오랜 기간 동안 변화하는 환경에 적응하며 발전해왔다. 그리고 오늘날 독일의 초고령사회를 고려할 때, 2007년 4월 20일에 마련된 "정년 67세 법안"을 통한 연금개혁은 4차 산업혁명과 맞물려 노동시장에 상당한 정도로 그 효과를 발휘할 것으로 예상된다. 말하자면 초고령 · 저출산으로 인해

---

85) 남경희/장유미, "한·일 양국의 고령자일자리정책 비교연구", 『일본근대학연구』(제39권), 한국일본근대학회, 2013.2., 267면 이하.

86) 동일한 이해로서 예컨대 이승길, "일본의 고령자 계속 고용제도에 대한 연구", 『노동법의 존재와 당위』, 김유성 교수 정년기념, 2006, 274면. 한편 기초연금법에 따른 기초연금 수급연령 또한 현재 65세로 규정되어 있다(동 법 제3조).

감소된 노동시장의 '노무 공급인력'은 디지털 노동시장, 특히 제조업분야에서 축소될 수밖에 없는 '노무 수요인력'과 조화될 수 있는 가능성을 제공하기 때문이다. 다만 디지털 노동시장에서 여전히 고령근로자가 노무를 제공하고 원활히 제 역할을 수행하기 위해서는, 이전과는 다른 직업교육이 이루어져야 할 것이다. 단순히 인적 숫자의 유지 내지 보충에 머무르는 것이 아니라, 고령근로자가 체득하고 있는 물질적 · 비물질적 역량들이 새로운 지식 및 기술체계와 어우러질 수 있도록 직업교육이 실현되어야 하는 것이다. 무엇보다 독일이 정년 연령과 연금수령 연령을 연계하여 제도적으로 체계화하고 있다는 점은 우리에게 매우 중요한 시사점을 준다.

나아가 고령근로자의 고용 안정 및 촉진과 관련해서 독일 법제가 주는 의미도 매우 중요하게 여겨진다. 독일 단기법 제14조 제3항은 유럽지침에 근거하여 52세 이상 고령자의 기간제근로계약(체결)의 요건을 완화하고 있다. 동 조항이 마련될 수 있었던 결정적인 이유는 오히려 그 대상이 고령자이기 때문일 것이다. 다시 말해서 일반적인 기간제근로계약의 체결 요건을 고령자에게도 동일하게 적용하는 경우에는 고령자의 '취업기회(Beschäftigungschancen)'가 더욱 제약을 받을 수 있음을 염두에 둔 것이라고 판단된다. 또한 고령자단시간법은 고용의 보장과 지원을 함께 달성하려는 데 그 취지가 있다. 사용자와 근로자는 단체협약을 통해서 고령자의 근로시간을 단축함과 아울러 그 만큼의 일자리를 창출하여 실업감소에 이바지할 수 있다. 특히 사용자는 고령근로자의 고용을 보장함으로써 이들의 소중한 경험과 전문성을 보전하고, 그러한 경험과 전문성을 직업훈련생의 새로운 고용과 연계시킴으로써 궁극적으로는 노동력의 질적 향상 또한 도모할 수 있다. 나아가 해고보호법에 따라서 이루어지는 고령근로자에 대한 엄격한 해고제한은 분명 고령근로자를 두텁게 보호하는 효과를 가져 온다. 다만 그와 같은 엄격한 해고제한이 현실에 있어 사용자로 하여금 근로자와 고용관계를 계속 유지할 수 없게 하거나, 고령자의 채용을 기피하도록 작용할 수 있다는 점이 간과되어서는 안 될 것이다.

프랑스와 일본 또한 연금제도와 정년제도를 연계하도록 법제도를 마련하였다. 프랑스는 심각한 재정적자 및 실업상태를 벗어나고자 제3차 연금개혁을 통해서 연금수급연령(=정년연령)을 62세로 상향조정했다. 일본은 65세인 연금수급연령과 연계하고자 2025년까지 단계적인 재고용의무를 법정화했고, 이로써 2025년부터 연금수급연령과 정년연령이 같아지게 된다.

나아가 프랑스와 일본도 독일과 마찬가지로 고령자 고용 안정 및 촉진을 위한 법제를 수립하고, 다양한 사회정책을 실현하고 있다. 프랑스는 예컨대 고령근로자에게 직업훈련 프로그램을 제공하고, 고령자 고용을 위한 기금을 조정하는가 하면, 기업에게 부담을 줄 수 있는 분담금을 일부 폐지하고, 국가 계약직 지원연령을 57세로 확대하였다. 특히 고령근로자와 청년근로자가 튜터제를 통해서 전문지식 및 실무경험을 공유할 수 있게 함으로써, 양자 모두에게 긍정적이고 효율적인 결과를 도출하도록 유도하고 있다. 일본은 예컨대 2025년까지 단계적 재고용의무를 법정화하였고, 기업으로 하여금 재고용 조치를 반드시 하도록 규정하였다. 또한 고령자 재고용 및 고용촉진을 위해서 각종 기금을 조성하거나 장려금을 지급하는가 하면, 중소기업을 포함하는 모든 기업들이 가능한 정년을 65세로 정하도록 유도하고 있다. 일본은 특히 민간 주도의 공동체사업을 추진함으로써, 고령자의 고용 촉진을 도모하고 있다.

이렇듯 이미 선진국들은 첫째, 우선적으로 연금제도와 정년제도를 연계하도록 법제화하고 있으며, 둘째, 가능한 한 다양하고 풍부한 고령근로자 고용 안정 및 촉진 정책을 실현하고 있다. 우선 우리의 연금제도와 정년제도가 연계될 수 있도록 법제화되어야 할 것이고, 고령근로자의 고용 안정 및 촉진 정책도 선진국의 사례를 참고하여 보다 다양하고 실질적인 결과를 가져올 수 있도록 정비되어야 할 것이다.

| 제2장 | 실업급여 등 고용보험제도 체계의 개선을 통한 사회안전망 강화

I. 현행 고용보험제도

1. 의의

고용보험은 근로자가 실업으로 인해 소득이 단절된 경우 생활에 필요한 급여를 실시하여 근로자의 생활안정을 도모하게 된다. 나아가 고용보험은 그러한 전통적 의미의 실업보험사업 외에 취업알선을 통한 재취업의 촉진과 근로자의 고용안정을 위한 고용안정사업, 근로자의 직업능력개발사업 등을 상호 연계하여 실시하는 사회보험제도이다.[1)]

---

1) 고용노동부, 2017, 2017년판 고용보험백서, 고용노동부, 27면 이하. 고용보험법 제1조는 "고용보험의 시행을 통하여 실업의 예방, 고용의 촉진 및 근로자의 직업능력의 개발과 향상을 꾀하고, 국가의 직업지도와 직업소개 기능을 강화하며, 근로자가 실업한 경우에 생활에 필요한 급여를 실시하여 근로자의 생활안정과 구직 활동을 촉진함으로써 경제·사회 발전에 이바지하는 것을 목적으로 한다"라고 규정하고 있다.

2. 고용보험의 유형과 기능

1) 강제적 고용보험[2)]

(1) 의의

강제적 고용보험은 사회보험적 형식으로 일정한 요건에 해당하는 사업장의 모든 근로자에게 고용보험을 적용하는 제도이다. 현재 우리나라를 비롯한, 독일, 일본, 미국, 영국 등이 채택하고 있다.

(2) 내용

강제적 고용보험제도에 있어서 실업은 개인적 차원의 문제가 아닌, 산업사회에서 누구나 겪을 수 있는 사회적 위험으로 간주된다. 산업사회를 살아가는 모든 근로자는 '실업으로 인한 임금단절의 위험'이라는 구조적 문제에 대비해야 한다. 강제적 고용보험제도는 그러한 위험으로부터 근로자와 그 부양가족을 보호하기 위해 보험가입을 의무화하고 있다.

강제적 고용보험제도는 일정 요건을 충족하는 근로자가 자동적・강제적으로 보험에 가입하도록 되어있기 때문에, 근로자 보호에 보다 충실하다. 나아가 현대적 의미의 고용보험은 취업알선 및 직업훈련 등과 연계되어 이루어진다는 점에서 실업을 예방하고 유용한 재취업의 기회를 제공한다는 장점이 있다. 그러나 다른 한편 강제적 고용보험 가입기간이 장기화되는 동안에, 개별적인 사정에 따른 가입 여부의 선택가능성이 없다. 이는 종국적으로 근로자의 자율성을 제약하는 결과를 낳는다.

---

2) 고용노동부, 2017, 2017년판 고용보험백서, 고용노동부, 29면.

2) 임의적 고용보험[3)]

(1) 의의

임의적 고용보험은 노동조합이 자발적으로 설립한 실업기금으로 운영되는 제도이다. 이때 실업기금은 정부의 승인을 요한다. 현재 핀란드, 덴마크, 스웨덴 등이 채택하고 있다.

(2) 내용

임의적 고용보험은 강제적 고용보험보다 오래된 제도이다. 고용보험은 19세기 중반 유럽에서 노동조합의 조합원들이 '상호부조(相互扶助)'의 관점에서 갹출(醵出)하여 실업기금을 조성하고, 실업자가 발생한 경우에 실업급여를 실시한 것으로부터 유래한다. 현대국가에 있어서는 역할분담에 따라서 ① 노동조합이 실업기금을 설립, 운영 및 관리를 하고, ② 정부가 정책적으로 비용 일부를 부담하는 등 실업기금을 지원하게 된다.

임의적 고용보험에 있어서는 조합원의 가입은 강제되지만, 비조합원의 가입은 강제되지 않는다. 비조합원인 근로자는 당연히 선택적으로 노동조합에 가입함으로써 고용보험의 적용을 받을 수 있다. 근로자의 자율성이 보장된다. 반면 산업사회의 구조적 문제가 실업을 발생시킬 수밖에 없다는 점에서 임의적 고용보험제도는 체계적인 근로자보호에 취약하다고 평가된다.

---

3) 고용노동부, 2017, 2017년판 고용보험백서, 고용노동부, 29면 이하.

3. 현행 고용보험법의 주요 내용

1) 개관

고용보험법은 1993년 12월 27일에 제정되었으며, 1995년 7월 1일부터 시행되어 오늘날에 이르고 있다. 고용보험법이 처음 시행될 당시에 그 적용범위는 '실업급여'와 '고용안정사업 및 직업능력 개발사업'으로 이원화되어 있었다. 실업급여는 상시근로자 30인 이상의 사업 또는 사업장에 적용되었으며, 고용안정사업 및 직업능력 개발사업은 상시근로자 70인 이상의 사업 또는 사업장에 적용되었다.

이후 실업급여는 상시근로자 30인 이상에서 10인 이상으로(1998년 1월 1일 시행), 이후 다시 5인 이상으로(1998년 3월 1일 시행) 확대・적용되었으며, 고용안정사업 및 직업능력 개발사업 또한 상시근로자 70인 이상에서 50인 이상으로(1998년 1월 1일 시행), 이후 다시 5인 이상으로(1998년 7월 1일 시행) 확대・적용되었다. 그리고 1998년 10월 1일부터 고용보험은 1인 이상의 전 사업장에 적용되고 있다(고용보험법 제8조).[4]

나아가 고용보험은 법이 적용되는 일반 근로자 외에, 사회안전망이 취약한 대상에 대해서 고용보험에 임의 가입할 수 있도록 함으로써 폭 넓은 의미의 사회보험으로서의 역할을 수행하고 있다. 예컨대 별정직 공무원 및 임기제 공무원은 본인의 의사에 따라서 고용보험에 가입할 수 있다(고용보험법 제10조 제3호).

---

4) 이로써 현행 고용보험은 실업보험 외에 고용안정사업과 근로자의 직업능력 개발 사업을 연계·실시하여 예방적이고 적극적인 성격을 가지게 되었다. 박지순/전광석/김복기, 『사회보장법』(제5판), 신조사, 2018, 181면.

2) 적용 범위

(1) 적용 사업

고용보험은 원칙적으로 근로자를 사용하는 모든 사업 또는 사업장에 적용된다(고용보험법 제8조). 여기에서 고용보험 당연적용 사업이란 사업이 개시되거나 사업이 적용요건을 충족하게 되었을 때 당사자의 의사에 상관없이 고용보험관계가 성립하는 사업을 말한다.[5] 적용 사업과 관련하여 상대적으로 염두에 두어야 할 것, 일부 사업에 대하여 예외적으로 고용보험이 적용되지 않는다는 점이다. 현행 고용보험법에 따른 적용 예외 사업은 다음과 같다(고용보험법 시행령 제2조).

① 농업・임업・어업 및 수렵업(한국표준산업분류표상의 대분류 기준[6]) 중 법인이 아닌 자가 상시 4명 이하의 근로자를 사용하는 사업.

② 총 공사금액이 2천만 원 미만인 공사 및 연면적이 100제곱미터 이하인 건축물의 건축 또는 연면적이 200제곱미터 이하인 건축물의 대수선에 관한 공사.

③ 가사서비스업(한국표준산업분류표상의 대분류 기준)[7].

다만, 위 사업의 사업주(고용보험법 제8조 단서)가 근로자 과반수의 동

---

5) 고용노동부, 2017, 2017년판 고용보험백서, 고용노동부, 47면.

6) 한국표준산업분류는 사업체 또는 기업체 등 '생산단위'가 수행하는 모든 산업 활동을 그 유사성에 따라 체계적으로 유형화한 것을 말한다. 우리나라는 1965년 9월 8일 유엔 통계청(UNSD)의 국제표준산업분류에 기초한 한국표준산업분류를 제정하였으며, 10차 개정(2017년 7월 1일 시행)을 거쳐 오늘날에 이르고 있다.

7) 가사서비스업이란 요리사, 가정부, 세탁부, 보모, 유모, 개인비서, 집사, 운전사, 정원관리원, 가정교사 등 개인가정에 고용된 자의 산업 활동을 말한다(한국표준산업분류 10차 개정).

의하에 공단의 승인을 받으면, 당해 사업주와 근로자는 고용보험에 임의로 가입할 수 있다(고용산재보험료징수법 제5조 제2항). 그러나 이때에도 법이 정하는 법 적용 예외 근로자는 배제된다(고용보험법 제10조).

(2) 피보험자

고용보험법상 일반적으로 사업주의 지휘·감독하에서 노무를 제공하고 그 대가로 임금 기타 금품을 지급받는 근로자가 피보험자가 된다.[8] 특히 피보험자격 취득과 관련하여 고용보험법은 자영업자에 대한 특례를 규정하고 있다.[9]

① 근로자를 사용하지 아니하거나 50명 미만의 근로자를 사용하는 자영업자는 공단의 승인을 받아 자신을 고용보험법상 근로자로 하여 고용보험에 가입할 수 있다.

② 자영업자가 50명 이상의 근로자를 사용하게 된 경우에도 본인이 피보험자격을 유지하려는 경우에는 계속하여 보험에 가입된 것으로 본다.

나아가 그 명칭에도 불구하고, 법인의 임원이 사업주의 지휘·감독하에서 상시 노무를 제공하고 그 대가로 금품 등을 지급받아 왔다면, 이들 또한 고용보험법상 피보험자격을 취득할 수 있다. 마찬가지로 그 명칭에도 불구하고 실제 사업의 소유주라면 고용보험법상 피보험자격을 취득

---

8) 고용산재보험료징수법 제2조 제2호; 근로기준법 제2조 제1항 제1호.

9) 고용산재보험료징수법 제49조의2. 그 외에 자영업자에 대한 고용보험법 규정으로서 제2조 제1호 나; 제6조 제3항; 제10조 단서; 제13조 제2항; 제14조 제2항; 제15조 제7항; 제41조 제1항; 제50조 제3항 단서 및 동 조 제4항 제2호; 제69조의2 내지 제69조의9; 제82조 제2항 등.

할 수 없다.[10]

3) 적용 현황

고용보험법은 그 첫 시행 이후 적용 범위를 급격하게 확대해 나갔고, 그 결과 고용보험의 적용 사업장 및 피보험자 수 또한 매우 빠르게 증가하였다. 연도별 증가 추이를 살펴보면, 적용 사업장 수는 1995년 38,953개소, 1998년 400,000개소, 2001년 806,962개소, 2004년 1,002,638개소로 늘어났으며, 2016년 현재 2,174,508개소가 되었다. 피보험자 수 또한 1995년 4,204,258명, 1998년 5,267,658명, 2001년 6,908,888명, 2004년 7,481,618명으로 증가했으며, 2016년 현재 12,655,202명이 되었다. 최근 10년간 변화 추이는 다음 표와 같다.

표 15 2007~2016 고용보험법 적용 변화 추이

(단위: 천 개소, 천 명)

구분	2007	2008	2009	2010	2011	2012	2013	2014	2015	2016
적용 범위	1인 이상	1인 이상	1인 이상	1인 이상	1인 이상	1인 이상	1인 이상	1인 이상	1인 이상	1인 이상
적용 사업장	1,288	1,424	1,385	1,408	1,508	1,611	1,748	1,935	2,107	2,175
적용 근로자	8,942	9,272	9,654	10,131	10,675	11,152	11,571	11,931	12,363	12,656

---

10) 고용노동부, 2017, 2017년판 고용보험백서, 고용노동부, 49면.

4) 실업급여

(1) 의의

고용보험법상 '실업'이란 근로의 의사와 능력이 있음에도 불구하고 취업하지 못한 상태를 말한다(동 법 제40조 제1항 제2호). 원래 전통적 의미의 실업급여는 실업이 발생한 경우 지급하게 되는 실업보험사업을 의미했다. 그러나 오늘날 고용보험법상 실업급여는 생계유지를 위한 의미뿐만 아니라, 적극적인 재취업 노력을 실업급여 지급요건으로 정하고 있다(동 법 제40조 제1항 제4호). 재취업을 위한 노력이 없는 경우에는 원칙적으로 실업급여의 지급이 거절된다.

또한 실업급여는 자본주의의 단점을 보완하는 수단으로 이해된다.[11] 사용자와 근로자는 자신의 의사에 따라서 '근로자가 사용자에게 근로를 제공하고 사용자는 이에 대하여 임금을 지급하는 것을 목적'으로 근로계약을 체결하게 된다(근로기준법 제2조 제4호). 그러나 수요와 공급이 항상 완전한 균형을 이루지 않음은 이미 주지하는 바이다. 근로자에게 근로제공의 의사와 능력이 충분히 있음에도 불구하고 수요 부족으로 인해 노무를 제공하지 못하게 되고, 이로써 생계수단인 임금을 지급받지 못함으로써 근로자는 경제생활을 할 수 없게 된다. 이러한 문제점을 실업급여가 보완하고 있는 것이다.

11) 고용노동부, 2017, 2017년판 고용보험백서, 고용노동부, 209면. 나아가 실업급여는 ① 국가 경제 전체의 관점에서는 인적 자원 지원수단으로서, ② 개별 근로자의 입장에서는 자아실현을 위한 지원수단으로서 기능한다고 이해할 수 있다.

(2) 실업급여의 체계

고용보험법상 실업급여는 구직급여와 취업촉진수당으로 구분된다(동 법 제37조). 구직급여는 실업자의 생활안정을 위해 지급되는 급여로서, 실업급여의 가장 주요한 기능이라고 할 수 있다. 그러나 수급자격을 갖춘 자가 부상이나 질병 등으로 재취업이 불가능한 경우에 구직급여에 갈음하여 상병급여가 지급되고(동 법 제63조), 일정한 경우에 구직급여는 다양한 연장급여 형태로 지급되기도 한다(동 법 제51조 내지 제55조).

그에 반해 취업촉진수당은 구직급여를 지급받고 있는 수급자가 보다 조속한 시기에 재취업할 수 있도록 유도・지원하기 위한 급여이다. 취업촉진수당에는 조기재취업수당, 직업능력 개발수당, 광역구직활동비 및 이주비 등이 포함된다(동 조 제2항 제1호 내지 제4호).

표 16 실업급여 소정급여일수(동 법 제50조 제1항, 2011. 7. 21. 기준)

구분		피보험기간				
		1년 미만	1년 이상 3년 미만	3년 이상 5년 미만	5년 이상 10년 미만	10년 이상
이직일 현재 연령	30세 미만	90일	90일	120일	150일	180일
	30세 이상 50세 미만	90일	120일	150일	180일	210일
	50세 이상 및 장애인[12]	90일	150일	180일	210일	240일

12) 장애인이란 「장애인고용촉진 및 직업재활법」에 따른 장애인을 말한다.

(3) 자영업자를 위한 실업급여

가) 의의

종래의 고용보험은 근로자 중심으로 설계되어 있었다. 자영업자를 포함한 비근로자는 원칙적으로 고용보험법의 적용 대상에서 제외되어 왔다. 더욱이 우리나라의 자영업자는 그 비중이 다른 국가들에 비해서 상대적으로 높은 반면, 경쟁력이 취약하다고 평가된다. 이러한 사정은 세계적인 경제위기와 맞물리면서 많은 자영업자가 폐업을 하게 되는 결과를 낳았다. 자영업자에 대한 고용보험의 적용 필요성이 꾸준하게 제기되어 왔다.

자영업자를 위한 고용보험 임의가입제도가 2006년 1월 처음 도입되었다. 그러나 고용보험이 '고용안정 및 직업능력 개발 사업'에 한정되어 있었기 때문에, 실업급여의 혜택을 받을 수 없었다. 당시의 임의가입제도를 통해서는 실질적인 사회안전망을 확보할 수 없었다. 자영업자에게도 실업급여가 적용되어야 한다고 계속해서 주장되면서 자영업자가 불가피한 사정으로 사업을 계속할 수 없는 경우에 이들의 생계를 유지하고 안정적으로 재취업 또는 재창업을 준비할 수 있도록, 2012년 1월부터 50인 미만 근로자를 사용하는 자영업자에게 실업급여가 실시되고 있다(동 법 제69조의2 내지 제69조의9).[13)]

나) 자영업자 실업급여의 체계

고용보험법의 적용을 받는 '자영업자'란 사업자등록증을 보유하고, 근

---

13) 고용노동부, 2017, 2017년판 고용보험백서, 고용노동부, 248면.

표 17 자영업자의 실업급여 소정급여일수(동 법 제69조의6, 2011. 7. 21. 기준)

구분	피보험기간			
	1년 이상 3년 미만	3년 이상 5년 미만	5년 이상 10년 미만	10년 이상
소정급여일수	90일	120일	150일	180일

로자를 고용하지 않거나(이른바 '1인 자영업자), 50인 미만의 근로자를 사용하는 자영업자를 말한다.[14] 고용보험법상 자영업자인 피보험자의 실업급여는 '구직급여'와 취업촉진수당 가운데 '직업능력 개발수당, 광역 구직활동비, 이주비'로 구분된다. 일반 근로자와 다르게 연장급여(동 법 제51조 내지 제55조)와 조기재취업수당(동 법 제37조 제2항 제1호)은 급여항목에서 제외된다(동 법 제69조의2 단서).

① 자영업자가 실업급여를 지급받기 위해서는 1년 이상 고용보험에 가입하고, 비자발적으로 폐업을 했어야 한다(동 법 제69조의3, 제69조의7 등). 여기에서 말하는 '비자발성'은 6개월 이상 적자가 계속되거나 매출액이 전년도에 비해서 20%이상 감소하는 등 경영악화로 인해 더 이상 사업을 영위할 수 없는 경우, 건강악화 · 출산 · 육아로 인해 폐업하는 경우 등을 말한다. 자영업자가 납부하는 보험료와 급여수준은 각각 기준보수의 2.25%와 50%이다.[15]

---

14) 고용노동부, 2017, 2017년판 고용보험백서, 고용노동부, 248면.

15) 고용노동부, 2017, 2017년판 고용보험백서, 고용노동부, 249면. 고용보험료는 원칙적으로 근로자의 실수령임금을 기초로 산정된다. 그러나 보험료 납부 및 징수 등의 편의를 위해서 매년 고용노동부 장관이 보험료 징수 및 실업급여 산정의 기초가 되는 기준보수를 고시하고 있다. 2018년 기준보수에 관하여 「고용노동부고시 제2017-84호,

② 자영업자가 사업 운영 중 사업 관련 교육 및 훈련을 받는 경우에 직무능력향상지원제도를 통해서 훈련비의 50%~100%를 지원받을 수 있다. 자영업자가 폐업으로 인해 재취업 또는 재창업을 위한 교육이 필요한 경우에도 훈련비 및 훈련장려금이 지원된다.[16]

II. 현행 고용보험제도의 문제점

1. 고용보험의 사각지대

고용보험의 실질적인 기능 가운데 가장 먼저 고려되어야 하는 것은 실업이다. 말하자면 고용보험제도는 현대 산업사회의 구조적 문제로부터 야기되는 실업에 대비하기 위한 사회(Sozial)-보험(Versicherung)제도로 이해해도 좋을 것이다. 그런데 '법제도상' 원인으로 인해 특히 실업급여제도의 사각지대에 놓이게 되는 자들이 존재할 수 있다. 예컨대 자영업자의 경우 종래 고용보험법에 의해서는 실업급여의 대상에 포섭될 수 없었으나, 2006년 1월 최초로 고용보험 적용 대상에 포함된 이후, 사회・경제적 변화에 따른 요보호성으로 인해 종국적으로 2012년 1월부터 실업급여제도의 적용을 받고 있다. 그러나 '법적용의 필요성' 내지 '사회적 요보호성'이 꾸준히 제기되어 논의가 이루어지고 있음에도 불구하고, 여전히 실

2017.12.27. 일부개정, 2018.1.1. 시행」 참고.

16) 고용노동부, 2017, 2017년판 고용보험백서, 고용노동부, 249면.

업급여제도가 미치지 못하는 사각지대가 존재하고 있다. 이때 고용보험법상 사각지대란 원칙적으로 법 적용을 통해서 사회적 위험으로부터 적정하고 적절한 보호를 받아야 함에도 불구하고, 사전적 또는 사후적으로 법의 보호에서 배제되는 영역이라고 이해할 수 있을 것이다.[17]

2. 실업급여의 사각지대

고용보험법상 상시근로자 1인 이상을 사용하는 모든 사업(장)은 고용보험에 의무가입대상이 된다(이른바 '고용보험 당연적용 사업', 동 법 제8조). 여기에는 일부 적용 예외 사업[18]을 제외한 대부분의 사업(장)이 포함된다. 그러나 65세 이후 고용되거나 자영업을 개시한 자,[19] 1개월간 소정근로시간이 60시간 미만인 자,[20] 「국가공무원법」 및 「지방공무원법」에 따른 공무원,[21] 「사립학교교직원 연금법」의 적용을 받는 자, 외국인 근로자,[22] 「별정우체국법」에 의한 별정우체국 직원은 고용보험법의 적용 대

---

17) 같은 이해로서 방하남/남재욱, "고용보험의 사각지대와 정책과제에 관한 연구: 실업급여를 중심으로", 『사회복지정책』(제43권 제1호), 2016.3., 60면.

18) 고용보험법상 예컨대 농업·임업·어업 및 수렵업 중 법인이 아닌 자가 상시 4명 이하의 근로자를 사용하는 사업, 규모가 작은 건축 공사, 가사서비스업 등이 법 적용 예외 사업임은 앞서 언급한 바와 같다(동 법 시행령 제2조).

19) 실업급여는 제외되나, 고용안정 및 직업능력 개발사업은 적용된다.

20) 1주간 소정근로시간이 15시간 미만인 자도 적용이 배제되며, 다만 1개월 미만 동안 고용되는 일용근로자와 생업목적으로 3개월 이상 계속하여 근로하는 자는 당연적용 대상자가 된다(예컨대 대학시간강사).

21) 다만 별정직임기제 공무원은 최초 임용된 날로부터 3개월 이내 임의가입이 가능하며, 이들에게는 실업급여에 관한 규정이 적용된다.

상에서 원칙적으로 제외된다.[23]

특히 이들과 함께 보험설계사, 학습지 교사, 골프장 경기보조원, 레미콘차량 운전사 등 이른바 '특수형태근로종사자'[24]와 '예술인' 등도 고용보험법의 적용 대상에서 배제된다. 앞서 언급한 고용보험법상 적용이 배제되는 자들은 결과적으로 다른 법제도에 의해서 보호를 받거나, 보호필요성이 아직은 크게 인정되지 않는 것으로 이해된다. 그러나 특수형태근로종사자나 예술인에 대한 사회적 보호필요성은 비교적 꾸준하게 제기되어 왔다.[25]

III. 독일 고용보험제도 체계와 개선방향성

1. 개관

독일은 사회법전(Sozialgesetzbuch) 제3편과 제2편에서 각종 급여에 관하여 규정하고 있다. 우선 제3편에서 규정하는 고용촉진급여는 '적극적

---

22) 외국인 근로자는 원칙적으로 적용이 배제되며, 다만 일부 체류자의 경우 당연가입, 임의가입, 상호주의로 구분하여 적용된다.

23) 『고용보험안내』, 고용노동부, 2018.2.

24) "특수형태근로종사자"란 계약의 형식에 관계없이 근로자와 유사하게 노무를 제공함에도 「근로기준법」 등이 적용되지 않아 업무상 재해로부터 보호할 필요가 있는 자로서 ① 주로 하나의 사업에 그 운영에 필요한 노무를 상시적으로 제공하고 보수를 받아 생활하면서, 동시에 ② 노무를 제공함에 있어서 타인을 사용하지 않는 자를 말한다. 김형배, 『노동법』(제24판), 박영사, 2015, 525면.

25) 예컨대 윤조덕 외, 『특수형태근로종사자 고용보험 적용방안 연구』, 한국노동연구원, 2008; 안주엽 외, 『예술인 고용보험 적용을 위한 연구』, 한국노동연구원, 2014.

고용촉진급여(제3장)' 및 '실업급여와 도산급여(제4장)'로 구성된다(제3조 제2항).

2. 실업급여의 주요내용

1) 사회법전 제3편[26]에 따른 실업급여(이하 '실업급여 I')[27]

(1) 의의

실업급여 I에서 말하는 실업자는, ① 고용관계에 있지 아니하고(미취업상태), ② 실직 상태를 극복하기 위해 노력하며(자구노력), ③ 고용청의 직업알선에 응할 수 있는(대기상태) 자를 말한다(제138조 제1항). 구체적으로 첫째, 미취업상태(Beschäftigungslosigkeit)이란 고용상태에 있지 아니하거나, 또는 그 형태와 무관하게 주당 15시간 미만의 고용상태에 있는 것을 말한다(동 조 제3항). 둘째, 자구노력(Eigenbemühungen)이란 연방고용청과의 (직업적인) 편입협약(Eingliederungsvereinbarung)상의 의무를 수인하고, 제3자를 통한 직업알선에 협조하며, 연방고용청의 정보시설을 활용하는 등 스스로 직업을 가지기 위한 모든 노력을 말한다(동 조 제4항). 셋째, 대기상태(Verfügbarkeit)에 있는 실업자란, 그들을 위해서 고려되는 노동시장의 여타 조건들 하에서 최소 주당 15시간의 보험가입

---

26) 이하에서 인용되는 조문은, 필요한 범주에서 다른 언급이 없는 한, 사회법전 제3편의 그것을 가리킨다.

27) 실업이 발생하면 실업급여의 실시에 앞서 직업상담 및 직업소개가 우선하여 이루어진다(제4조 제1항). 직업상담 및 직업소개는 연방고용청(Bundesagentur für Arbeit)이 담당하며, 주노동청에 통해서 이루어진다. 연방고용청은 직업상담, 직장상담, 노동시장상담 및 심리상담, 기술상담, 건강검진 등을 함께 제공하게 된다(제29조; 제30조; 제34조).

의무가 있는 통상적이고 기대 가능한 취업이 가능하며, 연방고용청의 직업알선 제안에 대해서 시간적·장소적으로 응할 수 있음은 물론, 이미 최소 주당 15시간의 취업을 할 수 있고, 취업을 위한 조치에 참가하는 자를 말한다(동 조 제5조).

(2) '실업급여 I'의 수급

가) 요건

실업자에 해당하는 자(제138조; 제137조 제1항 제1호)는 고용청에 신고하고, 피보험기간을 충족함으로써 실업급여 수급청구권이 인정된다. 구체적으로 살펴보면,

① 실업자는 관할 고용청에 개별적으로 실업상태임을 신고해야 한다. 이때 현재 실업상태에 있지 않다고 하더라도 3개월 내에 실업할 것이 예상되는 때에도 신고는 유효하다. 그러나 6주 이상 실업상태에서 벗어났다거나, 취업 또는 자영업 등의 사실을 고용청에 즉시 신고하지 아니한 때에 '그 신고'는 무효가 된다(제141조 제1항, 제2항);

② 실업자는 최소 피보험기간(Anwartschaftszeit)을 충족해야 한다. 즉 실업 전 기준기간(Rahmenfrist) 24개월 안에 적어도 12개월 동안 보험관계에 있었어야 한다. 실업급여 수급권이 기간산정의 중단으로 인해 상실되면, 그 상실일 전의 기간은 피보험기간에 산입되지 않는다(제142조 제1항).[28)]

---

28) 다만, 일정한 요건하에 6개월의 피보험기간만으로 실업급여 수급권이 인정될 수 있다(제142조 제2항).

나) 수급기간

실업급여의 수급기간은 원칙적으로 '3년까지 연장된 기준기간 동안의 피보험기간'과 '연령'에 의해서 결정되며, 다음 표와 같다(제147조 제1항, 제2항).29)

표 18 피보험기간 및 연령에 따른 실업급여 수급기간

피보험기간	연령	수급기간
12		6
16		8
20		10
24		12
30	50.	15
36	55.	18
48	58.	24

다) 급여수준

실업급여액은 평균 1일 임금액을 기준으로 산정되어 지급되며, 다만 한 달(1개월)을 기준으로 삼는 경우에는 이를 30일로 하여 계산한다(제155조). 구체적으로 자녀가 있는 실업자에게는 임금액의 67%가, 그 외의 실업자에게는 임금액의 60%가 실업급여로서 지급된다(제149조).

---

29) 다만, 실업급여 수급권의 요건이 6개월의 피보험기간만으로 충족되는 경우에는, 연령이 수급기간에 영향을 미치지 않는다. 피보험기간에 따른 수급기간은 '6개월-3개월', '8개월-4개월', '10개월-5개월'이다(제147조 제3항).

2) 사회법전 제2편[30]에 따른 실업급여(이하 '실업급여 II')

(1) 의의

우선 사회법전 제2편에서 구직자의 기초보장을 위해 마련하고 있는 급여에는 서비스급여, 현금급여 및 현물급여가 있다(제4조 제1항). 구체적으로는 '노동시장 내 편입을 위한 급여(제14조 내지 제18e조)'와 '생계유지의 안정을 위한 급여'로서 실업급여 II 및 사회급여(제20조 내지 제23조), 각종 사회보험급여(제24조 내지 제27조), 교육 및 사회참여급여(제28조 내지 제30조)로 구성된다.

여기에서 '실업급여 II'의 수급권자는 15세 이상 65세 미만인 소득능력이 있고, 지원을 필요로 하며, 독일에 거주하는 미취업자를 말한다(제7조 제1항 제1문 제1호 내지 제4호).[31] 여기에서 구체적으로 ① 소득능력(Erwerbsfähigkeit)이란 현재 병이나 장애의 위험이 없는 자로서 일반적인 노동시장의 요건하에 하루 최소 3시간씩 소득활동을 할 수 있는 능력을 뜻한다(제8조 제1항).[32] 또한 ② 지원필요성(Hilfebedürftigkeit)이란 자신의 생계를 유지할 수 없거나 현재의 수입을 통해서는 충분히 유지할 수 없고 가족이나 다른 사회부조에 의해서도 지원이 이루어지지 않는 경우에 인정된다(제9조 제1항).

---

30) 이하에서 인용되는 조문은, 필요한 범주에서 다른 언급이 없는 한, 사회법전 제2편의 그것을 가리킨다.

31) 다만, 외국인에 대해서는 예외를 인정하고 있다. 자세한 것은 제7조 제1항 제2문 제1호 내지 제3호 참조.

32) 이때, 외국인은 취업허가를 받았거나 받을 예정인 경우에 한하여 동 조에서 뜻하는 소득활동을 할 수 있다고 인정된다.

(2) '실업급여 II'의 수급조건으로서 기대가능성

'실업급여 II'는 구직자의 기초보장(Grundsicherung für Arbeitsuchende)을 위한 공공부조의 성격을 가진다.[33] 따라서 실업급여의 수급권자는 지원필요성(제9조 제1항)을 제거하기 위하여 가능한 모든 최선을 다해야 한다. 특히 노동시장에 진입하기 위한 모든 조치를 취해야 하며, 연방고용청과 편입협약을 체결해야 한다. 현재 일반적인 노동시장에서 소득활동이 가능하지 않다면, 수급권자는 그에게 제안된 소득활동의 기회를 받아들여만 한다. 나아가 수급권자는 자기책임으로 스스로 생계를 유지할 수 있는 모든 조치를 강구해야 하며, 스스로 노동능력을 향상시키기 위해 노력해야 한다(제2조 제1항, 제2항). 따라서 수급권자에 대해서 취업에 대한 기대가능성(Zumutbarkeit)이 있는지 여부가 매우 중요한 수급요건이 된다. 기대가능성이 있다면 취업으로 인해 수급요건은 탈락되고, 기대가능성이 없다면 여전히 미취업상태로서 수급요건은 그러한 한도에서 충족된다.[34]

우선 신체적, 정신적, 심리적인 상황이 일정을 일을 할 수 없게 하거나, 새로운 일을 한다는 것이 종래의 일로 되돌아가는 것에 장애가 되거나, 3세 미만 자녀의 양육 및 가족돌봄에 어려움을 야기하는 등 중대한 사유가 존재하는 때에는 기대가능성이 인정되지 않는다(제10조 제1항 제1호 내지 제5호). 실업급여 II에 대한 수급권이 인정될 수 있다. 반면 종래의

---

33) 김영미, "독일 하르츠 개혁에서의 고용증진 관련 법제개혁의 내용과 평가", 『노동법논총』(제28집), 한국비교노동법학회, 2013.8., 185면.

34) BeckOK SozR/Mushoff, 49. Ed. 1. 6. 2018, SGB II §10 Rn.2.

일과 유사점이 없다는 점, 일의 규모가 종래와 비교해서 작다는 점, 취업하는 장소가 이전과 비교해서 다소 멀리 떨어져있다는 점, 근로조건이 어느 정도 낮다는 점 등이 인정되더라도 기대가능성은 인정된다(제10조 제2항 제1호 내지 제5호). 따라서 수급권자는 그 일을 받아들여야 하며, 이로써 실업급여 II에 대한 수급권은 그러한 한도에서 더 이상 인정되지 않는다.

3. 독일 고용보험제도의 특징

1) 고용보험 적용 대상

독일에서 고용보험이 적용되는 영역은 매우 광범위하다. 법제도적 관점에서 가장 큰 이유는 독일 고용보험의 적용 대상자가 근로자보다 넓은 개념이기 때문이다.

우선 독일은 사회법(Sozialrecht)이 적용되는 취업(Beschäftigung)의 개념을 비자영적 일(Arbeit), 특히 근로관계에 종사하는 자로 규정한다(사회법전 제4편 제7조 제1항). 이러한 사회법상 취업의 개념은 실무적으로 실업보험(사회법전 제3편 제25조 제1항), 건강보험(사회법전 제5편 제5조 제1항 제1호), 요양보험(사회법전 제11편 제20조 제1항 제2문 제1호) 및 사고보험(사회법전 제7편 제2조 제1항 제1호)의 적용 대상자(당연가입의무자)를 판단하는 결정적인 요소이다.[35]

그러한 취업 개념에 기초하여, 독일은 고용보험 적용 대상자를 근로자

---

35) BeckOK SozR/Rittweger, 49. Ed. 1. 6. 2018, SGB IV §7 Rn.3.

(Arbeitnehmer)보다 넓은 개념인 취업자(Beschäftigte)로 규정한다. 즉 임금을 목적으로 또는 직업훈련을 위하여 취업한 모든 자가 고용보험 적용대상자(고용보험 당연가입의무자)가 된다. 나아가 직업교육법에 따른 직업훈련계약을 체결하고 사업장 외의 장소에서 교육을 받는 자와 이원적 직업훈련제에 참여하고 있는 자도 고용보험대상자가 된다(사회법전 제3편 제25조).

2) '실업수당 II'의 실행

'실업수당 II'는 그 명칭에도 불구하고 실질적으로 공공부조의 성격, 말하자면 일종의 구직수당을 의미한다. 이러한 성격으로 인해 '실업수당 I'과 '실업수당 II'는 다음과 같은 차이점을 보인다.

① '실업수당 I'과 '실업수당 II'의 보험재정 기반이 다르다. 이 점이 '실업수당 I'과 극명하게 대조되는 부분이다. '실업수당 I'은 당사자의 보험료에 의해서 보험재정이 충당되지만, '실업수당 II'는 국가의 조세에 의해서 충당된다(사회보험 제2편 제46조).

② '실업수당 I'과 '실업수당 II'는 수급요건이 다르다. '실업수당 II'는 일정한 연령을 기준으로(15세 이상 65세 미만), 소득능력과 지원필요성에 따라서 지급하게 된다.

③ '실업수당 I'과 '실업수당 II'는 급여내용이 다르다. '실업수당 II'는 구직자의 기초보장을 위해 예컨대 개인적 필요성과 무관하게 기본적인 생계필수품(식사, 의복, 보건, 가재도구 등 살림살이)이 지급된다(사회법전 제2편 제20조 제1항).[36]

이처럼 '실업수당 II'는 그 성격이 진정한 의미의 실업수당이라기보다는 일반적인 원호를 실현하기 위해 구직상태에 있는 (일정 요건의) 모든 자에게 지급되는 공공부조라고 할 수 있다.

3) 특정 자영인 단체의 사회법적 보호

독일의 실업수당은 비자영적 일에 종사하는 취업자를 대상으로 한다(사회법전 제4편 제7조 제1항; 제3편 제25조). 따라서 원칙적으로 자영인(Selbständiger)은 독일법상 실업수당의 대상이 아니다.[37] 그럼에도 불구하고 일부 자영인들은 사회적 위험에 노출되어 있기 때문에, 사회법적 관점에서의 보호필요성이 인정된다. 독일은 이러한 이유로 사회보험제도를 마련하고 있다.

예컨대 독일은 1981년 7월 27일 「자영 예술인과 언론인의 사회보험에 관한 법, 이하 '예술인 사회보험법'(KSVG)[38]」을 제정하였다. 동 법을 통해서 자영인인 예술인과 언론인이 연금보험, 건강보험 및 요양보험의 피보험자로서 보호받게 된다. 여기에서 예술인은 음악이나 미술 등 예술을 행하거나 가르치는 자를 말하고, 언론인은 작가나 저널리스트 또는 그 밖

---

36) 다만 그 최대치는 이른바 기본수요조사법(Regelbedarfs-Ermittlungsgesetz)에 따라서 정해진다(사회법전 제2편 제20조 제1a항).

37) 이른바 자영업자와 자영인을 개념적으로 구분하기도 한다. 예컨대 박지순, 『독일의 유사근로자(특수형태고용종사자)의 유형과 노동법상의 지위에 관한 연구』, 2005.2. 참고. 다만 이곳에서는 근로자, 특수형태근로종사자 및 예술인 등과 구분되는 동일한 의미로 이해한다.

38) 이른바 「Gesetz über die Sozialversicherung der selbständigen Künstler und Publizisten」(Künstlersozialversicherungsgesetz).

에 언론매체를 통해서 생업을 행하는 자를 말한다(KSVG 제2조). 임시적으로 예술 또는 언론활동을 하는 자뿐만 아니라 그러한 활동을 하는 자라면 직업훈련생 또는 미니잡 형식도 이들에 속한다(KSVG 제1조). 가입대상자의 범위가 매우 넓게 인정된다. 반면 동 법에 따라 자영 예술인이나 언론인들은 고용보험이나 산재보험의 적용 대상에서 배제된다.[39)]

예술인 사회보험법은 무엇보다 의무보험 가입조건 및 보험료 납부 등에 관련하여 구체적인 규정을 담고 있다. 동 법에 따른 사회보험은 의무보험이며(동 법 제3조 이하), 보험료는 예술인이 50%를 납부하고, 예술인사회기금(Künstlersozialabgabe)에서 50%를 충당한다(동 법 제14조). 여기에서 예술인사회기금은 정부보조 40%와 (예술)사업주의 사회분담금 60%에 의해서 조달된다(동 법 제23조 내지 제26조; 제34조). 이때 (예술)사업이란 출판사, 언론사, 극장, 콘서트, 라디오 및 TV 방송국, 박물관 등을 의미한다(동 법 제24조). ① 의무보험의 적용을 받기 위해서는 연소득이 최소 3,900유로를 넘어야 하며, 다만 직업을 처음 가지는 자(직업초년생, Berufsanfänger)는 최소소득이 3,900유로에 미치지 않더라도 3년간 보장받는다. 물론 직업초년생이라 하더라도 최소소득이 3,900유로 이상이면 의무보험 가입대상이 된다(동 법 제3조). ② 예술활동이나 저술활동 등이 기본적으로 독일 내에서 이루어져야 하며, 이들은 취업자로서 고용될 수 없다. 만약 종속적인 업무에 고용되더라도 그것으로부터 발생하는 부수입이 400유로를 넘어서는 안 된다.[40)]

---

39) 이어지는 내용들에 관하여 개략적으로 박명준, "독일 자영업적 자유직업인의 사회보험", 『국제노동브리프』(2013. 12월호), 한국노동연구원, 28면 이하.

IV. 소결 및 시사점

① 고용보험이 가지는 가장 주요한 기능은 무엇보다 실업을 대비하고, 실업이 발생한 경우에 실업급여를 통해서 근로자의 생계가 유지될 수 있도록 하는 것이다. 모든 인간이 자신의 생계유지와 인격의 실현을 위해 직업을 가지고 영리활동을 하며, 그로부터 얻게 되는 임금 기타 금품으로 자신의 삶을 영위하게 된다. 그러한 영리활동을 하는 모든 자들이 고용보험법의 보호영역에 포섭되는 것은 아니다.

② 고용보험의 사각지대에는 특히 특수형태근로종사자 및 예술인 등이 존재한다. 다만 자영업자의 경우 2006년 1월 처음으로 고용보험법의 적용범위에 포함된 이후, 2012년 1월부터 실업급여의 대상이 되었다. 자영업 종사자가 전체 취업자 중 대략 30%를 차지한다는 점을 감안할 때, 고험보험의 사각지대에 놓여 있던 자영업자가 실업급여의 대상이라는 점은 사회안전망의 측면에서 대단히 고무적이라고 평가될 수 있다. 그러나 여전히 특수형태근로종사자 및 예술인 등이 고용보험의 사각지대에 동 법의 보호를 받지 못하는 실정이다.

③ 그러한 측면에서 독일의 고용보험제도의 체계와 내용이, 특히 특수

---

40) 예술인은 자유직업인(Freie Berufler) 가운데 자영인(Selbständiger)에 속한다. 자유직업인은 통상적으로 종속적 자유직업인과 비종속적 자유직업인(자영인)으로 분류되며, 종속적 자유직업인은 일반적인 사회보험법 영역에서 보호를 받는다. 따라서 비종속적 자유직업인에 대한 보호필요성이 검토되어야 할 것이다. 자유직업의 의의에 관해서는 독일 소득세법 제18조 제1항 제1문, 파트너쉽법 제1조 제2항 제1문 참고(자유직업이란 "일반적으로 특별한 직업적 특성 또는 창조적 재능을 기반으로, 위탁자와 공익 사이에서 높은 수준의 서비스를 제공하고, 개인적이고 책임감 있는 독자적인 생산물을 창출하는 직업"을 말한다).

형태근로종사자 및 예술인 등을 고용보험의 보호영역으로 포섭할 수 있는 중요한 시사점을 줄 것으로 보인다.

첫째, 고용보험의 적용대상을 노동법상의 근로자(Arbeitnehmer) 개념이 아닌, '독일과 같은' 취업자(Beschäftigte)의 개념으로 전환하는 것이다. 말하자면 근로관계(Arbeitsverhältnis, 근로기준법 제2조 제4호)와 고용관계(Beschäftigungsverhältnis, 민법 제655조)를 구분하여, 노동법상의 근로자 개념에 포섭되지 않더라도 다양한 고용형태에 따라서 보호필요성이 있는 경우에는 그 자를 취업자로서 고용보험법 안으로 포섭할 수 있게 된다.

둘째, 취업자의 개념에서 아예 벗어나는 것도 가능할 것이다. 말하자면 생산가능인구(15세~64세) 모두를 잠재적 실업자로 상정하고, 실제로 그러한 위험이 현실화된 자에 대해서 실업급여을 지급하는 것이다. 이때의 실업급여는 완전한 공적 부조의 성격을 가지게 된다. 다만 그러한 의미의 실업급여가 실효성을 확보하기 위해서는 급여요건은 완화하되, 급여범위는 최소한으로 한정해야 할 것이다. 재정충당의 현실적인 문제를 간과해서는 안 되기 때문이다.

셋째, 특수형태근로종사자를 자영업자의 범주에 완전하게 포함시키는 방법도 가능하다. 자영업자는 그 보호필요성으로 인해 고용보험법에 적용대상으로서 인정된다. 특수형태근로종사자를 외관(사업자등록 등)만을 고려하여 자영업자로 인정할 수 있다면, 이들은 이미 동 법상의 보호영역에 존재하게 된다.

넷째, 특정 집단으로 하여금 기금을 조성하여 독립적인 보험사업을 운영할 수 있도록 법제도를 마련하는 것도 가능하다. 특수형태근로종사자 및 예술인 등은 근로자와 다른 형식과 방법, 정도로 구분하여 보호하는 것도 필요해 보이기 때문이다.

다섯째, 그 형태를 불문하고 임의가입방식을 채택하는 것도 고려해 볼 수 있다. 다만 임의가입이 가지는 부정적 효과를 제거할 수 있는 방안을 마련해야 할 것이다.

제5부

노동법의 진화와 미래

| 제1장 | 4차 산업혁명의 시대, 노동법의 과제

I. 4차 산업혁명과 전통적 노동법체계의 변화

과거 전통적인 노동법체계의 이념적 기반은 '인간에 대한 종속성'에 있었다. 노동법이 매우 강력하게 작동하여야 할 당위성 또한 여기에 있었다. 인간의 노동력에 대한 전면적 지배와 종속성은 사실 근로계약관계 상의 급부 목적이 〈몰개성적〉이었기 때문에 가능했다. 다시 말하면 사용자의 일방적 지시에 복종하고, 그 지시에 따라 행동하는 것이 근로계약관계의 급부목적관계였다. 이 과정에서 근로자의 개별적 사정이나 유연한 재량적 판단의 여지는 몰각될 수 밖에 없다. 전통적 종속성 관점에서 보면 근로자는 비록 하나의 인격체이지만, 근로계약관계에 나서는 순간부터 철저하게 사용자의 '길어진 팔'인 셈이다.

4차 산업혁명으로 우리는 전통적인 종속성 논쟁과의 이별을 고하게 될 것이다. 이른바 전통적 의미에서의 '종속적' 근로의 대상 업무, 그러니까 단순반복적이며 몰개성적인 근로는 철저하게 기계나 인공지능으로 대체될 개연성이 높다. 향후 근로자의 업무란 자신의 근로방식과 내용 및 성과가 고유한 개성을 가지는 경우에 국한될 것이다. 이른바 유비쿼터스 노동의 시대가 열리게 되는 것이다.[1)]

결과적으로 사용자의 〈일 시키는 방식〉의 변화가 불가피한 이유도 바로 여기에 있다. 더 이상 사용자가 시키는 것만을 기계적으로 따르는 근로자 상은 4차 산업혁명으로 말미암아 사라질 것이다. 근로자에게 요구되는 것은 스스로 판단하고 고유한 성과를 도출할 수 있는 역량이다. 자영적 형태의 근로자 상을 생각하지 않을 수 없다. 근로자가 최선의 성과를 도출하기 위한 전제로서 근로시간과 근로장소를 스스로 결정하는 것을 사용자로서도 존중할 수 밖에 없을 것이다. 이것이 바로 4차 산업혁명의 중대한 변화상이다.[2)]

그렇다면 노동관련 법제도도 단순히 전통적인 종속노동자에만 지향된 것이어서는 안 된다. 오히려 ① 자유롭게 용역을 제공하거나 사업을 하면서 ② 주로 한 사람을 위해 근로를 제공하면서 경제적으로 종속된 자로서 〈외형상의 독립성〉과 〈내부적인 관계에서는 경제적 종속성〉을 갖는 경우를 법제도 체계에서 포섭하여야 한다. 사회적 보호필요성이 있는 경우에는 적극적인 노동법제도가 작동해야 하고, 사회적 보호필요성이 없는 경우는 과감하게 노동법제도의 개입을 배제하여야 한다. 과거처럼 획일적 근로자개념을 두고, 구체적 사회보호필요성을 고려하지 않는 방식은 지양되어야 한다. 구체적 정당성을 고민해야 한다.

1일 8시간, 1주 40시간은 현행 근로기준법 상의 법정 근로시간이다. 근로시간에 관한 한 현행 노동법체계는 매우 경직적이다. 근로기준법이 업종이나 업무에 관계없이 획일적인 근로시간 규제로서 작동하고 있다. 현

---

1) 안주엽 외(2011), 『유비쿼터스 시대의 노동』, 한국노동연구원.

2) Krause, Rüdiger(2016), 『Digitalisierung der Arbeitswelt』, Gutachten B zum 71. Deutschen Juristentag, C.H.Beck, p.81.

행 근로시간 도그마는 미래지향적이 아니라 과거지향적이다. 그 이유는 분명하다. 단순업무를 수행하면 근로시간에 비례한 성과를 가져 오게 되므로, 근로시간에 비례하여 임금이 지급되는 것이 합리적이었기 때문이다. 이른바 〈근로시간 도그마〉다. 과거 산업화단계의 제조업 종사자에 맞춘 규제이다. 하지만 산업 4.0시대에는 맞지 않는 규제이다. 근로시간에 관한 새로운 규제방식이란 근로자의 개인적 수요(요구사항)를 반영할 수 있고, 기업주의 유연한 생산 및 작업공정을 고려할 수 있어야 한다. 구체적으로 근로자와 사용자가 자율적으로 혁신적인 근로시간모델을 만들어 낼 수 있도록 더 많은 권한을 부여해야 한다.[3)]

근로시간 비례형 임금산정방식은 지속가능하지 않다. 나아가 근로시간의 유연화 측면에서 보면 현행법 상 야간근로나 연장근로에 대한 가산임금 체계도 마찬가지이다. 근로자가 스스로 최적의 근로시간과 근로 양을 결정하는 구조라면, 획일적이고 경직된 가산임금 체계는 설득력을 가질 수 없다. 일일이 근로시간을 산정하여 임금을 지급하는 번거로움은 노사 모두에게 불필요한 규제일 뿐이다. 오히려 자신의 성과를 통해 임금을 지급받게 되면 형평이라는 관점에서도 근로자를 만족시킬 수 있고, 생산성이라는 관점에 사용자를 만족시킬 것이다.

---

3) Schaub/Vogelsang, ArbRHandb, 16.Aufl., 2015, §160 Rn.19ff.

II. 플랫폼 노동 등 고용형태 다변화에 따른 노동법의 미래

노동법은 전통적으로 사용자를 규제하고 근로자를 보호하는 규범체계이다. 노동법은 근로계약관계의 양 당사자 중 사회적 약자인 근로자를 보호함으로써, 계약관계상의 비대등성을 교정하는 데 있었다.[4] 한편 과거 전통적인 대공장 체계 하에서 발전해 온 집단적 노사관계는 노동조합조직을 중심으로 한 것이었다. 노동조합과 사용자 간의 교섭질서를 배경으로 하여, 단체협약과 부당노동행위 그리고 쟁의행위와 조정제도로 법체계가 정착되었다.

플랫폼을 기반으로 한 비즈니스 시대다. 크라우드펀딩(crowdfunding), 핀테크(fintech), 클라우드 컴퓨팅(cloud computing), 빅데이터 등 플랫폼을 기반으로 한 기업환경의 변화가 급격하다. 사물인터넷(IoT: Internet of Things), 가상현실(VR), 자율주행자동차 등의 현실화는 노동의 본질적 변화를 초래할 게 분명하다. 과거와 같은 대공장 체계의 노동 양태는 급격하게 줄어들고, 근로자의 파편화를 초래할 것이다.

4차 산업혁명은 기업경영질서 전반의 변화를 의미한다. 사용자의 경영적 판단만으로 기업의 지속가능성을 담보할 수 없거니와 근로조건의 유지와 향상을 실현하는 데 있어, 사용자와의 투쟁에서 이기는 것만으로는 충분하지 않게 될 것이다. 결국 대립적 노사관계는 기업의 존망에 대한 고려가 불필요한 경우에만 유효하게 작동한다. 다른 한편 글로벌화된 기

---

4) 박제성/박지순/박은정, 『기업집단과 노동법』, 2007, 69, 83면.

업경쟁사회에서, 근로자의 고용안정과 근로조건 향상을 위해 필요한 것은 기업 스스로가 경쟁력을 가지는 일이다. 만약 기업이 경쟁력을 상실하면, 아무리 근로자의 근로조건 향상을 위해 노동조합이 노력해도 소용없다. 대립적 노사관계체계는 사용자에게 귀속된 경영이윤을 노동조합 측이 쟁취해 내는 구조를 전제로 한다. 오늘날 경영이윤은 사용자에게 귀속되는 측면만이 아니라, 기업 그 자체의 생존문제와도 직결되어 있다.

플랫폼 이코노미하에서의 크라우드워커에 대한 노동법의 대응에 대해서 시론적으로 다양한 접근이 이루어지고 있다. 근로자 개념, 유사근로자의 개념 혹은 가내근로자 개념 등 어느 것을 재검토해야 하는가라는 점에서 각각의 관점은 크게 다르고 또 그 재검토의 방향도 한결같지 않다. 그렇다고는 하나 대다수의 견해가 크라우드워커가 안고 있는 문제, 특히 보수의 불안정성에 착안하여 이러한 접근을 시도하고 있는 점은 시사적이라고 할 수 있다. 어느 경우든 향후의 논의의 전개를 바탕으로 하면서 각 접근의 타당성을 계속하여 검증할 필요가 있다.

주문형 노동에서는 앞서 우버사례에서 나타나듯이 외국에서도 O2O 플랫폼 취업자의 근로자성에 대한 논의가 진행 중이며, 우리나라에서도 관련 논의가 진행 중이다. 최근 하급심에서는 O2O 플랫폼 취업자인 배달앱 배달원이 근로자가 아님을 전제로 한 판결이 내려지기도 하였다.[5] 공

---

5) 서울행정법원 2015.9.17. 선고 2014구합75629 판결. 그러나 대법원은 2018.5.10. 위 사건에 대한 상고심(2016두49372)에서 배달대행업체에 소속된 배달원의 배달업무를 음식배달원이 아닌 택배원업무에 해당한다고 판단하여 산재보험법상 특수형태근로종사자에 해당한다고 판단하고 원심을 파기환송하였다. 그렇지만 배달원이 근로기준법상 근로자에 해당하지 않는다는 점은 유지하였다. 한편 이 판결에도 불구하고

급자인 크라우드워커는 수요자, 플랫폼 모두에게 종속성이 낮게 나타난다. 판단컨대 근로자 개념의 재구성이 요구된다. 일률적으로 노동법 규정을 적용한다는 all or nothing의 원칙은 타당하지 않다. 해당 취업자의 요보호성의 정도에 따라 개개의 법규정을 적용한다는 접근이 필요하다.

한편 유사근로자의 개념의 재구성도 과제다. 독립근로자라고 하는 제3의 카테고리를 신설할 필요가 있다.

나아가 생산을 담당하는 주체가 되는 것은 생산에 필요한 정보, 지식을 입수하여 활용할 수 있는 능력을 가진 사람이라는 데 유의하여 고려해야 한다. 전통적인 일하는 방식은 제1차 산업혁명 시기에 보였던 '공장'이라는 물리적 공간에 시간적으로도 구속된 것이었다. 직접적인 지휘명령을 받아 근무하고 일하는 인적 종속성은 약화되어 갈 것이다. 노동의 가치가 지휘명령이 아니라 개인의 지식 활동을 중심으로 만들어져 가면서 인적 종속성이 적은 자영업이 늘어날 것이다. 요컨대, (비종속적 독립적인) 취업이 주류가 되는 것은 필연적이라는 것이다.

1999년 수피오위원회 보고서「Transformation of labor and future of labor law in Europe」(유럽에서 노동법의 변용과 노동법의 미래)[6]이후의 EU의 협의에서는 경제적 종속노동과 텔레워크, 상법과 시장으로부터의 노동법의 자율성이 검토되었다.

배달업무를 중개하는 대행업체가 여럿이거나 배달원업무가 부업으로 이뤄지는 경우에는 특수형태근로종사자의 요건을 충족하지 못할 가능성을 배제할 수 없다. 그밖에 다른 O2O업체의 종사자에 대해서는 특수형태근로종사자로 인정할만한 준거업무가 존재하지 않는다는 한계는 여전히 존재한다.

6) 이에 관한 설명으로는 김희성, 『노동사회의 변화와 노동법』, 2007 참고.

공유 경제는 예전부터 논의되어 온 미해결의 문제를 과제로서 다시금 제시되고 있다.

III. 노무제공의 다양성과 고용보험 등 사회안전망 강화

우리의 연금제도와 정년제도가 여전히 연계되지 못하고 있다는 점은 매우 심각한 문제로 인식된다. 노령연금 수급연령이 65세가 되는 2033년까지 현재와 같은 정년 60세가 유지되는 경우에, 적어도 연금으로부터 생계소득을 얻지 못하는 실업자가 양산될 것임은 분명해 보인다. 고령자의 고용 안정 및 촉진과 관련한 법제도와 정책들이 꾸준히 마련되어야 할 것이지만, 연금제도와 정년제도의 연계체계를 하루 빨리 구축하는 것이 시기적으로, 그리고 실질적이고 현실적으로 매우 시급한 시점이다. 아마도 독일, 프랑스, 일본 등 선진국들이 구축하고 있는 연금-정년 연계체계를 연구하고 도입방안을 모색함으로써 보다 효율적으로 그 시기를 앞당길 수 있을 것으로 보인다.

한편 여전히 고용보험의 사각지대에 존재하게 되는 특수형태근로종사자 및 예술인 등에 대한 대책이 마련되어야 한다. 법제도적 방법으로서, 첫째, 고용보험의 적용대상을 노동법상의 근로자(Arbeitnehmer) 개념이 아닌, '독일과 같은' 취업자(Beschäftigte)의 개념으로 전환하는 것, 둘째, 생산가능인구(15세~64세) 모두를 잠재적 실업자로 상정하고, 실제로 그러한 위험이 현실화된 자에 대해서 실업급여를 지급하는 것, 셋째, 특수형태근로종사자를 자영업자의 범주에 완전하게 포함시키는 것, 넷째, 독립적인 보험사업을 운영할 수 있는 법제도를 마련하는 것, 다섯째, 그 형태를 불문하고 임의가입방식을 채택하는 것 등이 고려될 수 있다.

4차 산업혁명이 가져올 일하는 방식의 변화에 따른 사회안전망 구축은 새롭다거나 급변하게 되는 문제는 아닐 것이다. 노동시장에서의 사회안전망은 과거에도, 현재에도, 미래에도 항상 고려되고 배려되어야 하는 부분이다. 무엇보다 사회보장적 측면에서 공동체가 유지될 수 있도록 법제도 개선이 이루어져야 한다. 다만 고령화·저출산으로 인해 급변하게 되는 생산가능인구 및 가용 노동인력을 염두에 두고 전략적이고 효과적인 법제 방안이 수립되어야 한다.

참고문헌

권 혁, “4차 산업혁명시대 노동법체계 개편에 관한 정망”, 『노동법포럼』 2021호, 2017.7.

김기선, “대안적 근로자대표제의 모색”, 『노동법포럼』 2021호, 2017.7.

김희성, 『노동사회의 변화와 노동법』, 2007.

김희성・신동윤, “플랫폼 이코노미와 노동”, 『노동법포럼』 제22호, 2017.11.

박지순, “산업 4.0시대 노동법과 사회법의 과제”, 『전북대학교 노동사회법센터 발표문』, 2017.1.

박지순, “4차 산업혁명과 노동법의 과제”, 『노사공포럼 발표문』, 2018.5.14.

박지순, “한국형 근로자대표제의 構想”, 『노동법논총』 제42집, 2018.4.

박지순 외, 새로운 노무제공 방식 관련 실태 및 제도적 대응방안, 고용노동부 정책연구보고서, 2017.

Jeremias Prassl, “영국 크라우드워커의 사회경제적 상황과 법적 지위”, 「국제노동브리프」, 한국노동연구원, 2016.9.

經濟産業省(2016),「雇用關係によらない働き方式に關する設問調査 結果」.

經濟産業省 제1회 「雇用關係によらない働き方式に關する研究會」クラウドワソーシング 協會 제출 자료.

經濟産業省(2016),「雇用關係によらない働き方式に關する設問調査 結果」.

內閣官房情報通信技術(IT) 綜合戰略室 제1회 「シエアリングレエコノミー 檢討會議」シエアリングレエコノミ一協會 제출 자료.

ランサーズ(2015)「フリーランス 實態調査」.

毛塚勝利, “クラウドワーカーの勞動法學上の檢討課題”, 『季刊 勞動法』259호,

2017.12.

石田眞 , "クラウドワーカーの歴史的位相",『季刊 労動法』259호, 2017.12.

中小企業廳「平成 26年度 中小企業等の事業活動に關する調査」.

厚生労働省,「働き方の未来2035: 一人ひとりが輝くために」懇談会,「働き方の未来2035」, 2016.8.

Alexander DeMasi, Uber: Europe's Backseat Driver for the Sharing Economy, 7 Creighton Int'l & Comp. L.J. 73, 80-82, 2016.

Ashley L. Crank, *O'connor v. Uber Technologies, Inc.: The Dispute Lingers-Are Workers in the On-demand Economy Employees or Independent Contractors?*, 39 Am. J. Trial Advoc. 609, 612, 2016.

BMAS, Weissbuch Arbeiten 4.0, 2016.

Cannon & Lawrence H. Summers, *How Uber and the Sharing Economy Can Win over Regulators*, HARV. BUS. REV. 2014, https://hbr.org/2014/10/how-uber-and-the-sharing-economy-can-win-over-regulators.

CNN, "Uber's never-ending stream of lawsuts", M.Kendal, 2016, "Uber batting more than 70 lawsuits in federal courts" The Mercury News.

Däubler, "Crowdworker – Schutz auch außerhalb des Arbeitsrechts?" in *Benner* (Hrsg.), Crowdwork-zurück in die Zukunft?, 2015.

Deinert, Soloselbstständige zwischen Arbeitsrecht und Wirtschaftsrecht, 2015.

Eremias Prassl & Martin Risak, *Uber, Taskrabbit, and Co.,: Platforms as Employers? Rethinking the Legal Analysis of Crowdwork*, 37 Comp. Lab. L. & Pol'y J 619, 629, 2016.

Hanau, NJW 2016.

Hans Böckler Stiftung(Hrsg.), Crowd Worker in Deutschland, 2016.

Heide Pfarr, Wahlarbeitszeitgesetz: ein Vorschlag des Deutschen Juristinnen-bundes, Recht und Politik: Vol 5, No. 4, 2015.

Heuschmid/Klebe, "Erwerbsarbeit in der Plattformökonomie und Schutz des Arbeits-und Sozialrechts" in *Faber/Feldhoff/Nebe/Schmidt/Waßer*(Hrsg.),

FS *Kohte*, 2016.

Jeremias Prassl & Martin Risak, *Uber, Taskrabbit, and Co.,: Platforms as Employers? Rethinking the Legal Analysis of Crowdwork*, 37 Comp. Lab. L. & Pol'y J 619, 628, 2016.

Kenneth G. Dau-Schmidt, Labor Law in the Contemporary Workplace 111, 2009.

Krause, Digitalisierung Der Arbeitswelt-Herausforderungen und Regelungsbedarf – Gutachten B zum 71. Deutschen Juristentag. 2016.

Khara Singer Mack, *Litigating Claims of Misclassification of Employees as Independent Contractors*, 133 Am. Jur. Trials 213, 2014.

Leimeister/Zogaj/Blohm, "Crowdwork-digitale Wertschöpfung in de Wolke" in *Benner*(Hrsg.), Crowdwork-zurück in die Zukunft?, 2015.

Leimeister/Durward/Zogaj, CROWD WORKER IN DEUTSCHLAND, 2016.

Leimeister/Zogaj/Durward/Blohm, SYSTEMATISERUNG UND ANALYSE VON CROWDSOURCING-ANBIETERN UND CROWD-WORK-PROJEKTEN, 2016.

Martin Risak, New Forms of Employment in Europe: Crowdworking: Towards a New Form of Employment, 94 Bulletin of Comparative Labour Relations 93, 94, 2016.

McKinsey, 「Independent work: Choice, necessity, and the gig economy」, 2016.

Orly Lobel, The Law of the Platform, 101 Minn. L. Rev. 87, 95, 2016.

PricewaterhouseCoupers, The Sharing Economy, Consumer Intelligence Series, 14, 2015, https://www.pwc.com/us/en/technology/publications/assets/pwc-consumer-intelligence-series-the-sharing-economy.pdf.

Rebecca Smith & Sarah Leberstein, Rights on Demand: Ensuring Workplace Standards and Worker Security in the On-Demand Economy, New York, National Employment Law Project, 2015.

The Brookings Institution, The Hamiltion Project, A Proposal for Modernizing Labor Laws For Twnety -First-Century Work: The "Independent Worker", 2015.

The Freelancers Union, 「Freelancing in America」, 2016.

The Heritage Foundation, J.Sherk, "The Rise of the "Gig" Economy: Good for Workers and consumers", 2016.

The Information Technology and Innovation Foundation(ITIF), J.V.Kennedy, "There Paths to Update Labor Law for the Gig Economy", 2016.

Travis Kalanick, Growing and Growing Up, UBER NEWSROOM (Apr. 21, 2016), https://newsroom.uber.com/growing-andgrowing-up/.

U.S Department of Labor, Administrator's Interpretation No. 2015-1, 2015.

Waas, "Introduction" in *Wass/Liebman/Lyubarsky/Kezuka*, Crowdwork-A Comparative Law Perspective, 2017.

Alexander DeMasi, Uber: Europe's Backseat Driver for the Sharing Economy, 7 Creighton Int'l & Comp. L.J. 73, 80-82, 2016.

Ashley L. Crank, O'connor v. Uber Technologies, Inc.: The Dispute Lingers-Are Workers in the On-demand Economy Employees or Independent Contractors?, 39 Am. J. Trial Advoc. 609, 612(2016); Kenneth G. Dau-Schmidt, Labor Law in the Contemporary Workplace 111(2009).

Cannon & Lawrence H. Summers, How Uber and the Sharing Economy Can Win over Regulators, HARV. BUS. REV.(2014), https://hbr.org/2014/10/how-uber-and-the-sharing-economy-can-win-over-regulators.

CNN(2016) "Uber's never-ending stream of lawsuts", M.Kendal(2016) "Uber batting more than 70 lawsuits in federal courts" The Mercury News.

Eremias Prassl & Martin Risak, Uber, Taskrabbit, and Co.,: Platforms as Employers? Rethinking the Legal Analysis of Crowdwork, 37 Comp. Lab. L. & Pol'y J 619, 629(2016).

Khara Singer Mack, Litigating Claims of Misclassification of Employees as Independent Contractors, 133 Am. Jur. Trials 213(2014).

Jeremias Prassl & Martin Risak, Uber, Taskrabbit, and Co.,: Platforms as Employers? Rethinking the Legal Analysis of Crowdwork, 37 Comp. Lab. L. & Pol'y J 619, 628(2016).

Martin Risak, New Forms of Employment in Europe: Crowdworking: Towards a

New Form of Employment, 94 Bulletin of Comparative Labour Relations 93, 94(2016).

Orly Lobel, The Law of the Platform, 101 Minn. L. Rev. 87, 95(2016).

PricewaterhouseCoupers, The Sharing Economy, Consumer Intelligence Series, 14(2015), https://www.pwc.com/us/en/technology/publications/assets/pwc-consumer-intelligence-series-the-sharing-economy.pdf.

Rebecca Smith & Sarah Leberstein, Rights on Demand: Ensuring Workplace Standards and Worker Security in the On-Demand Economy(New York, National Employment Law Project, 2015).

Travis Kalanick, Growing and Growing Up, UBER NEWSROOM(Apr. 21, 2016), https://newsroom.uber.com/growing-andgrowing-up/.

The Brookings Institution, The Hamiltion Project(2015), "A Proposal for Modernizing Labor Laws For Twnety-First-Century Work: The "Independent Worker".

The Information Technology and Innovation Foundation(ITIF), J.V.Kennedy (2016), "There Paths to Update Labor Law for the Gig Economy", ITIT (2016), "Outmoded.

The Heritage Foundation, J.She가(2016), "The Rise of the "Gig" Economy: Good for Workers and consumers".

U.S Department of Labor, Administrator's Interpretation No. 2015-1(2015).

BMAS, Weissbuch Arbeiten 4.0, 2016.

Hans Böckler Stiftung(Hrsg.), Crowd Worker in Deutschland, 2016.

Heide Pfarr, Wahlarbeitszeitgesetz: ein Vorschlag des Deutschen Juristinnenbundes, Recht und Politik: Vol 5, No. 4, 2015.

권 혁(權 爀)

부산지방노동위원회 공익위원
경제사회노동위원회 노사관계제도관행개선위원회 공익위원
산업재해재심사위원회 공익위원
한국노동법학회 학술상임이사

김희성(金熙聲)

경기지방노동위원회 공익위원
경제사회노동위원회 노사관계제도관행개선위원회 공익위원
(전) 한국비교노동법학회 회장

성대규(成大圭)

강원대학교 법학전문대학원 강사

아산재단연구총서

001 전환기의 중국경제
김윤환 외 | 단국대 경제학과

002 폴란드 경제의 변천 개혁과 그 전망
김광수 | 숭실대 경제학과

003 재소한인
이광규 외 | 서울대 인류학과

004 소련산림과 임업
홍성천 외 | 경북대 임학과

005 아세안의 정치경제
김국진 외 | 외교안보연구원

006 태국의 사회변동과 경제발전
최석만 외 | 전남대 사회학과

007 중국의 사회경제 통계분석
신한풍 외 | 고려대 통계학과

008 중국의 정치와 경제
박두복 외 | 외교안보연구원

009 동유럽의 개혁과 시장경제의 도입
허만 외 | 부산대 사범대학

010 동유럽의 개혁운동
박영신 | 연세대 사회학과

011 현대 러시아 연구
기연수 외 | 한국외대 노어과

012 전략적 선택과 기업의 국제경쟁력
이장호 | 서강대 경영대학

013 협동사회의 정착과 정부의 역할
이종범 외 | 고려대 행정학과

014 한국 제조기업 생산성의 동적 분석
노부호 외 | 중앙대 경영대학

015 분배의 정의
변형윤 외 | 서울대 경제학과

016 도덕적 행동의 강화
이훈구 외 | 연세대 심리학과

017 관료부패와 통제
김해동 외 | 서울대 행정대학원

018 한국경제의 내실 있는 성장
정창영 외 | 연세대 경제학과

019 한국국민정신운동의 역사와 발전방향
박수명 외 | 부산대 사범대학

020 한국대학생의 가치성향과 상담효과
이영희 외 | 숙명여대 교육학과

021 가출청소년과 학교관리체제
안창규 외 | 부산대 교육학과

022 동북아 정세변화와 한 · 일관계
한승조 외 | 고려대 정치외교학과

023 언론과 부정부패
정대철 외 | 한양대 신문방송학과

024 한국의 고등학교 교육
이원호 외 | 부산대 교육학과

025 가족과 방송
김학수 외 | 서강대 신문방송학과

026 재정개혁의 전망과 재산세제의 개편과제
오연천 | 서울대 행정대학원

027 청소년을 위한 전자게임 프로그램의 규제 및 평가체계 개발
박혜원 외 | 울산대 가정관리학과

028 정신장애자 가족의 사회심리적 특성
이근후 외 | 이화여대 의과대학

029 가족의 관계역동성과 문제인식
이광규 외 | 서울대 인류학과

030 현대인과 한국전통음식
승정자 | 숙명여대 식품영양학과

031 기업의 초고속정보통신망활용
안중호 | 서울대 경영학과

032 지역발전을 위한 교육자치제의 개선방안
김남순 | 조선대 사범대학

033 전환기의 공무원 가치관
조경호 | 울산대 행정학과

034 지방자치와 사회복지의 과제
김영모 | 중앙대 사회복지학과

035 WTO체제하의 지방중소기업 지원정책
최명주 외 | 계명대 통상학부

036 현대한국의 시민운동
이효선 | 중앙대 사회학과

037 기업 세계화의 단계 및 정도의 측정
허영도 외 | 울산대 경영학과

038 가족복지를 위한 가족주치의 시범사업의 효과
이혜리 외 | 연세대 가정의학교실

039 한국대학생의 삶의 만족도
김재은 외 | 이화여대 교육심리학과

040 지역경제와 지역산업구조의 개편방향
정기화 외 | 전남대 경제학부

041 중국기업의 소유형태별 경영특성
노철화 외 | 부산대 무역학과

042 남북한의 인성 · 사상교육
한승조 외 | 고려대 정치외교학과

043 연계적 뇌기능 조언을 위한 의료용 멀티미디어 시스템의 설계
유선국 | 연세대 의용공학교실

044 다민족국가의 민족문제와 한인사회
최협 외 | 전남대 인류학과

045 저소득층지역 청소년 여가문화와 소집단 활성화
박문수 외 | 서강대 사회학과

046 삶의 질의 국제비교와 지역간 비교분석
이재기 외 | 울산대 경제학과

047 21세기 지역주민의 삶의 질
양종회 외 | 성균관대 사회학과

048 삶의 질에 대한 국가간 비교
조명한 외 | 서울대 심리학과

049 외국인 노동자의 노사관계와 사회적 적응
석현호 외 | 성균관대 사회학과

050 한국의 사법제도와 발전 모델
정종섭 | 건국대 법학과

051 고령화사회와 중상층 노인의 사회활동
조성남 외 | 이화여대 사회학과

052 한국의 서비스 시장 개방정책
한홍렬 | 한양대 경제학부

053 한국과 AFTA간의 교역증진 및 경제 협력방안
손일태 외 | 경희대 경제통상학부

054 물류비 절감을 위한 무역업체의 정보화전략
이영수 외 | 경북대 경제통상학부

055 사회주의 체제전환과 사회정책
오정수 외 | 충남대 사회복지학과

056 남북통일 이후 농업생산체계 개편
홍성규 외 | 건국대 농업경제학과

057 국제화와 세계화
하영선 외 | 서울대 외교학과

058 IMF 개혁정책의 평가와 한국경제의 신(新) 패러다임
조동근 | 명지대 경제학과

059 구조개혁과 실업대책
박동운 | 단국대 경제무역학부

060 21세기 신노사관계
심윤종 외 | 성균관대 사회학과

061 학교에서의 집단 따돌림
이춘재 외 | 가톨릭대 심리학과

062 한국노인의 정신건강실태와 건강증진
조맹제 외 | 서울대 의과대학

063 혁명과 개혁 속의 중국 농민
김광억 | 서울대 인류학과

064 중국의 경제환경과 한국기업의 진출 전략
지용희 외 | 서강대 경영학과

065 김대중 대통령의 시스템 사고
김동환 | 중앙대 공공정책학부

066 실업과 가족해체
최일섭 외 | 서울대 사회복지학과

067 합리적 부채비율 조정방안
오상근 | 동아대 경제학과

068 한국 중산층의 생활문화
문숙재 외 | 이화여대 소비자 · 인간발달학과

069 계층간 갈등상태에서 최적소득세
김진욱 | 건국대 경상학부

070 글로벌 경쟁력 제고를 위한 기업전략과 조직구축
이만우 외 | 고려대 경영학과

071 의료보험과 국민연금의 관리효율화를 위한 통합방안
사공진 외 | 한양대 경제학부

072 정부개혁의 과제와 전략
박우서 외 | 연세대 행정학과

073 책임운영기관 제도에 관한 비교분석
김근세 | 가톨릭대 행정학과

074 새로운 패러다임하에서의 한국기업의 바람직한 지배구조
최운열 외 | 서강대 경영학과

075 현대 한국사회의 계층구조
양춘 외 | 고려대 사회학과

076 한국의 산업정책과 산업구조조정
강인수 | 숙명여대 경제학부

077 기업구조조정
김석진 | 경북대 경영학부

078 지식경영을 위한 인적자원 개발 및 관리체계
장영철 | 경희대 경영학부

079 뉴 비즈니스 모델
전성현 | 국민대 정보관리학부

080 중산층의 정체성과 소비문화
함인희 외 | 이화여대 사회학과

081 외국관광객 유치를 위한 마케팅 전략
박상규 | 강원대 경영학과

082 한국인의 세대별 문학의식
이동순 | 영남대 국문과

083 공공부문의 효율성 평가와 측정
김재홍 외 | 울산대 사회과학부

084 한국 청소년의 정치의식과 형성요인
김광웅 외 | 숙명여대 아동복지학과

085 한국 대학생의 정치의식
배한동 | 경북대 윤리교육과

086 산업의 정보화와 산업발전
이기동 | 계명대 통상학부

087 한국 제조업의 고용조정 분석
이종원 외 | 성균관대 경제학부

088 지식자산에 대한 경영전략적 평가모형 개발
배재학 외 | 울산대 컴퓨터 · 정보통신공학부

089 관광사업을 위한 한국적 이미지의 휴식복 개발
채금석 | 숙명여대 의류학과

090 한국 정치제도의 개혁
신정현 | 경희대 사회과학부

091 e비즈니스와 아웃소싱 전략
정승화 외 | 연세대 경영학과

092 집단 따돌림의 진단 및 치료방안
홍준표 | 중앙대 인간생활환경학과

093 16대 총선과 낙선운동
조기숙 | 이화여대 국제대학원

094 부동층 유권자 행태 분석
진영재 | 연세대 정치외교학과

095 사이버 공동체의 성공요인
이재관 | 숭실대 경영학부

096 온라인 소비자 행동의 이론과 실증
윤성준 | 경기대 경영학부

097 글로벌 시대 정약용 세계관의 가능성과 한계
차성환 | 한일장신대 역사사회학과

098 러시아의 체제전환 과정에서 나타난 국가의 역할과 그 전망
이상민 외 | 부산대 정치외교학과

099 남북한의 경제발전 수준과 산업구조 비교, 그리고 경제교류 협력방향
주성환 | 건국대 경제학과

100 집단따돌림과 교육해체
한준상 | 연세대 교육학과

101 공적연금제도의 효율성과 개선방안
유금록 | 군산대 행정복지학부

102 벤처기업-대기업의 성공적인 협력 모델
나중덕 | 경산대 경영학과

103 북한의 재외동포정책
조정남 외 | 고려대 정치외교학과

104 사이버 공동체 형성의 역동적 모형
장용호 | 서강대 신문방송학과

105 기업이론과 기업의 소유지배구조
김일태 외 | 전남대 경제학부

106 가축분뇨 자원화를 위한 공동이용 조직에 대한 농가선호도 분석
유덕기 | 동국대 생명자원경제학과

107 개혁정책과 전문가 집단
이경원 외 | 제주대 행정학과

108 현대 한국사회의 이중가치체계
신수진 외 | 이화여대 가정관리학과

109 한국의 산업구조 변화와 기업집단 다각화 전략
김용학 외 | 연세대 사회학과

110 지식정보사회의 경제적 모형 설정 및 사례 연구
김범환 | 배제대 경영정보학부

111 변호사징계제도
오종근 | 한림대 법학부

112 인터넷 특허법
김순석 | 광주대 법학과

113 e-비즈니스 시대의 금융 및 재정정책의 새로운 패러다임
이종욱 | 서울여대 경제학과

114 청소년의 하위문화와 정체성
조성남 | 이화여대 사회학과

115 디지털금융시대의 금융구조변화와 정부규제 및 정책
이충열 | 고려대 경제학부

116 지식경영을 위한 기업의 조직설계방안
김경수 외 | 전남대 경영학과

117 전자금융의 발달과 경제정책의 새로운 패러다임
이명훈 | 명지대 경제학과

118 동아시아의 안보와 유엔체제
강성학 편저 | 고려대 정치외교학과

119 유료 치매노인 그룹홈의 개발과 관련 정책
최정신 외 | 가톨릭대 소비자 · 주거학과

120 소비자 지향적 문화산업 정책
홍영준 | 호남대 광고홍보학과

121 국제 · 국가 · 지방 환경규제의 연계
정준금 외 | 울산대 행정학과

122 현행 회사 합병 · 분할제도의 평가와 개선방안
옥무석 외 | 이화여대 법학과

123 배려지향적 도덕성과 정의지향적 도덕성
정옥분 외 | 고려대 사범대학

124 기업구조조정에 대한 채권금융기관 및 금융감독기관의 역할과 책임
이중기 | 한림대 법학과

125 실업대책으로서 한국의 법정기준근로 시간 단축
박영범 | 한성대 경제학과

126 프랑스어의 비분리성 소유개념 표현
노윤채 | 연세대 언어정보연구원

127 지방채의 효율적 관리방안
강태구 | 호원대 법행정학부

128 21세기 산업구조 변화와 과학기술정책
임채성 외 | 그리스도신학대 경영정보학부

129 인터넷 쇼핑몰 이용자의 불평행동
예종석 | 한양대 경영학부

130 한국기업의 성과급제도 현황, 효과 및 개선방안
김성수 | 서울대 경영학과

131 전자상거래와 소비자보호
서민교 외 | 경일대 인터넷국제통상학과

132 평생학습 사회에서의 인적자원개발을 위한 사회적 파트너십 구축
김영화 | 홍익대 교육학과

133 한국 공교육의 새로운 구상과 전략
권대봉 외 | 고려대 교육학과

134 한국의 정부개혁
김태룡 | 상지대 행정학과

135 지방정부 생산성 측정의 이론과 실제
이은국 외 | 연세대 행정학과

136 불가 시문학론
배규범 | 경희대 학술연구 교수

137 남북경제교류의 법적 문제
제성호 | 중앙대 법학과

138 경제위기와 청소년 발달
구인회 | 서울대 사회복지학과

139 생명과학기술의 응용과 기본권보호적 한계
정상기 외 | 한남대 법학과

140 경제발전과 정치환경의 한 · 일 비교분석
정갑영 외 | 연세대 동서문제연구원

141 한국 공교육의 진단
윤정일 외 | 서울대 교육학과

142 우리나라 지방자치 발전을 위한 자치단체장의 역할
정성호 외 | 경기대 사회과학부

143 의료보험제도의 개혁방안
권순원 | 덕성여대 경제학과

144 중등 도덕교육의 현실과 문제
손동현 외 | 성균관대 철학과

145 사이버공동체 발전론
이명식 | 상명대 경영학과

146 남북경협 확대에 대비한 북한 담보제도의 정비방안
박훤일 | 경희대 법과대학

147 한국 공무원 인사제도 개혁
김판석 | 연세대 행정학과

148 교사화법 교육
임칠성 외 | 전남대 국어교육과

149 세계화의 문화정치학
임혁백 외 | 고려대 정치외교학과

150 효과적인 e-SCM을 위한 의사결정조정 시스템 모형
이원준 | 성균관대 경영학부

151 환경거버넌스
김종순 외 | 건국대 행정학과

152 자동차산업의 인적자원관리
이덕로 | 서원대 경영학부

153 한국과 영국 간 지식기반산업 비교
이명호 | 한국외대 경영학과

154 한국 벤처기업의 기술네트워킹 및 기술마케팅 전략
장영일 | 인제대 경영학부

155 회사변호사의 윤리
오승종 | 성균관대 법과대학

156 미디어교육론
이정춘 | 중앙대 신문방송학과

157 조선시대 서원과 양반
윤희면 | 전남대 역사교육과

158 환경문제와 철학
박찬국 | 서울대 철학과

159 노인보건복지 이론과 실제
김명 외 | 이화여대 보건교육학과

160 북한의 법체계
권재열 외 | 숭실대 법학과

161 생명공학기술의 안전성 확보에 관한 법적 고찰
이재협 | 경희대 법학부

162 청소년복지학
김성이 외 | 이화여대 사회복지학과

163 변화하는 세계, 변화하는 복지국가
조영훈 | 동의대 사회복지학과

164 의리의 윤리와 한국의 유교문화
김낙진 | 진주교대 도덕교육과

165 미국의 통상정책과 통상법
윤충원 | 전북대 무역학과

166 사회복지 프로그램 평가
김학주 | 경상대 사회복지학과

167 환경주의와 지속가능한 발전
정대연 | 제주대 사회학과

168 무역과 환경
김기흥 외 | 경기대 경제학부

169 산업계 유해폐기물의 위험과 관리
김금수 | 호서대 경상학부

170 백범 김구의 지적 계발과정 탐색
문용린 | 서울대 교육학과

171 태평양전쟁 발발 이후 일제의 인적 지배와 그리스도교계의 대응
윤선자 | 전남대 사학과

172 거버넌스 상황에서 갈등관리를 위한 대체적 분쟁해결제도
서순복 | 광주대 법정학부

173 시장경제의 유형과 민주주의
최배근 | 건국대 경상학부

174 일본고전소설 총론
김현정 | 국립한국전통문화학교

175 국어 교육을 위한 국어 문법론
이관규 | 홍익대 국어교육과

176 율곡의 군주론
전세영 | 부산교대 윤리교육과

177 동북아시아 환경협력
정서용 | 명지대 법학과

178 기후변화협약과 기후정책
신의순 외 | 연세대 경제학과

179 인터넷과 국제 학술정보 네트워크-하이퍼링크 분석
박한우 | 영남대 언론정보학과

180 국내 기업복지의 활성화 방안
최수찬 | 연세대 사회복지대학원

181 세계화와 인간안보
김우상 외 | 연세대 정치외교학과

182 세계문화유산 종묘 이야기
지두환 | 국민대 국사학과

183 한국 평생교육의 사회철학적 과제
곽삼근 | 이화여대 교육학과

184 강점모델
정순둘 | 이화여대 사회복지학과

185 글로벌시대의 계약법
박영복 | 한국외대 법과대학

186 배심제와 시민의 사법참여
안경환 | 서울대 법학과

187 동북아공동체
김재한 | 한림대 정치외교학과

188 정치 참여와 탈물질주의
김욱 | 배재대 정치외교학과

189 퍼지전문가회로망을 이용한 금융기관의 사이버 기업여신결정 지원시스템의 개발
권혁대 | 목원대 경영학과

190 환경정책과 환경법
송인성 | 전남대 지역개발학과

191 포스트모던 시대의 평생교육학
한숭희 | 서울대 교육학과

192 현대 한국인의 세대경험과 문화
박길성 외 | 고려대 사회학과

193 서구의 근로연계복지
김종일 | 건국대 사회복지학과

194 사회복지운동론
현외성 | 경남대 사회복지학과

195 외국의 역모기지 사례
유선종 | 건국대 부동산학과

196 옛이야기와 어린이문학
이지호 | 진주교대 국어교육학과

197 노인사회복지관광의 정책과제와 방안
김창수 | 경기대 관광학부

198 복지서비스의 민간위탁 시스템 분석
김순양 | 영남대 행정학부

199 새로운 빈곤층의 대두와 정부의 정책과제
김진욱 | 건국대 경제학과

200 문화행정론
김정수 | 한양대 행정학과

201 스칸디나비아 노인용 코하우징의 계획과 적용
최정신 외 | 가톨릭대 생활과학부

202 북한의 자연생태계
공우석 | 경희대 지리학과

203 통계로 이해하는 러시아
전홍찬 | 부산대 정치외교학과

204 사회복지법인의 경영과 회계
이동규 | 충남대 회계학과

205 의약분업 정책과정
차흥봉 | 한림대 사회복지학과

206 지역공동체와 평생교육
오혁진 | 동의대 평생교육학부

207 아동보호서비스의 실제
한미현 | 백석대 사회복지학부

208 그린마케팅
박재기 | 충남대 경영학부

209 아동권리와 아동복지
이혜원 | 성공회대 사회복지학과

210 국제 이주와 인도인 디아스포라
김경학 | 전남대 인류학과

211 질병과 의료의 사회학
조병희 | 서울대 보건대학원

212 북한이탈주민의 사회통합을 위한 지역복지실천의 모색
이기영 | 부산대 사회복지학과

213 치매노인케어론
조유향 | 초당대 간호학과

214 노인상담입문
서혜경 외 | 한림대 대학원 사회복지학과

215 '통일 이후 통일과정'으로서의 독일 통일영화
이준서 | 이화여대 독어독문학과

216 중국의 사회보장
오정수 | 충남대 사회복지학과

217 환경자원의 경제적 가치와 환경오염의 사회적 비용
김재홍 | 울산대 사회과학부

218 사회복지프로그램의 경제적 평가방법
박창제 외 | 상주대 사회복지학과

219 자유의지와 결정론
안건훈 | 강원대 철학과

220 심리학자들이 쓴 행복한 결혼의 심리학
채규만 외 | 성신여대 심리학과

221 현대 해석학 강의
양해림 | 충남대 철학과

222 한국인의 주거 빈곤과 공공주택
하성규 | 중앙대 도시및지역계획학과

223 IMF 경제위기와 한국 출산력의 변화
김두섭 | 한양대 사회학과

224 동아시아의 영토분쟁과 국제법
이석우 | 인하대 법학부

225 독일 복지국가와 사회복지서비스
정재훈 | 서울여대 사회사업학과

226 사회복지사를 위한 실용 비모수통계
엄명용 | 성균관대 사회복지학과

227 피해자학 연구
이윤호 | 동국대 경찰행정학과

228 광고언어창작론
박영준 외 | 부경대 국어국문학과

229 환경규제 패러다임의 전환
한철 | 한남대 법학과

230 고령사회의 노동환경변화와 고용 시스템의 문제점 및 법적 대응
고준기 | 국립군산대 법학과

231 세계화와 소득불평등
이성균 외 | 울산대 사회과학부

232 유비쿼터스 사회의 이해
안중호 외 | 서울대 경영학과

233 국제환경책임법론
박병도 | 건국대 법학과

234 한국의 선거와 민주주의
윤종빈 | 명지대 정치외교학과

235 한국 시민운동의 구조와 동학
조대엽 외 | 고려대 사회학과

236 또래관계
송영혜 | 대구대 재활심리학과

237 해외 한국기업과 현지인 노동자
석현호 외 | 에스콰이아학술문화재단

238 독일 국가복지에서 민간복지단체의 역할과 의미
차성환 외 | 한일장신대 사회복지학부

239 청정공학
조정호 | 동양대 생명화학공학과

240 한국전통연희론
심상교 | 부산교육대 국어교육학과

241 정신장애와 가족
서미경 | 경상대 사회복지학부

242 빈곤통계의 작성과 활용
김주환 | 동국대 정보통계학과

243 인터넷과 한국정치
강원택 | 숭실대 정치외교학과

244 북한의 시장경제이행
정영화 외 | 서경대 법학과

245 시스템사고로 본 지속가능한 도시
문태훈 | 중앙대 도시및지역계획학과

246 실버산업과 유비쿼터스 컴퓨팅
고일상 | 전남대 경영학부

247 재활상담과 사례관리
나운환 | 대구대 직업재활학과

248 영유아교육기관에서의 장애 이해 교육
유수옥 | 우석대 유아특수교육과

249 장애의 사회적 의미와 사회통합
박수경 | 대진대 사회복지학과

250 경제분석의 수리적 기초
조인성 | 공주대 경제통상학부

251 비영리부문의 비교연구
김승현 | 서울산업대 행정학과

252 고등교육경제학
반상진 | 전북대 교육학과

253 과학윤리교육의 이론과 방법
조희형 | 강원대 과학교육학부

254 결혼이민자가족의 이해
김오남 | 대불대 사회복지학과

255 동아시아 국가의 공공부조
신동면 | 경희대 사회과학부

256 특수아동 진단 및 평가
이나미 | 대불대 특수교육과

257 계약형 사회복지와 권리옹호시스템
이명현 | 경북대 상주캠퍼스 사회복지학과

258 실내공기질 및 위해성 관리
양원호 | 대구가톨릭대 산업보건학과

259 충남 방언 문법
한영목 | 충남대 국어국문학과

260 교육권론
노기호 | 군산대 법학과

261 도시경관계획론
임승빈 | 서울대 조경 · 지역시스템공학부

262 교통의 새로운 패러다임
김형철 | 경원대 도시계획 · 조경학부

263 노인의 삶의 질 향상을 위한 주거환경 디자인
천진희 | 상명대 디자인대학 실내디자인전공

264 사회복지와 문화
박병현 | 부산대 사회복지학과

265 장애인복지의 이론과 실제
이선우 | 인제대 사회복지학과

266 창의성 개발을 위한 디자인교육 콘텐츠
김선영 | 인천가톨릭대 조형예술대학 환경디자인학과

267 구성주의 사회복지 실천 기술론
고미영 | 서울신학대 사회복지학과

268 장애아교육학
김기흥 | 부산교육대 유아교육과

269 지역사회복지와 자원부문
한상진 외 | 울산대 사회학과

270 환경관리회계
육근효 | 부산외국어대 회계학부

271 인권 관점에서 보는 장애인복지
유동철 | 동의대 사회복지학과

272 정신증상
송지영 | 경희대 의과대학병원 신경정신과

273 사이버공간의 사회심리학
이성식 외 | 숭실대 정보사회학과

274 노인에 대한 사회적 돌봄과 돌봄서비스의 질 보장
최희경 | 신라대 가족노인복지학과

275 아동 심리치료의 실제
신현균 | 전남대 심리학과

276 사회복지와 위험관리
노충래 | 이화여대 사회복지전문대학원

277 국제 탄소시장의 이해
양승룡 | 고려대 식품자원경제학과

278 타자의 초상
신문수 | 서울대 영어교육과

279 한국정치와 환경정치
나정원 | 강원대 정치외교학과

280 북한이주민
윤인진 | 고려대 사회학과

281 음주의 사회경제적 비용
정우진 외 | 연세대 보건대학원

282 지방정치와 동북아 도시거버넌스
박재욱 | 신라대 행정학과

283 노숙인 복지론
남기철 | 동덕여대 사회복지학과

284 유럽통합과정과 지역협력
이규영 | 서강대 국제대학원

285 사회복지재정 연구
지은구 | 계명대 사회과학대학 사회복지학과

286 지역사회 교육개혁을 위한 시민사회 조직의 참여
김영화 | 홍익대 교육학과

287 복지사회를 대비한 국민연금의 구조개혁
박영석 외 | 서강대 경영학부

288 한미 FTA 지재권 협상에 따른 의약품 분야 사회후생 변화
오근엽 | 충남대 무역학과

289 산업입지, 환경 그리고 지역경제
이기동 외 | 계명대 국제통상학과

290 감성지능 개발을 통한 삶의 질 향상
김경수 외 | 전남대 경영학부

291 교육복지론
이용교 외 | 광주대 사회복지학부

292 인간과 행복에 대한 철학적 성찰
박찬국 | 서울대 철학과

293 유럽연합의 사회통합 사례와 교훈
이무성 | 명지대 정치외교학과

294 민영화와 사회후생
이상호 | 전남대 경제학부

295 북한의 교육학 체계 연구
최영표 외 | 동신대 교육대학원

296 한국 지속가능발전의 구조와 변동
정대연 | 제주대 사회학과

297 우리나라의 공익 연계 마케팅에 관한 연구
임승희 | 전주대 경영학부

298 시각장애인복지론
김영일 | 조선대 특수교육과

299 그린에너지와 환경촉매
정석진 | 경희대 화학공학과

300 취약학교 초등학생을 위한 온라인 보건교육 프로그램
박경옥 | 이화여대 보건관리학과

301 신탁제도를 통한 고령자의 보호와 지원
최수정 | 서강대 법학전문대학원

302 사회적 약자계층에 대한 실태분석 및 정책방안
이은우 외 | 울산대 경제학과

303 한류 문화와 동북아 공동체
최혜실 | 경희대 국어국문학과

304 노동유연화와 해고보호법
권혁 | 부산대 법학전문대학원

305 사회복지 위험관리의 이해
박미은 | 한남대 사회복지학과

306 의료기관의 회계와 세무
노준화 | 충남대 경영학부

307 여성인적자원의 전문성 확보를 위한 경력개발
백지연 | 이화여대 국제사무학과

308 정신병리
강선경 | 서강대 신학대학원

309 바다의 반란 적조
윤양호 | 전남대 해양기술학부

310 한국 장애인 복지 발달사
이성규 | 서울시립대 사회복지학과

311 서양예술 속의 동양 탐색
진상범 | 전북대 독어독문학과

312 한국인의 도덕성 발달 진단
문용린 | 서울대 교육학과

313 영국정치와 국가복지
고세훈 | 고려대 공공행정학부

314 인간학적 사유를 여는 중도 · 중복장애 교육학
이숙정 | 단국대 특수교육과

315 개별화 교육과정
이소현 | 이화여대 특수교육과

316 인간의 긍정적 성품
권석만 | 서울대 심리학과

317 지방자치와 지역여성의 전망
이혜숙 | 경상대 사회학과

318 한국 현대 노년소설 연구
전흥남 | 한려대 교양학부

319 정보격차 해소를 위한 창의적 정보교육 프로그램
이영준 외 | 한국교원대 컴퓨터교육과

320 한국 가족과 젠더
손승영 | 동덕여대 교양학부

321 한국의 복지혼합
김진욱 | 서강대 신학대학원

322 사회자본과 자원봉사
김태룡 외 | 상지대 행정학과

323 농촌교육복지연구
박삼철 | 단국대 교양학부

324 사회정체성 평가 차원에 대한 국제비교조사
이명진 | 고려대 사회학과

325 캐나다 복지국가 연구
조영훈 | 동의대 사회복지학과

326 한국의 소수자운동과 인권정책
전영평 외 | 서울대 행정대학원

327 한국과 미국의 보육서비스 전달체계와 품질 비교분석
김근세 외 | 성균관대 국정관리대학원

328 한국사회의 소득불평등과 국민 의료이용
이용재 | 호서대 사회복지학과

329 정보시대의 인간안보
조화순 | 연세대 정치외교학과

330 가족의 사회경제적 특성과 아동발달
김광혁 | 전주대 사회복지학과

331 초 · 중 · 고등학생의 학업소진 진행과정 및 경로분석
이상민 | 고려대 교육학과

332 다문화사회의 사법통역
이지은 | 이화여대 통역번역대학원

333 동아시아 지역주의
유현석 | 경희대 정치외교학과

334 환경친화적 공공시설관리와 지역공동체의 삶의 질
이소영 | 중앙대 실내디자인 · 주거환경학과

335 의료보험의 법정책
김나경 | 성신여대 법과대학

336 양극화 시대 가족해체와 청소년의 적응에 관한 한국과 미국의 비교 연구
오승환 외 | 울산대 사회복지학과

337 기업의 사회적 책임과 지역경제사회 발전 연구
허영도 외 | 울산대 경영학부

338 노인의 삶의 질 향상을 위한 온라인 소셜 네트워크 구축 방안
김진우 | 연세대 경영학과

339 청소년 생활역량
윤명희 외 | 동의대 평생교육학과

340 외국인 배우자의 다양성과 국제결혼의 안정성
김두섭 | 한양대 사회학과

341 정보인권의 규범구체화
이민영 | 가톨릭대 법학과

342 한국 사회복지실천의 고유성
최성재 외 | 서울대 사회복지학과

343 스웨덴의 환경책임 실천모형
최희경 | 경북대 행정학부

344 자율운동과 주거공동체
윤수종 | 전남대 사회학과

345 한국인의 공공봉사동기
김상묵 | 서울과학기술대 행정학과

346 한국 이혼가정 아동의 성장
김혜숙 | 경인교육대 교육학과

347 동양 사상과 노인 복지
홍승표 외 | 계명대 사회학과

348 노동과 사회보장의 연계
오문완 | 울산대 법학과

349 학습장애 위험군 아동의 조기선별을 위한 읽기검사 표준화 연구
김애화 외 | 단국대 특수교육학과

350 신 · 재생에너지에 기초한 녹색성장과 사회통합
김인호 | 이화여대 법학전문대학원

351 문화교류역량과 다문화 경영이 기업 경영성과에 미치는 영향
임병학 외 | 부산외대 경영학부

352 빈곤영유아의 발달과 적응
정익중 외 | 이화여대 사회복지학과

353 민사법질서와 인권
양천수 | 영남대 법학전문대학원

354 성년후견제도와 사회복지제도의 연계
신권철 | 서울시립대 법학전문대학원

355 한국 다문화사회의 이방인
김순양 | 영남대 행정학과

356 현대 시민사회와 소비자계약법
이병준 | 한국외대 법학전문대학원

357 개인의 사회적 정보보호를 위한 공공 정보서비스 개선 연구
장항배 | 상명대 경영학과

358 여성교육투자에 대한 교육경제학적 탐색
백일우 외 | 연세대 교육학부

359 사회적 기업과 지속가능한 지역발전
임업 외 | 연세대 도시공학과

360 다문화가정 구성원에 대한 투트랙 한국어 교육방안 연구
박시균 | 군산대 국어국문학과

361 아시아의 빈곤과 한국기업의 역할
한인수 | 충남대 경영학부

362 유치원 · 초등학교 연계 환경교육
박희숙 | 공주대 유아교육학과

363 비정규 고용과 사회정책
구인회 외 | 서울대 사회복지학과

364 사생활의 자유에 관한 비교법적 연구
이창현 | 서강대 법학전문대학원

365 다중융합 환경 기반의 미디어스킨을 활용한 문화콘텐츠 디자인 적용방안에 관한 연구
오문석 외 | 광운대 미디어영상학부

366 북한이탈주민 여성의 성인식 관련 기초조사
한인영 외 | 이화여대 사회복지학과

367 노인주택 파노라마
유선종 | 건국대 부동산학과

368 시설보호 청년의 적응
정선욱 | 덕성여대 사회복지학과

369 다수 집단과 소수 집단의 심리
김혜숙 | 아주대 심리학과

370 바이오 휴머니티
권택영 | 경희대 영어학부

371 프랑스 다문화교육의 이해
이경수 | 상명대 불어교육과

372 한 · 중 서비스산업의 비교분석과 교역 확대 방안
김상호 | 리츠메이칸 아시아태평양대 국제경영학부

373 현대의학에 있어서 생명의 시간과 인간의 존엄
김학태 | 한국외대 법학전문대학원

374 0~3세 영유아의 영상물 과몰입 실태조사 및 정신건강증진 프로그램 개발과 적용
이경숙 | 한신대 재활학과

375 복지국가의 조세와 정치
양재진 외 | 연세대 행정학과

376 청소년기 자살행위 실태와 관련 요인
박선희 | 경희대 간호과학대학

377 기술혁신에 따른 지역 간 정보격차
최정혜 외 | 연세대 경영대학

378 한국 사회의 이중구조와 생애주기적 불평등
안상훈 편 | 서울대 사회복지학과

379 소비자의 친환경행동에 영향을 미치는 사회적 · 경제적 가치에 대한 고찰
송재기 | 텍사스테크대 경영학과

380 어머니 양육행동 관련 변인들과 유아 사회정서행동 간의 구조모형 분석
심숙영 | 숙명여대 원격대학원

381 조선족 여성, 동남아시아 여성 그리고 새터민의 적응 유형 분석 및 삶의 질 향상 방안 모색
정태연 | 중앙대 심리학과

382 세계의 연금, 한국의 연금
허만형 | 중앙대 공공인재학부

383 노인요양원과 문화 변화
최재성 | 연세대 사회복지학과

384 시민사회와 국제개발협력
손혁상 | 경희대 공공대학원

385 복지국가의 변화와 빈곤정책
김윤태 | 고려대 사회학과

386 다문화가정의 미디어 이용과 사회적 자본의 관계
진창현 | 경기대 경영학과

387 사회진출 대졸 초년생의 탄력성 변화 양상
이상민 | 고려대 교육학과

388 사회자본과 경제발전 그리고 정부의 질
도수관 | 대구가톨릭대 행정학과

389 망명과 귀환이주
서장원 | 고려대 독일문화학과

390 근거기반실천과 사회복지
김유진 | 경북대 사회복지학부

391 인터넷상 정보 유통에 대한 새로운 저작권 규율 방향 모색
박준석 | 서울대 법학전문대학원

392 한국 사회의 인종차별적 담화구조
이창수 | 한국외대 통역번역대학원

393 사회복지사의 사회복지 가치 지향
김용석 | 가톨릭대 사회복지학과

394 개인정보의 국제적 유통에 따른 법적 문제와 대책
박훤일 | 경희대 법학전문대학원

395 정신장애인의 인권
서미경 | 경상대 사회복지학과

396 취약계층 비만청소년들의 체중관리를 위한 건강증진 프로그램의 효과
김영호 | 서울과학기술대 스포츠과학과

397 한국 전통의 돈의 문학사, 나눔의 문화사
서신혜 | 한양대 창의 · 융합교육원

398 와이파이 공간과 모바일 정보 격차
이건학 | 서울대 사회과학대학

399 도시정비사업의 법적 쟁점과 해설
성중탁 | 경북대 법학전문대학원

400 사회서비스 제공기관의 조직요인과 성과
신창환 | 경북대 사회복지학부

401 도시 사운드스케이프 디자인
전진용 외 | 한양대 건축공학부

402 지방의회 의원윤리연구
김택 | 중원대 경찰행정학과

403 발달장애인 자립생활 증진을 위한 역량탐색 및 주거로서의 해결과제
김라경 | 광주교육대 교육학과

404 외국인고용제도개선과 인권
김상호 외 | 경상대 법과대학

405 사회복지연구에서 질적방법과 분석
김인숙 | 가톨릭대 사회복지학과

406 현대미술에서의 예술적 성장과 창의적 인재양성
백경미 | 울산과학기술원 기초과정부

407 현대인의 삶과 문화예술교육
곽삼근 | 이화여대 교육학과

408 문화적 배경과 체화된 인지
민동원 | 단국대 경영학부

409 아동 섭식행동평가 척도 표준화 및 섭식문제 현황 조사
정경미 | 연세대 심리학과

410 잊혀질 권리: 이상과 실현
문재완 | 한국외대 법학전문대학원

411 인권의 지역화: 일상생활의 인권 증진을 위하여
김중섭 | 경상대 사회학과

412 다문화 시대 이주민의 한국어 의사소통
민병곤 외 | 서울대 국어교육과

413 다문화 시대의 문화교육 커리큘럼
윤여탁 외 | 서울대 국어교육과

414 다문화 시대의 통일교육
박성춘 외 | 서울대 윤리교육과

415 다문화 시대 사회 통합을 위한 시민 교육
이진석 외 | 부산대 일반사회교육과

416 다문화 관련 법률 및 제도
박성혁 외 | 서울대 사회교육과

417 생태복원의 인문학적 상상력
김성도 외 | 고려대 언어학과

418 다국내 출생 다문화가정 청소년의 아픔과 분투: 사회적 차별로부터의 회복과 성장
서영석 | 연세대 교육학과

419 종교심리학의 이해: 죽음인식의 논의를 중심으로
김재영 | 서강대 종교학과

420 글로벌 시대의 사회통합: 세계적 추세와 한국의 위상
장용석 외 | 연세대 행정학과

421 소규모 사회적기업과 소셜미디어 마케팅
박철 | 고려대 글로벌비즈니스대학

422 동아시아 가면극의 역사와 전승양상
전경욱 | 고려대 국어교육과

423 무엇이 우리를 행복하게 하는가?
구교준 외 | 고려대 행정학과

424 디지털 중독의 이해와 대응 방안
오원석 외 | KAIST 경영대학

425 지속가능발전목표(SDG) 시대 한국의 복지와 행복지표 측정
한준 외 | 연세대 사회학과

426 지방정부 간 사회복지 불균형과 시민 행복
장용석 외 | 연세대 행정학과

427 일 · 여가의 변화와 행복 복지
유홍준 외 | 성균관대 사회학과

428 가족시간과 삶의 질
이윤석 외 | 서울시립대 도시사회학과

429 사회복지사의 유데모니아: 사회복지의 가치와 보람, 그리고 행복
송인한 외 | 연세대 사회복지대학원

430 행복을 위한 움직임
안문경 | 국민대 교양대학

431 읽기 장애 조기 선별검사의 측정학적 적합성 연구
여승수 | 부산교육대 유아교육학과

432 문화적 다양성과 창의성: 심리학적 관점
장재윤 | 서강대 심리학과

433 내일의 종언(終焉)? 가족자유주의와 사회 재생산 위기
장경섭 | 서울대 사회학과

434 산림공유자원관리로서 금송계 연구
배수호 외 | 성균관대 행정학과

435 한국 경제발전의 문화적 기원: 추격성장, 발전국가 그리고 문화적 혼종성
김명수 | 한양대 정보사회학과

436 4차 산업혁명의 일자리 진화
이민화 | KAIST 미래전략대학원

437 금융 분야에 있어서 4차 산업혁명 시대와 일자리 대책
고동원 | 성균관대 법학전문대학원

438 노동의 디지털화와 산업노동의 미래: 독일 산업 4.0을 중심으로
임운택 | 계명대 사회학과

439 4차 산업혁명과 고등교육 개혁
김민희 외 | 대구대 교직부

440 4차 산업혁명과 일자리 정책의 미래
권혁 외 | 부산대 법학전문대학원

아산재단연구보고서

001 한국인의 도덕성 연구
배해수 | 고려대 국문학과

002 산업화와 청소년 진로
이원호 | 울산대 교육학과

003 공동체의식과 시민운동
김영섭 | 한양대 행정학과

004 한국청년의 삶의 의미 충족도와 만족적 태도
안정수 | 경희대 철학과

005 중국조선족의 사회발전과 한 · 중관계의 위상
손장권 | 고려대 사회학과

006 해송림 "솔껍질깍지벌레"의 천적 및 주요 종의 생태
김규진 | 전남대 농생물학과

007 사회정의와 실천윤리
박종대 | 서강대 철학과

008 동구개혁의 영향
김달중 | 연세대 정치외교학과

009 한국청소년의 의식세계
김문조 | 고려대 사회학과

010 고강도 철근 콘크리트 구조의 실용화
정헌수 | 중앙대 건축학과

011 신기술의 연관형태 및 출현예측의 구조모형
권철신 | 성균관대 산업공학과

012 민간기업의 연구개발을 위한 조세정책
권영훈 | 한양대 경제학부

013 기술개발 활성화방안
송승구 | 울산대 화학공학부

014 부패의 현상과 진단
이문조 | 영남대 정치외교학부

015 연구투자의 지역적 편중화와 부산지역의 기초과학연구 활성화방안
윤웅찬 | 부산대 화학과

016 GATT의 신구 덤핑방지협정과 그 대응 방안
전창원 | 동국대 무역학과

017 한국사회의 도덕성 제고를 위한 진단과 처방
황경식 | 서울대 철학과

018 새로운 노사관계 방향
이진규 외 | 고려대 경영학과

019 21세기 동북아 정세예측과 한국의 전략적 대응방안
최평길 외 | 연세대 행정학과

020 소련의 한국에 대한 정책목표분석
신승권 | 한양대 정치외교학과

021 메모리 커패시터용 $Pb(Zr_xTi_{1-x})O_3$ 강유전체 박막의 제작과 특성
장지근 외 | 단국대 전자공학과

022 러시아 국제법학의 전통
김용구 | 서울대 외교학과

023 유럽연합의 현황과 전망
김동현 외 | 성균관대 행정학과

024 중국의 정치동원
송영우 외 | 건국대 정치외교학과

025 산업적 활용을 위한 이동로보트 시스템의 개발
박민용 외 | 연세대 전자공학과

026 중국조선족의 정치사회화과정과 동화적 국민통합의 방향
전인영 외 | 이화여대 사회생활학과

027 공적부조의 이론과 실제
최일섭 외 | 서울대 사회복지학과

028 대외통상환경의 변화와 법제개편
서헌제 | 중앙대 법학과

029 기업금융의 국제화
최생림 | 한양대 경영학부

030 자동차부품공업의 노사관계
김호진 외 | 고려대 행정학과

031 산업화 과정에서의 한국가족의 실태와 전망
정창수 외 | 성균관대 사회학과

032 공무원 가치관 실태와 정립방안
배병룡 외 | 경상대 행정학과

033 해외귀국청소년의 국내적응연구
이장영 | 국민대 사회학과

034 초고속정보통신망에서 LAN서비스 제공방안
이재용 | 연세대 전자공학과

035 WTO체제의 정책적 대응
김병진 외 | 경희대 행정학과

036 유럽의 통합정치
최수경 외 | 충남대 정치외교학과

037 유기질폐기물을 이용한 고단백사료원인 조류의 생산공정
최정우 외 | 서강대 화학공학과

038 초고속정보통신망의 수용성과 정책방향
박영상 외 | 한양대 신문방송학과

039 중국의 강남사회와 한중교섭
조영록 외 | 동국대 사학과

040 세계화시대의 사회 · 문화의식
신행철 외 | 제주대 사회학과

041 국내 외국인 노동자의 문제와 대책
성규탁 외 | 연세대 사회복지학과

042 노인인력 활용정책과 프로그램
김정후 외 | 강원대 법과대학

043 한일간 학술교류 현황과 활성화방안
정홍익 외 | 서울대 행정대학원

044 계량모형에 의한 한일 경제관계의 이해
김명직 외 | 한양대 경제학부

045 직장인의 음주행태와 삶의 질
진기남 외 | 연세대 보건행정학과

046 유통정보 시스템의 구조와 설계
정용길 | 충남대 경영학과

047 남북통일 이후 사회통합을 위한 교육의 역할
안기성 외 | 고려대 교육학과

048 대중음악에 심취한 청소년들의 심리적 특성
김인경 외 | 연세대 인간행동연구소

049 멀티미디어 시스템을 활용한 교육환경의 개선방안
김한일 | 제주대 컴퓨터교육학과

050 탈냉전기 한일관계의 쟁점
최상룡 | 고려대 정치외교학과

051 자치시대 새로운 '삶의 질' 지표의 모색
김형기 외 | 경북대 경제통상학부

052 유럽통합의 역내외 협력과 갈등
이호재 외 | 고려대 정치외교학과

053 21세기를 대비한 신노사관계
김재원 | 한양대 경제학부

054 대학의 시간제학생 등록제
안규철 외 | 전남대 교육학과

055 21세기에 대비한 방송통신정책
한진만 외 | 강원대 신문방송학과

056 주민참여를 통한 혐오시설 관리운영방안
박균성 외 | 경희대 법학부

057 여성의 정치적 권리인식과 정치참여
전경옥 외 | 숙명여대 정치외교학과

058 한국인 위장질환과 식생활 · 환경요인 및 *H. pylori* 감염과의 관계
이양자 외 | 연세대 식품영양학과

059 학생과 시민의 자원봉사활동
윤정일 외 | 서울대 교육학과

060 동북아 환경문제와 지역환경협력의 모색
신연재 외 | 울산대 정치외교학과

061 노인 자원봉사활동을 통한 사회통합 프로그램 개발
김동배 | 연세대 사회복지학과

062 물류정보 시스템
김태현 | 연세대 경영학과

063 전자식 문서교환을 이용한 항공화물 운송체계
민재형 | 서강대 경영학과

064 청소년과 성
이근후 | 이화여대 의과대학

065 민족통합과 무궁화호 위성의 남북한 공동활용방안
방정배 | 성균관대 신문방송학과

066 채식주의가 20대 여성의 영양상태와 에스트로겐 대사에 미치는 영향
성미경 | 숙명여대 식품영양학과

067 가상정보공간을 통한 지역개발 활성화 전략
유재천 외 | 한림대 언론정보학부

068 조산아 관리현황 및 정책수립 방안
박상기 외 | 조선대 의과대학

069 남북한관의 의식조사와 통일교육 개선 방안
김동규 외 | 고려대 북한학과

070 동양 전통 자연사상 탐구
장동순 | 충남대 환경공학과

071 초고속정보망의 시뮬레이터 구현
한기준 | 경북대 컴퓨터공학과

072 유통원가 시스템의 유효성
정다미 | 명지대 경영학과

073 국악과 문화관광의 만남
정익준 외 | 동아대 국제관광통상학부

074 기업의 지식경영 활용사례
김창은 | 명지대 산업공학과

075 선진국과 한국의 직업교육 · 훈련제도의 특성과 한계
정주연 | 고려대 경제학과

076 제주지역 성인 여성의 자원봉사활동
이상철 외 | 제주대 사회학과

077 M&A와 문화충돌 관리
박원우 | 서울대 경영학과

078 폐금속광산 인근 주민들의 중금속 오염실태
정종학 외 | 영남대 의학과

079 북한 농촌 · 농업실태와 인력자원개발 시스템을 통한 북한 농민의 구호방안
박성열 | 건국대 교육공학과

080 중소 소매점의 경쟁력과 소매성과
채명수 외 | 한국외대 무역학과

081 고령자를 위한 쾌적한 실내온도와 착의량의 설정
정운선 | 안동대 의류학과

082 지역문화 이벤트 PR
박종민 | 경희대 언론정보학부

083 인터넷 지역정보화의 실태와 전략
유평준 외 | 연세대 행정학과